CW01305519

Comprendre les Rêves, les Visions et les Prophéties

Une Approche Biblique de l'Interprétation Prophétique des Rêves et des Visions

(Un Dictionnaire des Rêves Habituels et un Journal pour les Rêves y sont inclus)

Dr. Deborah Manoushka Paul Figaro

authorHOUSE

AuthorHouse™
1663 Liberty Drive
Bloomington, IN 47403
www.authorhouse.com
Phone: 833-262-8899

© 2021 Dr. Deborah Manoushka Paul Figaro. All rights reserved.

No part of this book may be reproduced, stored in a retrieval system, or transmitted by any means without the written permission of the author.

Published by AuthorHouse 01/30/2021

ISBN: 978-1-6655-1546-7 (sc)
ISBN: 978-1-6655-1553-5 (e)

Print information available on the last page.

Any people depicted in stock imagery provided by Getty Images are models, and such images are being used for illustrative purposes only.
Certain stock imagery © Getty Images.

This book is printed on acid-free paper.

Because of the dynamic nature of the Internet, any web addresses or links contained in this book may have changed since publication and may no longer be valid. The views expressed in this work are solely those of the author and do not necessarily reflect the views of the publisher, and the publisher hereby disclaims any responsibility for them.

KJV
Scripture taken from The Holy Bible, King James Version. Public Domain
NASB
Scripture quotations marked NASB are taken from the New American Standard Bible®, Copyright © 1960, 1962, 1963, 1968, 1971, 1972, 1973, 1975, 1977, 1995 by The Lockman Foundation. Used by permission.
NLT
Scripture quotations marked NLT are taken from the Holy Bible, New Living Translation, copyright © 1996, 2004, 2007. Used by permission of Tyndale House Publishers, Inc. Carol Stream, Illinois 60188. All rights reserved. Website
NKJV
Scripture quotations marked NKJV are taken from the New King James Version. Copyright © 1982 by Thomas Nelson, Inc. Used by permission. All rights reserved.
NIV
Scripture quotations marked NIV are taken from the Holy Bible, New International Version®. NIV®. Copyright © 1973, 1978, 1984 by International Bible Society. Used by permission of Zondervan. All rights reserved. [Biblica]
ESV
Scripture quotations are from the ESV® Bible (The Holy Bible, English Standard Version®), copyright © 2001 by Crossway, a publishing ministry of Good News Publishers. Used by permission. All rights reserved.
AMP
Scripture quotations marked AMP are from The Amplified Bible, Old Testament copyright © 1965, 1987 by the Zondervan Corporation. The Amplified Bible, New Testament copyright © 1954, 1958, 1987 by The Lockman Foundation. Used by permission. All rights reserved.
NRSV
Scripture quotations marked NRSV are taken from the New Revised Standard Version of the Bible, Copyright © 1989, by the Division of Christian Education of the National Council of the Churches of Christ in the United States of America. Used by permission. All rights reserved. Website
Modern English Version
(MEV)
The Holy Bible, Modern English Version. Copyright © 2014 by Military Bible Association. Published and distributed by Charisma House.
Amplified Bible, Classic Edition (AMPC)
Copyright © 1954, 1958, 1962, 1964, 1965, 1987 by The Lockman Foundation

Dans ce livre, vous allez

- apprendre à entendre la voix de Dieu,
- apprendre à comprendre ce que Dieu vous dit, et
- apprendre à comprendre le pouvoir prophétique des rêves, des visions et des prophéties.

En l'honneur de mon frère

Raymond Henri Jean

Si ce secret m'a été révélé, ce n'est point qu'il y ait en moi une sagesse supérieure à celle de tous les vivants; mais c'est afin ... que tu connaisses les pensées de ton cœur.
—Daniel 2:30 (LSG)

Lorsqu'il n'y a point de vision, le peuple périt.
—Proverbes 29:18

CONTENTS

Préface xix
Introduction xxi
    Entendre Dieu est un Art xxiii
    Un Bref Exemple xxvi

Chapitre 1
    Savoir Prier 1
    Dieu Répond-Il Vraiment aux Prières? 3
    Comment Jésus Dit-Il Que Nous Devons Prier? 6

Chapitre 2
    L'importance de Connaître et d'Utiliser les Noms de Dieu 9
    Les Noms de Dieu dans la Bible 10

Chapitre 3
    Différentes Façons dont Dieu Communique avec Nous 55

Chapitre 4
    Les Nombreuses Voix du Monde des Esprits 79
    Comment Entendre la Voix de Dieu 80
    La Définition du Rêve 82
    La Différence entre les Visions et les Rêves 85
    Interaction entre Rêves et Visions 90
    Dieu Parle Toujours, Que Nous Ecoutions ou Non 91
    Dieu Parle Aussi aux Incroyants dans les rêves 92
    Rêves des incroyants Dans l'Ancien Testament 93
    Rêves des Incroyants Dans le Nouveau Testament 93
    Dieu a Toujours Utilisé des Rêves 94
    Alliance Établie dans un Rêve 95
    La Sagesse Donnée dans un Rêve 96
    Satan Peut-il Apparaître dans Votre Rêve? 97

Chapitre 5
    Références Bibliques sur les Rêves et les Visions 101
    Les rêves Proviennent de Dieu 103

    Raison et But des Rêves 104
    Autres Fonctions des Rêves................................111
    Les Rêves et les Visions Ne Sont Pas Tous de Dieu 114
    Comment Savoir si Votre Rêve Vient de Dieu......................116

Chapitre 6
    Ce Que Certains Chercheurs Disent des Cauchemars ou des Mauvais Rêves................................121
    Ce Que la Bible Dit des Cauchemars ou des Mauvais Rêves.... 122
    Signification Spirituelle du Déjà Vu................................125
    Rêves Répétés................................127
    Rêves et Visions de l'Ancien Testament 128
    Rêves et Visions du Nouveau Testament................................130
    Dieu Donne-t-il des Rêves Prophétiques aux Gens Aujourd'hui?................................132

Chapitre 7
    Terminologie Biblique des Rêves 137
    Terminologie Biblique des Visions................................138
    La Signification des Rêves dans la Bible................................140
    Les Rêves de la Bible Expliqués 144

Chapitre 8
    La Science Derrière le Rêve................................151
    Autres Observations Scientifiques Concernant les Rêves ...155
    Ce Que Dit la Psychothérapie Moderne sur les Rêves 157
    Ce Qu'une Première Edition du Nouveau Dictionnaire Biblique International Dit sur les Rêves et les Visions................................157
    Ce Que l'Église Dit des Rêves et des Visions........................158
    Ce que la Bible Dit sur les Rêves et les Visions 160
    Un Autre Point de Vue Biblique des Rêves........................... 162

Chapitre 9
    Les Rêves ont Inspiré des Personnes Qui Ont Prospéré dans Tous les Domaines de la Vie 165
    Des Grands Scientistes Qui Avaient eu des Rêves................165
    Le rêve du prophète T. B. Joshua 176
    La signification du rêve du pasteur Benny 183
    Artistes qui Avaient eu des rêves 187
    Des Musiciens................................187
    Des Cinéastes................................189

    Des Peintres 191
    Des Écrivains 192
    Solutions Concernant Rêver 194

Chapitre 10
    Reconnaître les Multiples Faces de Dieu dans les
    Rêves ou les Visions 197
    Comment Dieu apparaît dans les rêves 197
    Compréhension Avancée des Raisons Pour Lesquelles
    Dieu Utilise des Rêves et des Visions 199
    Pourquoi Dieu Utilise-t-Il des Paraboles et des
    Symboles pour Communiquer avec Nous? 200

Chapitre 11
    L'Interprétation Vient de Dieu 203
    Pourquoi Nous Cherchons la Signification des Rêves 206
    Quelques Exemples Bibliques d'Interprétation des Rêves ... 206

Chapitre 12
    Une Manière Générale d'Interpréter les Rêves 215
    Comment Interpréter les Rêves 217
    Comment Interpréter la Communication de Dieu 220
    Conseils pour l'Interprétation des Rêves 221
    Autres conseils pour l'Interprétation des Rêves 222
    Quelques Principes Fondamentaux pour Interpréter
    les Rêves 223
    La Méthode la Plus Simple pour Interpréter un Rêve
    sur Vous-même 228
    Réflexions Supplémentaires sur le Fonctionnement les
    Rêves 228
    Étapes avancées de l'Interprétation des Rêves 230
    Règles d'Interprétation des Rêves dans un Groupe 232
    Une Méthode pour Interpréter les Rêves en Groupe 233
    Gardez L'Interprétation Simple 234

Chapitre 13
    Conseils pour se Souvenir des Rêves 237
    Conseils pour Recevoir et Conserver les Rêves 238
    Conseils pour Discerner vos Rêves sur Vous-même 239
    Rêves sur les Autres 242
    Indices pour Indiquer que Votre Rêve Concerne les Autres 242

    Les Rêves d'Autres Personnes 243
    Des Rêves qui Annoncent l'Avenir 245

Chapitre 14
    Comment Interpréter les Symboles des Rêves 249
    Autres Conseils pour Interpréter les Symboles 253
    Points Finaux..257
    Quelques Rêves Bibliques Qui Démontrent le principe des Symboles 260

Chapitre 15
    Différentes Catégories de Rêves..265
    Rêves pour Atteindre Votre Destin 265
    Rêve de Direction 273
    Rêves de guérison et de transformation 283
    Rêves de l'ennemi / Royaume Démoniaque.......................288
    Rêves Que Nous Causons 293
    Rêves pour vous entraîner à l'obéissance spirituelle 294
    Rêves causés par des changements dans votre corps.........298
    Différents types de rêves..300

Chapitre 16
    Interactions Angéliques dans les Rêves et les Visions.........311

Chapitre 17
    Une Introduction sur la Prophétie 319
    La Signification de la Prophétie 320
    Ce Que la Bible Dit A Propos de la Prophétie 321
    Ce Que Disent les Philosophes au sujet de la Prophétie 322

Chapitre 18
    Qui Est un Prophète?..323
    L'Art de la Communication Prophétique............................325
    Les Capacités Prophétiques du Prophète............................326
    Ce Que la Bible Enseigne sur le Don de Prophétie.............330
    Prophétie dans l'Ancien Testament 330
    Prophétie dans le Nouveau Testament................................331
    Le Don de Prophétie 333
    La Prophétie et l'Église...335

Chapitre 19
- Les Prophètes de la Bible..339
- Les Prophètes sont les Porte-paroles de Dieu sur Terre..... 344
- Les Prophètes sont Appelés par Dieu à Diriger l'Humanité.... 345
- Comment Nous Pouvons Suivre et Soutenir les Prophètes..... 346
- Les Prophètes d'Hier de Dieu..347
- Les Prophètes d'Aujourd'hui de Dieu................................350
- Comment Reconnaître un Prophète...................................352
- Une prompte Référence sur les Prophètes........................356

Chapitre 20
- Interprétation Biblique et Prophétique des Symboles dans les Rêves et les Visions..365
- Le symbolisme des animaux dans les rêves...................... 404
- Rêves et visions les plus Courants et leur Signification......409

Chapitre 21
- Signification Biblique des Chiffres....................................439
- Signification Symbolique et référence Biblique des couleurs... 444
- Une Note Finale...450
- Un Mot de Sagesse...450
- Prière pour la Sagesse..451
- Prière de Salut..452
- Prière pour être Rempli du Saint-Esprit...........................454
- Prière pour Parler en Langues..455

Votre Prière Quotidienne (Recommandée).................................457
References...461
Journal de Rêve..465

PRÉFACE

Je suis une enfant de Dieu.

Je suis le produit de nombreuses onctions.

Je crois en la Sainte Bible. Comme le dit le pasteur Joel Osteen dans son service quotidien, nous sommes ce que la Sainte Bible dit que nous sommes; nous pouvons faire ce qu'elle dit que nous pouvons faire. Par conséquent, j'ai largement utilisé la Sainte Bible en référence à tout ce que j'ai écrit dans ce livre.

J'ai également cité des personnes que je connais avoir évoqué des sources provenant aussi de la Sainte Bible ou directement de Dieu lui-même.

Quand j'ai trouvé Dieu, Il m'a époustouflé. J'étais aveugle. Je ne savais pas à quel point j'étais perdue et ignorante jusqu'à ce que je L'ai trouvé. Par la suite, j'ai commencé à Le reconnaître quand Il est venu me prêcher dans mes rêves. Ensuite, le Saint-Esprit m'a inspiré tout au long de l'écriture de ce livre. Il m'a dit que des millions de personnes iraient au paradis à cause de mon obéissance à écrire ce livre. C'est donc un grand privilège pour moi d'avoir la grâce de Lui être redevable de pouvoir produire ce livre et de le partager avec le monde entier.

> Dans les derniers jours, dit Dieu, je répandrai de mon Esprit sur toute chair; Vos fils et vos

filles prophétiseront, Vos jeunes gens auront des visions, Et vos vieillards auront des songes. (Actes 2:17 LSG)

Et il dit: Ecoutez bien mes paroles! Lorsqu'il y aura parmi vous un prophète, c'est dans une vision que moi, l'Eternel, je me révélerai à lui, c'est dans un songe que je lui parlerai. (Nombres 12:6 LSG)

INTRODUCTION

La connaissance est le pouvoir. Dans son livre *Prophétic Secrets*, Prophète Passion Java de Kindom Embassy à Maryland, dit que la plupart des gens ne parviennent pas à vivre pleinement la vie que Dieu leur a ordonnée parce qu'ils manquent de connaissances; quand on sait quoi faire, on ne stagne pas, ajoute-t-il.

«Mon peuple est détruit, parce qu'il lui manque la connaissance» (Osée 4:6 LSG). «Manque de connaissances» littéralement signifie un manque de compréhension et de lecture de la Parole de Dieu. Le manque de connaissances Bibliques explique comment les gens sont détruits moralement, physiquement, spirituellement et financièrement.

Le prophète Passion Java dit: «Ce qui fait de vous un prophète, ce n'est pas l'onction, c'est la connaissance que vous avez dans le [monde] prophétique.»

Avant de commencer à lire ce livre, je veux expliquer certaines vérités. Je veux que vous connaissiez la réalité. La réalité est que Jésus est venu sur terre en tant qu'homme. Il a vraiment été crucifié et il est réellement ressuscité des morts. Beaucoup de gens l'ignorent; d'autres veulent l'éviter, mais Jésus est vraiment Dieu. Philippiens 2:5-6 dit qu'Il est Dieu par nature. J'ai trouvé quelques autres versets pour le prouver:

Au commencement était la Parole, et la Parole était avec Dieu, et la Parole était Dieu. (Jean 1:1 LSG)

Et la parole a été faite chair, et elle a habité parmi nous, pleine de grâce et de vérité; et nous avons contemplé sa gloire, une gloire comme la gloire du Fils unique venu du Père. (Jean 1:14 LSG)

Moi et [mon] Père nous sommes un. (Jean 10:30 LSG)

Car un enfant nous est né, un fils nous est donné, Et la domination reposera sur son épaule; On l'appellera Admirable, Conseiller, Dieu puissant, Père éternel, Prince de la paix. (Ésaïe 9:6 LSG)

Thomas lui répondit: Mon Seigneur et mon Dieu! (Jean 20:28 LSG)

Jésus leur dit: En vérité, en vérité, je vous le dis, avant qu'Abraham fût, je suis. (Jean 8:58 LSG)

Entendre Dieu est un Art

Dieu nous parle de plusieurs manières. Et peu importe comment Il décide de parler, il est important que nous entendions Sa voix. L'entendre est un art. Entendre la voix de Dieu n'est pas une option mais une simple nécessité de la vie. C'est un élément indispensable de votre équipement de survie. Notre relation avec Dieu dépend de notre capacité d'entendre et de discerner Sa voix. Beaucoup périssent parce qu'ils ne peuvent pas entendre la voix de Dieu. Ainsi, notre plus grand atout dans la vie est notre capacité à entendre Sa voix à un niveau personnel.

Ce livre améliorera votre capacité à entendre Dieu. Il est conçu pour libérer votre potentiel et devenir un atout majeur pour votre église, votre famille, votre lieu de travail et chaque domaine de votre vie. Peu importe où vous en êtes dans votre marche avec Dieu, ce livre est un trésor inestimable; il vous apprendra comment savoir quand Dieu parle; lorsque vous reconnaissez Sa voix, vous pouvez être conduit par Lui et développer une plus grande intimité avec Lui dans le processus.

Ce livre fournit des vérités passionnantes et révélatrices sur les rêves, les visions et les prophéties. J'ai inclus des exemples de ce royaume fascinant basés sur des études Bibliques approfondies et des années de perspicacité personnelle.

Le livre de la Genèse, l'un des livres les plus importants de la Bible, décrit dix rêves. Au chapitre 28, nous voyons comment Dieu utilise les rêves pour amener Joseph de la fosse au palais: "Il eut un songe. Et voici, une échelle était appuyée sur la terre, et son sommet touchait au ciel. Et voici, les anges de Dieu montaient et descendaient par cette échelle» (Genèse 28:12 LSG).

Si vous n'entendez pas du tout la voix de Dieu, ce livre vous donnera des instructions étape par étape sur la façon d'entendre sa voix clairement et uniformément. Votre sens de l'ouïe nouvellement développé vous permettra de découvrir comment vous manquez parfois la voix de Dieu ou même sa présence.

Vous apprendrez à distinguer la voix de Dieu de la vôtre et à reconnaître certaines des façons dont l'ennemi limite votre audition, même lorsque Dieu vous crie. Vous serez formé à reconnaître les obstacles qui vous empêchent de l'entendre.

Joël 2 dit que Dieu parle à travers les rêves. En révélant cela, on suppose que nous saurions que c'est Lui qui parle, mais ce n'est pas le cas.

Ce livre vous équipera pour L'entendre parler de cette manière et aussi comprendre ce qu'Il dit. Vous apprendrez le vocabulaire des rêves que Dieu utilise et découvrirez comment recevoir et vous souvenir de vos rêves.

Je poursuis Dieu et mène une vie de prière depuis des années. À la recherche de réponses, le Saint-Esprit m'a enseigné de nombreux principes et mécanismes spirituels que je partage dans ce livre.

Vous découvrirez des secrets cachés dans l'armure de Dieu qui ont été ignorés pendant des milliers d'années et réaliserez leur importance.

Vous découvrirez pourquoi la Bible les a maintenus en vie et apprendrez à choisir la bonne arme pour votre guerre.

Ce livre répond à des questions telles que: Comment fonctionne le monde spirituel aujourd'hui? Comment marche le monde spirituel? Et plus.

L'interprétation des rêves est l'une des nombreuses façons d'évangéliser et de clarifier les messages de Dieu. Job 33:14–16 (LSG) dit, «Dieu parle cependant, tantôt d'une manière, Tantôt d'une autre, et l'on n'y prend point garde. Il parle par des songes, par des visions nocturnes, Quand les hommes sont livrés à un profond sommeil, Quand ils sont endormis sur leur couche. Alors il leur donne des avertissements Et met le sceau à ses instructions.»

Lorsque vous aurez fini de lire ce livre, vous serez en mesure de comprendre et d'interpréter les rêves: les vôtres et ceux de votre famille, de vos amis, de vos collègues et de toute personne que vous rencontrez dans la vie.

«Chaque nuit, nous pouvons nous connecter avec le ciel à travers nos rêves, au nom de Jésus.»

—Deborah Manoushka.

Un Bref Exemple

Juste un bref exemple pour clarifier mon point. Les chrétiens et les musulmans peuvent avoir de très grandes différences théologiques, cependant, il existe de nombreuses similitudes dans nos croyances en Jésus. Il y a plus de soixante-dix versets dans le Coran qui font référence à Jésus.

Les musulmans et les chrétiens croient tous deux que Jésus est né de la vierge Marie. Coran 5:46, 47 dit: «Et sur leurs traces, Nous avons envoyé 'Iesa [Jésus], fils de Maryam [Marie], confirmant la Taurat [Torah] qui était venue avant lui, et Nous lui avons donné l'Injeel [l'évangile], dans lequel se trouvaient des conseils, des lumières et la confirmation du Taurat qui l'avait précédé, une direction et une exhortation pour Al-Muttaqun [le pieux].»

Le Coran 3:44 dit: «O Muhammad, ce sont les choses 'invisibles', Nous vous révélons: vous n'étiez pas là lorsque les prêtres du Temple tiraient au sort en lançant leurs plumes pour décider lequel d'entre eux devait soyez le gardien de Marie: vous n'étiez pas non plus avec eux lorsqu'ils se disputaient à ce sujet.»

Le Coran 3: 45-49 dit: «Et quand les anges dirent: 'Ô Marie, Dieu vous envoie la bonne nouvelle d'un de ses ordres: son nom sera Messie, Jésus fils de Marie. Il sera hautement honoré dans ce monde et dans le monde à venir et il sera parmi ceux favorisés par Dieu. Il parlera aux gens de la même façon quand dans le berceau et quand il sera grand, et il sera parmi les justes.' En entendant cela, Marie dit: `Comment, Seigneur, aurai-je un fils, alors qu'aucun homme ne m'a jamais touché ?' «Ainsi en sera-t-il» fut la réponse. Dieu crée tout ce qu'il veut. Quand Il décrète une chose, Il dit seulement: «Soyez» et c'est. [Poursuivant leur message, les anges ont ajouté:] «Et Dieu lui enseignera le Livre et la sagesse, et lui donnera la connaissance de la Torah et de l'Évangile, et le désignera comme Son Messager auprès des enfants d'Israël.»

L'Islam enseigne que Jésus était l'un des prophètes de Dieu les plus importants. Coran, Sourate Al-Baqarah 2: 136 dit: «Nous croyons en Dieu et ce qui nous a été révélé et ce qui a été révélé à Abraham et Ismaël et Isaac et Jacob et ce qui a été révélé à Moïse et Jésus et ce qui a été révélé à la prophètes par leur Seigneur. Nous ne faisons aucune distinction entre eux. Et nous sommes soumis à Lui.»

Les musulmans, comme les chrétiens, croient que Jésus est ressuscité après la mort. La Bible et le Coran disent que quiconque croit en Jésus sera récompensé, mais le Coran ajoute que quiconque ne croit pas en Jésus sera sévèrement puni le jour du jugement dernier.

> Allah a dit: «Ô Jésus, en effet, je vous prendrai et vous élèverai à moi et vous purifierai de ceux qui ne croient pas et je rendrai ceux qui vous suivent [dans la soumission à Allah seul] supérieurs à ceux qui ne croient pas jusqu'au jour de la résurrection. Alors vers Moi sera votre retour, et je jugerai entre vous ce en quoi vous différiez.» (Sourate du Coran Al-Baqarah 3:55)

Et quant à ceux qui n'ont pas cru, je les punirai d'un châtiment sévère dans ce monde et dans l'au-delà, et ils n'auront pas d'aide. (Sourate du Coran Al-Baqarah 3:56)

Mais quant à ceux qui ont cru et ont fait des actions justes, Il leur donnera pleinement leurs récompenses, et Allah n'aime pas les injustes. (Sourate du Coran Al-Baqarah 3:57)

Les chrétiens croient uniquement en la Bible. Les musulmans croient au Coran; cependant, le Coran fait clairement référence aux musulmans à la Bible comme un guide au cas où ils auraient des difficultés à comprendre. Le Coran dit que le dernier mot de Dieu parle de respecter toutes les écritures précédentes.

Le prophète Ezéchiel Condé, ex-musulman et maintenant chrétien, et prédicateur à l'Assemblée Chrétienne Christ Ressuscité (ACCR) à Lille, France, souligne que le Coran en 2:136 déclare clairement que si l'on a des doutes sur ce qui est dit dans le Coran, de lire les livres saints préexistants qui l'ont précédé. Le prophète Ezéchiel questionne: «Quels sont [à votre avis] les livres qui ont précédé le Coran?» et il répond que les Livres Saints qui sont venus avant le Coran sont la Torah (qui est les cinq premiers livres de la Bible juive) et la Sainte Bible (l'Ancien et le Nouveau Testament, qui raconte l'Évangile de Jésus-Christ).

Coran 3:3, 4, NJD dit: «Il vous a révélé le Livre avec la vérité, confirmant les Écritures qui l'ont précédé; car Il a déjà révélé la Torah et l'Évangile pour guider les hommes.»

Le Coran 10:94 dit: «Et si tu as des doutes sur ce que Nous t'avons révélé, alors demande à ceux qui lisent le Livre devant toi. En vérité, la vérité de ton Seigneur est venue à toi. Ne sois donc pas de ceux qui hésitent.»

Ce que cela signifie, c'est que si vous avez le moindre doute sur ce que nous vous avons révélé (sur le Jour du Jugement et d'autres questions de croyance), demandez à ceux qui ont lu le livre qui a été révélé (aux prophètes qui ont vécu) avant vous. «En vérité, la vérité vous est certainement venue de votre Seigneur. Ainsi, n'en doutez pas [dans votre cœur]»(Coran 10:94).

Dans ce tout dernier verset, le Coran approuve l'utilisation de la Sainte Bible au lieu d'essayer de corriger ses enseignements. «Lisez le livre d'avant toi», dit-il. Les seuls livres qui ont été créés avant le Coran sont la Torah et la Bible.

Le Dr Zakir Abdul Karim Naik est médecin, télévangéliste indien et prédicateur islamique; il est le fondateur et président de la Fondation de Recherche Islamique et également le fondateur de Peace TV. Selon Wikipédia, il est une «autorité en matière de religion comparée», peut-être l'idéologue salafiste le plus influent de l'Inde, «le 'rock star' de la télé-évangélisation et partisan de l'Islam moderne» et «le principal évangéliste salafiste du monde».

Je ne connais pas le Dr Naik, mais je l'ai regardé plusieurs fois à la télé; il est très instruit et intelligent et est suivi par des millions de personnes. Il a une réponse finale pour tous ceux qui le confrontent à propos du Coran. Je peux dire qu'il sait tout, mais ne dit pas tout. Je sais avec certitude qu'il n'aimera pas le fait que je découvre ce genre de vérités au monde entier.

Ce livre est principalement préoccupé par les rêves, les visions et les prophéties, leur réalité et leur soutien à la Bible. Ainsi, pour faire cela, vous devez connaître la Bible, sa réalité et son exactitude. Beaucoup de rêves et de visions rapportés dans la Bible étaient prophétiques, car ils prédisaient des événements futurs. Le chapitre 8 de Daniel décrit une vision qu'il a eue en utilisant le symbolisme; la prophétie impliquait un bélier et une chèvre mâle qui ont renversé le bélier, le piétinant. Un messager angélique de Dieu a révélé que «le bélier à deux cornes… représente les rois de Médie et de Perse. La chèvre poilue représente le roi de Grèce» (Daniel 8:20–21).

L'histoire confirme que la Médo-Perse a succédé à Babylone en tant que puissance mondiale. Puis, environ deux cents ans plus tard, la Médo-Perse a été conquise par les Grecs, dirigés par Alexandre le Grand. Une telle précision fascinante caractérise la prophétie Biblique, y compris les rêves prophétiques. Ce seul fait distingue la Bible de tous les autres livres sacrés, la rendant digne de confiance.

CHAPITRE 1

Savoir Prier

Si vous avez du mal à vous concentrer lorsque vous priez, vous n'êtes certainement pas seul. Mais il existe des moyens d'apprendre à prier et à se rapprocher de Dieu, en commençant par le bon environnement. Le meilleur endroit pour prier est un endroit calme sans personne pour vous déranger. Priez simplement. Demandez pardon [à Dieu]. Lisez la Bible. Priez pour les bénédictions. Louez Dieu. Remerciez-Le. Et chantez: «Amen».

Toufik Benedictus Hinn, mieux connu sous le nom de pasteur Benny Hinn, est un télévangéliste israélien, qui mène des croisades miracles et des réveils et des services de guérison dans son émission télévisée *This Is Your Day*. Le pasteur Hinn suggère de commencer par cette reconnaissance: «Dieu le plus élevé! Le Possesseur du ciel et de la terre! Suprême Tout-puissant! Seigneur Dieu d'Abraham! Dieu d'Isaac! Dieu d'Israël! » Suivez ensuite ces sept étapes:

1. Confession

2. Supplication (demandez-lui n'importe quoi.)

3. Adoration (Adorez-le.)

4. Intimité (Dites: «Dieu, je t'aime.»)

5. Intercession (Il vous montrera ou vous dira pour qui prier; la plupart du temps, c'est votre ennemi.)

6. Action de grâce [Remerciement]

7. Louange

Billy Graham, fondateur de la Billy Graham Évangélistic Association, est un éminent chrétien évangélique et un pasteur baptiste ordonné du Sud de l'Amérique; il a affirmé que Dieu veut que nous arrivions à Le connaître de plus en plus chaque jour, et que les disciples de Jésus ont demandé Son aide à plusieurs reprises, et nous devrions le faire aussi. En fait, à une occasion, Jésus priait, et quand Il a terminé, un de ses disciples Lui a dit: "Seigneur, apprends-nous à prier" (Luc 11: 1).

Graham affirme que Dieu entend nos prières en toutes occasions, que nous prions à haute voix ou que nous prions silencieusement dans nos cœurs et nos esprits, qu'Il sait tout de nous et sait ce qui se passe en nous, tant bien que mal.

La Bible dit que Dieu «juge les sentiments et les pensées du cœur» (Hébreux 4:12 LSG). Et Proverbes 15:26 (LSG) dit: «Les pensées mauvaises sont en horreur à l'Éternel, Mais les paroles agréables sont pures à ses yeux.»

Je crois que Dieu entend toujours nos prières, même lorsque nous ne pouvons pas les mettre en mots. Il entend quand nos cœurs sont trop chargés ou confus pour parler. Romains 8:26 (LSG) dit: "De même aussi l'Esprit nous aide dans notre faiblesse, car nous ne savons pas ce qu'il nous convient de demander dans nos prières. Mais l'Esprit lui-même intercède par des soupirs inexprimables;»

Graham atteste que l'un des plus grands dons de Dieu pour nous est le privilège de la prière, un privilège qui est possible grâce à ce que Jésus a fait pour nous sur la croix. La Bible dit, «déchargez-vous sur lui de tous vos soucis, car lui-même prend soin de vous» (1 Peter 5:7 LSG).

Dieu Répond-Il Vraiment aux Prières?

Graham dit que la prière est l'un de nos plus grands privilèges en tant qu'enfants de Dieu; il nous encourage à ne pas cesser de prier, même si Dieu ne semble pas répondre à nos prières au début. Il dit que puisque Dieu nous aime, aucune prière ne reste sans réponse.

Graham cite l'histoire que Jésus a racontée à propos d'une pauvre veuve qui a demandé à plusieurs reprises à un juge corrompu de se prononcer en sa faveur (Luc 18: 1-8). Il a dit que le juge avait refusé à plusieurs reprises, non pas parce que sa demande était erronée, mais parce qu'il ne s'en souciait tout simplement pas. Mais à cause de sa persévérance, il a finalement cédé et lui a accordé ce qu'elle méritait. D'une manière bien plus grande, a-t-il dit, Dieu, qui est juste et prend soin de nous, entend les prières de son peuple. Nous ne devons jamais abandonner.

Graham a partagé deux leçons de cette histoire. Premièrement, a-t-il dit, nous devons réaliser que Dieu répond parfois à nos prières lorsque nous ne le réalisons pas, puisque Sa réponse peut être «Non» ou «Attendez». Nous pensons que nous savons ce qui est le mieux pour nous, mais Dieu voit la situation dans son ensemble, et Il peut refuser avec amour de nous donner ce que nous demandons parce qu'Il sait que ce n'est pas selon son plan parfait. Deuxièmement, a dit Graham, nous devons nous rappeler que nous avons le privilège de venir à Dieu uniquement parce que Jésus-Christ est mort pour nos péchés.

le prophète Emmanuel Makandiwa de l'Église Internationale de la Famille Unie (UFIC) au Zimbabwe, qui avait prophétisé de manière éclatante au sujet du Covid-19 le 20 novembre 2016 et le 2 juillet 2017, qui s'est finalement produit en 2020, a déclaré dans un service en ligne que Dieu lui a parlé des opérations du Saint-Esprit, qui sont déclenchées par les prières.

Le prophète Makandiwa a dit que Dieu lui a dit que la prière ne rend pas quelqu'un spirituel. Il a dit que vous ne devenez pas spirituel en priant trop, et vous ne devenez pas spirituel en prolongeant votre temps dans la prière; l'intensité de votre prière n'améliore pas votre spiritualité et la prière ne vous rend pas plus spirituel. Au lieu de cela, la prière est ce que font les gens spirituels; vous priez parce que vous êtes spirituel.

Le prophète Emmanuel Makandiwa de l'Église Internationale de la Famille Unie (UFIC) au Zimbabwe, qui avait prophétisé de manière éclatante au sujet du Covid-19 le 20 novembre 2016 et le 2 juillet 2017, qui s'est finalement produit en 2020, a déclaré dans un service, que Dieu lui a parlé des opérations du Saint-Esprit, qui sont incitées par les prières.

«Dieu répond à celui qui prie», dit-il, «pas à la prière.» Vous priez parce que vous êtes spirituel. Est-ce la bonne personne qui prie? Puis il a dit que si Dieu s'occupait de répondre à chaque prière simplement parce que la prière est une prière, alors la prière de chacun serait exaucée.

La raison pour laquelle Dieu ignore certaines prières, a-t-il dit, est à cause de la personne qui prie, celle derrière la prière. Si vous voulez que Dieu réponde à vos prières, alors vous devez d'abord jeûner et devenir la bonne personne pour prier. Vous devez vous regarder, vous qualifier et être la bonne personne derrière les mots que vous prononcez.

La discipline du jeûne a été trouvée dans les époques de l'Ancien et du Nouveau Testament. Le jeûne est une manière Biblique de vous humilier vraiment devant Dieu. Cela permet au Saint-Esprit de révéler votre véritable condition spirituelle, ce qui entraîne la rupture, la repentance et une vie transformée.

Le prophète Makandiwa a dit que Dieu regarde d'où vient la prière. Il ne s'agit pas de prier correctement; il s'agit de devenir la bonne personne pour prier, d'être la bonne personne, de se qualifier pour les mots que vous prononcez.

Le prophète a cité un exemple dans la Bible lorsque Job avait été donné l'opportunité d'être interrogé par Dieu; Job a passé un chapitre entier à poser des questions. Mais pendant tout ce temps, Dieu est resté silencieux et n'a jamais répondu, jusqu'à ce qu'Il demande finalement: «Qui est ce type qui a parlé?» (Job 38: 1–2).

Comment Jésus Dit-Il Que Nous Devons Prier?

L'évangile de Luc montre que Jésus a souvent prié (Luc 3:21; 5:16; 6:12; 9:18, 28); les disciples ont remarqué sa prière et lui ont demandé de leur apprendre à prier (Luc 11:1). Dans le deuxième verset, Jésus a commencé son instruction en disant «quand vous priez». Les disciples du Christ l'ont pris comme un commandement et les mots que Jésus a utilisés sont devenus ce que l'on appelle la prière du Seigneur, également rapportée dans Matthieu 6:9–13.

Père. Dans la prière du Seigneur, Jésus nous demandé d'abord de nous adresser à Dieu en tant que «Père». Dieu est notre Père céleste. Il nous aime et prend soin de nous plus que nous ne le saurons jamais. Il désire nous donner de bonnes choses, même Sa présence, par le Saint-Esprit (Luc 11:13).

Ton nom soit sanctifié. Ensuite, Jésus dit que nous devrions prier avec ce qui est essentiellement une déclaration de louange à Dieu pour Sa nature parfaite. C'est une reconnaissance que Son nom est digne d'être mis à part comme saint. De la même manière, en Le priant, nous devons commencer par L'exalter pour Ses merveilleux attributs et Son caractère fidèle. Le roi David était un maître dans l'écriture de psaumes de prière donnant à Dieu la louange qui Lui est due (Psaume 100).

Votre royaume vient. La prière pour le royaume de Dieu à venir est une prière pour que Son autorité règne dans nos cœurs et que Sa volonté se fasse dans nos vies. La version de Matthieu dit: «Votre Royaume est venu sur terre comme il est au ciel.» Dieu travaille tout pour le bien de ceux qui L'aiment (Romains 8:28). Et si vous L'adorez et que vous ne vous conformez pas au modèle de ce monde, vous pourrez alors tester ce qu'est Sa bonne, agréable, et parfaite volonté (Romains 12:1-2).

Donnez-nous chaque jour notre pain quotidien. Alors que notre capacité à fonctionner semble dépendre des lois naturelles de l'univers, Jésus dit que nous devrions prier Dieu de subvenir à nos besoins et de dépendre de Dieu. Nous devons compter sur Lui même pour les nécessités les plus élémentaires de la vie.

Pardonne-nous nos péchés, comme nous pardonnons aussi à tous ceux qui pèchent contre nous. Après que Jésus a dit à ses disciples de demander pardon à Dieu, Il a dit que nous devrions le faire en pardonnant à ceux qui ont péché contre nous, et qu'en nous pardonnant, nous devenons une nouvelle création. La Bible enseigne également que Dieu nous aime tellement qu'Il a donné son Fils unique, Jésus-Christ, pour notre pardon (Jean 3:15–18; 2 Corinthiens 5:14–17).

Et ne nous soumet pas à la tentation. Jésus exhorte Ses disciples à prier pour éviter la tentation, comme Il a été tenté. La version King James de la Bible dit: «mais délivre-nous du mal: Car à toi est le royaume, la puissance et la gloire pour toujours. Amen.» L'accent mis sur cette dernière partie de la prière est de nous garder de la tentation dans nos vies. Comme il nous est rappelé dans 1 Corinthiens 10:13, «Aucune tentation ne vous a saisi sauf ce qui est commun à l'homme. Et Dieu est fidèle; Il ne vous laissera pas être tenté au-delà de ce que vous pouvez supporter. Mais lorsque vous êtes tenté, Il vous fournira également une ouverture pour que vous puissiez vous y tenir debout.»

CHAPITRE 2

L'importance de Connaître et d'Utiliser les Noms de Dieu

Il y a du pouvoir dans un nom. Il [nous] définit qui est une personne. La Bible utilise plusieurs différents noms pour Dieu, pour exprimer sa signification et son identité précises, spécifiques et personnelles. La Bible dit que le nom du Seigneur est comme une forte tour. Il dit que les justes peuvent y courir et être sauvés.

Apprendre à connaître Dieu par ses noms crée une relation plus profonde avec Lui. Cela crée la confiance; cela crée la compréhension; cela crée une intimité plus profonde. L'Ancien Testament de la Bible est particulièrement riche avec l'utilisation significative des noms. Par exemple, Dieu a changé le nom d'Abram en Abraham, qui signifie «multitude» ou «père de plusieurs». Ce changement de nom lui a donné un but et lui a également rappelé les promesses de Dieu de faire de lui le père de nombreuses nations.

Le nom de Dieu, qui représente Son caractère, reste le même à travers toutes les générations, car Son caractère ne change jamais. Connaître les noms de Dieu et ce qu'ils signifient vous aidera à comprendre encore plus Sa nature.

Les Noms de Dieu dans la Bible

La Bible nous décrit qui est Dieu à travers Ses noms. Il est le Dieu des miracles et rien ne Lui est impossible. Il a divisé les mers et sauvé Son peuple de ses ennemis. Il a offert Sa protection pendant des années dans le désert et les a conduits à travers le désert jusqu'à la terre promise. Il est allé jusqu'au Calvaire pour nous et Il nous a donné Son Esprit pour nous aider aujourd'hui. Il est toujours puissant. Il est constamment présent avec nous, Il est pleinement digne de confiance, Il aime pour toujours. Son amour est éternel, Ses miséricordes sont nouvelles chaque matin et Sa fidélité est grande.

«Son nom est Jéhovah (Yahweh [Yahvé]), le Seigneur» (Exode 6: 3; Psaume 83:18). Yahvé signifie «le Seigneur»; Yahvé est dérivé du mot hébreu qui veut dire «JE SUIS». Cela vient du verbe «être» ou «exister».

Quand Dieu a dit à Moïse d'aller voir Pharaon et de conduire les Israélites hors d'Égypte, il a eu peur. Il a dit à Dieu: «Supposons que j'aille vers les Israélites et que je leur dise: Le Dieu de vos pères m'a envoyé vers vous, et s'ils me demandent quel est son nom?, que leur répondrai-je? Dieu dit à Moïse: «JE SUIS CELUI QUI SUIS. Et il ajouta: C'est ainsi que tu répondras aux enfants d'Israël: Celui qui s'appelle 'JE SUIS' m'a envoyé vers vous»(Exode 3:13-14).

Le nom de Dieu, Yahvé, est un nom d'autorité. Il commande la peur et l'honneur. Ce nom détient une grande puissance et dit à tous ceux qui entendent: «JE SUIS le Seul, vrai Dieu; Suivez-moi.» Le nom de Dieu est le *«Grand JE SUIS»* et il ne change jamais.

Yahvé est le nom le plus fréquent, apparaissant dans l'Ancien Testament 6,828 fois (près de 700 fois dans les Psaumes seulement). Yah est une forme abrégée qui apparaît cinquante fois dans l'Ancien Testament, y compris quarante-trois occurrences dans les Psaumes, souvent dans l'avertissement «Hallelu-Jah» (littéralement, «Louange à Jah»). Le nom signifie la présence. Dieu est avec son peuple; Il est proche et parmi son peuple.

Théologiquement, le nom de Yahvé résonne avec l'alliance. Dans Exode 6:7, la formule de l'alliance est invoquée: «Je serai votre Dieu et vous serez mon peuple.»

«Son nom est Abba, Père» (Galates 4:6). Abba signifie «papa» ou «père»; Abba est la forme la plus intime du nom de Dieu, nous montrant son caractère de papa aimant. Il est celui à qui on peut faire pleinement confiance, celui sur lequel on peut s'appuyer, celui qui se soucie de tout ce qui nous concerne. Tout comme la présence d'un père pieux dans notre vie quotidienne nous donne protection, sécurité et amour inconditionnel, la présence constante de notre Père céleste est ce qui nous donne la force dont nous avons besoin pour ce voyage.

Ce nom de Dieu exprime son cœur pour chacun de nous, en tant que ses enfants. L'épithète est fréquemment utilisée dans Jean (108 fois) et aussi dans Matthieu (40 fois).

«Son nom est El Elyon, le Dieu Très-Haut» (Psaume 7:17). El-Elyon est un nom utilisé dans l'Ancien Testament pour révéler que Dieu est au-dessus de tous les dieux, que rien dans la vie n'est plus sacré. Il est en effet le Seigneur Très-Haut, Celui qui règne en maître.

Il est plus grand que n'importe quelle force des ténèbres dans ce monde, plus grand que n'importe quel problème qui pourrait survenir dans cette vie. Il a le contrôle. Il ne perdra jamais Sa puissance et Sa force. Il a vaincu la mort et le péché. Il est puissant. Il est Seigneur. Il est exalté sur tout. Il est le Dieu Très-Haut (Daniel 5:21; Psaume 9:2).

> Je louerai l'Eternel à cause de sa justice, Je chanterai le nom de l'Eternel, du Très-Haut. (Psaume 7:17 LSG)

El-Elyon dérive de la racine «monter», «élever». El-Elyon peut être considéré spatialement comme le plus élevé. Étroitement lié aux services du temple, vingt de ses quarante-cinq occurrences se trouvent dans le psautier. «Il est beau de louer l'Éternel, Et de célébrer ton nom, ô Très Haut!» (Psaume 92:1). El-Elyon dénote l'exaltation, l'adoration, le privilège, et la prérogative et appartient à la «théologie monarchique»; elle parle du droit absolu à la seigneurie (Psaume 35:10).

«Son nom est Elohim, le Créateur» (Genèse 1:1). Elohim signifie «Dieu, le Créateur». Ce nom fait référence au pouvoir et à la puissance incroyables de Dieu. Il est le seul et unique Dieu qui a créé le monde. Il est le Tout-Puissant sur toute la nature, ce monde et les cieux au-dessus. Il est le Dieu créateur qui a fait des merveilles par Ses mains. Son incroyable pouvoir est à l'œuvre à chaque lever et chaque coucher de soleil. Il a créé les étoiles dans le ciel. «Au commencement, Dieu créa les cieux et la terre» (Genèse 1:1 LSG). «Les cieux racontent la gloire de Dieu, Et l'étendue manifeste l'œuvre de ses mains» (Psaume 19:1 LSG).

«Elohim» se trouve sur les toutes premières pages de la Bible dans le livre de l'Ancien Testament de la Genèse. C'est ainsi que Dieu se présente d'abord à nous. De la première phrase de la Bible, la nature superlative de la puissance de Dieu est évidente lorsque Dieu (Elohim) fait exister le monde (Genèse 1:3, 6, 9).

Elohim apparaît plus de deux mille deux cents fois dans la Bible anglaise. Lorsque la Bible est dans ses racines hébraïques et grecques, Elohim se trouve plus de deux mille cinq cents fois. C'est le prénom qui nous donne quelque chose de tangible sur le caractère de Dieu. Il décrit comment Il peut parler, et la lumière sort. Il établit Sa souveraineté, Sa créativité et Sa puissance. Il est le créateur et le Dieu vivant.

Le mot Elohim se traduit également par «dieux», ce qui nous rappelle que Dieu est trois en un: Père, Saint-Esprit et Fils. Elohim, un pluriel d'Eloah, apparaît parfois avec un ajout, tel que «Dieu d'Abraham [ou d'Israël]», mais il est principalement autonome. À côté du Seigneur (Yahweh), Elohim est une désignation majeure pour Dieu. Elohim fait également référence à la divinité.

«Ne le sais-tu pas? ne l'as-tu pas appris? C'est le Dieu d'éternité, l'Éternel, Qui a créé les extrémités de la terre; Il ne se fatigue point, il ne se lasse point; On ne peut sonder son intelligence» (Ésaïe 40:28 LSG).

«Son nom est El Shaddai, le Dieu tout-puissant» (Exode 6:3). El-Shaddai signifie «Dieu Tout-Puissant», le Plus Puissant; nous pouvons trouver refuge et nous reposer dans Son ombre. «Celui qui demeure sous l'abri du Très Haut Repose à l'ombre du Tout Puissant»(Psaume 91:1 LSG).

El-Shaddai est apparu à Abraham: «Lorsque Abram fut âgé de quatre-vingt-dix-neuf ans, l'Éternel apparut à Abram, et lui dit: Je suis le Dieu tout puissant. Marche devant ma face, et sois intègre» (Genèse 17:1 LSG).

La désignation «Shaddai» apparaît quarante-huit fois dans la Bible (dont trente et une dans Job). El-Shaddai est la traduction hébraïque de «Dieu tout-puissant». Un consensus traditionnel de «shaddai» soutient que c'était un mot accadien qui signifie «montagne», de sorte que l'expression produit un sens comme «El, celui des montagnes». La juxtaposition d'El-Shaddai et d'El-Elyon (Nombres 24:16; Psaume 91:1) peut suggérer qu'El-Shaddai est un Dieu qui est le chef du conseil céleste, dont la résidence est parfois largement associée aux montagnes (Habacuc 3:3).

> Parole de celui qui entend les paroles de Dieu, De celui qui connaît les desseins du Très Haut, De celui qui voit la vision du Tout Puissant, De celui qui se prosterne et dont les yeux s'ouvrent. (Nombres 24:16 LSG)

> Dieu vient de Théman, Le Saint vient de la montagne de Paran... Pause. Sa majesté couvre les cieux, Et sa gloire remplit la terre. (Habacuc 3:3)

«Son nom est El Roi, le Seigneur qui me voit» (Genèse 16:13; Esaïe 61:3). El-Roi signifie «le Dieu qui voit». Le nom El-Roi nous dit que Dieu veille sur tout et qu'il voit les affaires des gens.

Agar était un serviteur d'Abraham et de Sarah. Après que Sarah n'ait pas pu fournir de fils à Abraham, ils ont utilisé Agar, car il n'était pas rare de fournir un héritier de cette manière. Cependant, après qu'Agar ait donné naissance à Ismaël, elle a été méprisée par Sarah au point qu'elle s'est enfuie. Dans le désert, où elle pensait mourir, un ange du Seigneur apparut à Agar pour lui dire que Dieu avait entendu ses cris désespérés. Tandis qu'Agar était seule dans le désert, Il était conscient de ses blessures, de ses pensées et de ses besoins.

Agar a alors nommé Dieu El-Roi, «Le Dieu qui me voit». «Elle appela Atta El roï, le nom de l'Éternel qui lui avait parlé; car elle dit: Ai-je rien vu ici, après qu'il m'a vue?» (Genèse 16:13 LSG)

«Son nom est Jéhovah Nissi, le Seigneur est ma bannière» (Exode 17:15-16). Yahweh Nissi signifie «le Seigneur est ma bannière». C'est le nom de Dieu qui proclame sa protection, sa direction et sa délivrance pour son peuple, tout comme quand il a apporté la protection divine aux Israélites contre leur ennemi, les Amalécites.

Dans une bataille épique dans le livre de l'Exode, le chapitre raconte qu'Israël n'avait l'avantage sur Amalek que si Moïse tenait son bâton haut. Tandis que Josué et le peuple se battaient contre leur ennemi, Moïse se tenait au sommet d'une colline, avec le bâton de Dieu entre ses mains. La Bible raconte que même si Moïse se fatiguait, son frère et sa sœur l'ont aidé à garder le bâton en l'air;

après la défaite de leurs ennemis, Moïse a commémoré l'événement en construisant un autel.

> Moïse bâtit un autel, et lui donna pour nom: l'Eternel ma bannière. Il dit: «Parce que la main a été levée sur le trône de l'Eternel, il y aura guerre de l'Eternel contre Amalek, de génération en génération.» (Exode 17:15–16 LSG)

«Son nom est Jéhovah Raah, le Seigneur mon berger» (Psaume 23:1). Le nom Yahweh-Raah se traduit par «le Seigneur me guide» et se trouve dans le Psaume 23. Une étude plus approfondie de Raah suggère que Raah est Rea, ce qui signifie «ami» ou «compagnon». Cela peut être traduit par «Le Seigneur mon ami». Dans ce passage, il nous est rappelé que Dieu est notre ami, notre confident, notre chef, notre pourvoyeur et notre berger. Ce passage est peut-être l'un des passages Bibliques les plus connus car il est réconfortant: «L'Eternel est mon berger: je ne manquerai de rien» (Psaume 23:1 LSG).

«Son nom est Ish, mon mari» (Osée 2:16). En hébreu, Ish se traduit par «mari» et est utilisé dans les livres d'Osée, d'Isaïe et de Jérémie. Dieu est introduit pour la première fois dans le livre d'Osée comme Ish, quand Il dit à Osée d'épouser une prostituée. La vie d'Osée devient une représentation de Dieu et d'Israël. Le peuple d'Israël s'éloigne de Dieu et commet des actes adultères, comme adorer des idoles. Au lieu de lui tourner le dos, Dieu courtise Israël avec son amour, tout comme Osée le fait avec sa femme Gomer.

> En ce jour-là, dit l'Eternel, tu m'appelleras: Mon mari! et tu ne m'appelleras plus: Mon maître! (Osée 2:16 LSG)

> Je serai ton fiancé pour toujours; je serai ton fiancé par la justice, la droiture, la grâce et la miséricorde; je serai ton fiancé par la fidélité, et tu reconnaîtras l'Éternel. (Osée 2:19–20 LSG)

«Son nom est Jéhovah Shalom, le Seigneur de la paix» (Juges 6:16–24). Yahweh Shalom signifie «le Seigneur est paix». Shalom, également orthographié comme sholom, sholem, sholoim et shulem, est un mot hébreu signifiant paix, harmonie, intégrité, complétude, prospérité, sécurité, bien-être et tranquillité; il peut être utilisé de façon idiomatique pour signifier à la fois bonjour et au revoir.

Gédéon était entouré d'un ennemi féroce. Rien à cette époque ne semblait «paisible». Et pourtant, Dieu s'est manifesté fidèlement en son nom et a apporté la délivrance. Après ce moment terrifiant, Gédéon a construit un autel à Dieu et l'a appelé: «Le Seigneur est la paix». L'ange du Seigneur lui a dit: «Paix. N'ai pas peur.» Cette histoire illustre que Dieu est celui qui donne la paix. Yahweh Shalom se trouve pour la première fois dans le livre des juges.

> Gédéon bâtit là un autel à l'Éternel, et lui donna pour nom l'Éternel paix: il existe encore aujourd'hui à Ophra, qui appartenait à la famille d'Abiézer. (Juges 6:24 LSG)

«Son nom est Jéhovah Jireh, le fournisseur» (Genèse 22:14). Yahweh Yireh signifie «le Seigneur pourvoira». Dans l'Ancien Testament, Yahweh Yireh était un endroit réel dans le pays de Moriah. C'était l'endroit où Dieu a fourni un bélier pris dans les buissons alors que la foi d'Abraham était mise à l'épreuve quand on lui a demandé de sacrifier son fils, Isaac.

Abraham a trouvé que c'était vrai. Seul avec son fils Isaac dans le désert, il savait et croyait que Dieu fournirait un sacrifice à la place de son unique enfant. Abraham a nommé le lieu Yahweh-Yireh (qui signifie «l'Éternel pourvoira»). À ce jour, les gens utilisent toujours ce nom comme un proverbe: «Sur la montagne de l'Éternel, il sera pourvu» (Genèse 22:14)

> Abraham donna à ce lieu le nom de Jehova-Jiré. C'est pourquoi l'on dit aujourd'hui: A la montagne de l'Éternel il sera pourvu. (Genèse 22:14 LSG)

«Son nom est Jéhovah Rapha, le guérisseur» (Exode 15:26; Actes 3:16). Jéhovah Rapha signifie «guérisseur», «le Seigneur qui vous guérit». Le nom Yahweh Rophe en hébreux signifie guérir, guérir et rendre entier ou restaurer. Yahweh Rophe n'apparaît qu'une seule fois dans la Bible et c'est le deuxième nom que Dieu a utilisé pour se révéler à son peuple dans Exode 15:26. On nous rappelle que Dieu lui-même est le grand médecin qui a le pouvoir de guérir nos besoins physiques, émotionnels et spirituels.

Il dit: «Si tu écoutes attentivement la voix de l'Eternel, ton Dieu, si tu fais ce qui est droit à ses yeux, si tu prêtes l'oreille à ses commandements, et si tu observes toutes ses lois, je ne te frapperai d'aucune des maladies dont j'ai frappé les Egyptiens; car je suis l'Eternel, qui te guérit» (Exode 15:26 LSG).

> Ainsi parle l'Eternel, le Dieu de David, ton père: J'ai entendu ta prière, j'ai vu tes larmes. Voici, je te guérirai. (2 Rois 20:5 LSG)

«Son nom est Jéhovah Shammah, le Seigneur est là» (Ézéchiel 48:35). Le nom Yahweh Shammah n'apparaît qu'une seule fois dans la Bible dans Ézéchiel 48:35. C'est un nom symbolique pour la Jérusalem terrestre. Pourtant, cela a une signification pour les disciples du Christ car cela nous rappelle que Dieu n'a pas abandonné Jérusalem.

> Circuit: dix-huit mille cannes. Et, dès ce jour, le nom de la ville sera: l'Eternel est ici. (Ezéchiel 48:35 LSG)

«Son nom est El Olam, le Dieu éternel, le Dieu immuable» (Genèse 21:22–34). Le mot hébreu *olam* signifie «depuis longtemps, toujours, pour toujours». El-Olam révèle Dieu comme «le Dieu éternel», sans commencement ni fin.

Voyant qu'Abraham est béni par le Seigneur, Abimélec, le roi de Guérar, cherche à conclure un pacte avec Abraham parce que, comme il l'a dit, «le seul, vrai Dieu est avec vous dans tout ce que vous faites». On ne sait pas comment

Abimélec sait que «le seul, vrai Dieu» est avec Abraham dans tout ce qu'il fait, il a très probablement été témoin du modèle général de succès du patriarche, y compris la naissance miraculeuse d'Isaac.

Abimélec semble savoir que cette fortune continuera pour les enfants du patriarche, et il suppose qu'ils pourraient supplanter son propre royaume. Alors qu'Abraham accepte de conclure l'alliance proposée, Abimélec est devenu son allié plutôt qu'un ennemi. Après tout, Abraham a vu que Dieu était fidèle à ses promesses de nombreuses années auparavant, il invoque le SEIGNEUR comme «El Olam» ou «Dieu éternel» ou «le Dieu perpétuel»; ainsi, pour rappeler que «le Dieu éternel» tient ses promesses, Abraham planta un arbre à feuilles persistantes à Beer-Sheva.

> Abraham planta des tamariscs à Beer Schéba; et là il invoqua le nom de l'Éternel, Dieu de l'éternité. (Genèse 21:33 LSG)

«Son nom est Jéhovah Tsidkenu, le Dieu de justice, le Seigneur de justice» (Jérémie 23:6). Le mot Tsidkenu est dérivé de Tsedek et signifie «justice». Tsedek est traduit des centaines de fois comme précis, vertueux, intégrité, juste, justifié et innocent. Une définition simple de la justice consiste à faire ce qui est juste. Ce nom parle du fait que Dieu fera toujours ce qui est juste parce qu'Il est juste.

> Pharaon fit appeler Moïse et Aaron, et leur dit: Cette fois, j'ai péché; c'est l'Eternel qui est le juste, et moi et mon peuple nous sommes les coupables. (Exode 9:27 LSG)

L'Eternel est juste: Il a coupé les cordes des méchants. (Psaume 129:4 LSG)

«Son nom est Jéhovah Kjacac, Dieu mon législateur» (Isaïe 33:22). Jéhovah est notre législateur. Le mot législateur est traduit du mot Kjacac et a différentes significations: limite, nécessaire, loi, portion, tâche, ordre et sculpter (et sculpteur, par extension). Notre Dieu est le Dieu de l'harmonie. Il est le sculpteur suprême de l'univers. Il est le Dieu de l'ordre, des structures avec des symétries dans tous ses plans; cependant, cela ne signifie pas que Dieu est inflexible ou rigide.

Car l'Eternel est notre juge, L'Eternel est notre législateur, L'Eternel est notre roi: C'est lui qui nous sauve. (Ésaie 33:22 LSG)

«Son nom est Jéhovah Shafat, Dieu mon juge» (Ésaie 33:22). Jéhovah est notre juge. Dieu est un juge miséricordieux. Il est notre juge et est en notre faveur. Et bien que la Bible indique clairement qu'Il ne laissera pas les coupables impunis, Il est notre juge qui protégera nos droits devant la croix au Calvaire.

Car l'Eternel est notre juge, L'Eternel est notre législateur, L'Eternel est notre roi: C'est lui qui nous sauve. (Ésaie 33:22 LSG)

«Son nom est Jéhovah Sabaoth, Dieu est un défenseur vigilant» (1 Samuel 1:3). Jéhovah est traduit par «Celui qui existe» ou «Seigneur». Le sens principal de Jéhovah vient du mot hébreu Havah, qui signifie «être» ou «exister». Il suggère également de «devenir» ou spécifiquement de «se faire connaître»; cela dénote un Dieu qui se révèle sans cesse. Sabaoth signifie «armées» ou «hôtes». Jehovah Sabaoth peut être traduit par «Le Seigneur des armées» (1 Samuel 1:3). Ce nom dénote sa souveraineté universelle sur chaque armée, à la fois spirituelle et terrestre. Le Seigneur des armées est le roi de tout le ciel et de la terre.

Jéhovah Sabaoth est appelé dans la Septante kurios sabaôth: le Seigneur des armées. Jéhovah et Elohim se produisent avec Sabaoth plus de 285 fois. Il est le plus fréquemment utilisé dans Jérémie et Isaïe. Jehovah Sabaoth est utilisé pour la première fois dans 1 Samuel 1:3 (KJV): «Et cet homme montait chaque année hors de sa ville pour adorer et sacrifier à l'Éternel des armées à Silo. Et les deux fils d'Eli, Hophni et Phinées, les prêtres de l'Éternel, étaient là.»

«Son nom est Adonaï, le Maître» (Jean 13:13). Adonaï est un nom divin, traduit par «Seigneur» et signifie souveraineté. Adonaï («Mes Seigneurs») est la forme plurielle de adon («Seigneur»), avec le pronom enclitique à la première personne du singulier. Comme avec Elohim, la forme grammaticale d'Adonai est généralement expliquée comme un pluriel de majesté. Dans la Bible hébraïque, il est presque toujours utilisé pour désigner Dieu (environ 450 occurrences).

> Vous m'appelez Maître et Seigneur; et vous dites bien, car je le suis. (Jean 13:13 LSG)

«Son nom est Jéhovah-M'Kaddesh, le Dieu qui sanctifie» (Lévitique 20:7–8). Il est

Jéhovah-M'Kaddesh. Jéhovah est celui qui nous sanctifie. Lévitique est le livre de vie, un livre expliquant la marche et l'adoration d'un peuple déjà racheté. Le nom Jehovah-M'Kaddesh est utilisé sept fois en trois chapitres.

Sanctifier apparaît sept cents fois dans la Bible. Sanctifier signifie principalement «mettre à part ou séparer». Les mots *saint* et *sacrer* sont souvent utilisés pour signifier «sanctifier» et représentent ce qui a été mis à part pour Dieu. Le mot saint parle d'un individu qui a été sanctifié. La première mention de la puissance sanctifiante de Dieu se trouve dans Genèse 2:3 où Dieu déclare le septième jour comme sacré.

> Dieu bénit le septième jour, et il le sanctifia, parce qu'en ce jour il se reposa de toute son œuvre qu'il avait créée en la faisant. (Genèse 2:3 LSG)

> Lorsque quelqu'un consacre sa maison à l'Eternel, le prêtre en fera l'estimation en tenant compte de son état, et l'on s'en tiendra à la valeur qu'il aura fixée. Si celui qui l'a consacrée veut la racheter, il ajoutera un cinquième au prix estimé, et elle lui appartiendra à nouveau. (Lévitique 27:14 BDS)

> Avant que je t'eusse formé dans le ventre de ta mère, je te connaissais, et avant que tu fusses sorti de son sein, je t'avais consacré, je t'avais établi prophète des nations. (Jérémie 1:5 LSG)

> Consacre-moi tout premier-né, tout premier-né parmi les enfants d'Israël, tant des hommes que des animaux: il m'appartient. (Exode 13:2 LSG)

«Son nom est El Gibor, le Dieu de la guerre» (Exode 15:3). El-Gibor signifie «Dieu puissant». Ce nom décrit le Messie, Jésus-Christ, dans cette partie prophétique d'Ésaïe, comme un grand et puissant guerrier, le Messie, le Dieu puissant, qui vaincra les ennemis de Dieu et régnera avec une verge de fer.

Ésaïe 9:6 parle du Messie et de ses attributs. Il montre la divinité du Christ en l'appelant «merveilleux conseiller», «Dieu puissant» et «Dieu éternel». Le titre «Dieu puissant» est utilisé en relation avec Yahvé dans Ésaïe 10:21 (LSG): «Le reste reviendra, le reste de Jacob, Au Dieu puissant.»

Il est décrit avec les mêmes caractéristiques et possède les attributs du Dieu incomparable et inimitable. Dieu, dans Son omniscience (Il sait tout), dit qu'Il ne connaît aucun autre être puissant comme Lui, et Jésus est décrit de cette façon avec les mêmes caractéristiques que Dieu seul a, ce qui nous montre qu'Il est la même personne (Ésaïe 9:6; Révélation 19:15).

Deux fois, nous trouvons Dieu appelé «El-Gibor», traduit comme d'autres expressions par «Dieu puissant». Les deux fois, Ésaïe l'utilise pour souligner la force militaire de Dieu.

> Le reste reviendra, le reste de Jacob, Au Dieu puissant. (Ésaïe 10:21 LSG)

Car un enfant nous est né, un fils nous est donné, Et la domination reposera sur son épaule; On l'appellera Admirable, Conseiller, Dieu puissant, Père éternel, Prince de la paix. (Esaie 9:6 LSG)

«Son nom est Emmanuel, Dieu est avec nous» (Matthieu 1:22-23). Emmanuel est l'un des noms de notre Seigneur qui lui a été donné à sa naissance. Quand Jésus est né, la Bible dit qu'il sera appelé Emmanuel. Ensuite, il explique la signification du nom. Il dit que le nom, Emmanuel, signifie Dieu avec nous.

Vers le début du livre de Matthieu, il est dit: «Son nom sera appelé Emmanuel, ce qui signifie Dieu avec nous. '' Matthieu clôture son Évangile au chapitre 28 par le Seigneur en disant: « Je suis toujours avec vous, même jusqu'à la fin des temps» (Matthieu 28:20).

Matthieu nous dit que ce nom accomplit une prophétie de l'Ancien Testament, une promesse de l'Ancien Testament que lorsque Jésus serait né, son nom serait Emmanuel.

«Tout cela arriva afin que s'accomplît ce que le Seigneur avait annoncé par le prophète: Voici, la vierge sera enceinte, elle enfantera un fils, et on lui donnera le nom d'Emmanuel, ce qui signifie Dieu avec nous» (Matthieu 1:22–23 LSG). Le chapitre 7 d'Esaïe traite également du contexte de la nomination de Jésus-Emmanuel.

Achaz était le roi méchant et impie de Juda. Il était assiégé par la Syrie et Israël, le Royaume du Nord. Alors Dieu a envoyé Ésaïe, le prophète, à Achaz pour l'encourager et l'inviter à regarder vers le Seigneur. Le verset 10 dit, «

L'Eternel parla de nouveau à Ahaz et lui dit : Demande pour toi un signe extraordinaire à l'Eternel, ton Dieu, soit dans les régions d'en bas, soit dans les lieux élevés. ... C'est pourquoi le Seigneur vous donnera lui-même un signe : Voici, la jeune fille sera enceinte et elle enfantera un fils, elle lui donnera pour nom : Emmanuel (Dieu avec nous)» (Esaie 7:10–14 LSG).

«Son nom est 'Je Suis', 'le Grand Je Suis'» (Exode 3:14). Son contexte est la rencontre du buisson ardent; Moïse demande ce qu'il doit dire aux Israélites quand ils demandent quel Dieu lui a envoyé, et Dieu répond: «Je suis qui je suis», ajoutant: «Dis ceci au peuple d'Israël, 'JE SUIS' m'a envoyé vers vous.»

> Et Dieu dit à Moise: JE SUIS CELUI QUI SUIS. Et il dit: Tu diras ainsi aux fils d'Israël: JE SUIS m'a envoyé vers vous. (Exode 3:14 DBY)

Moïse était venu en présence de Dieu. Sur une terre sainte, il a reçu la mission de conduire les Israélites hors de la servitude, là où ils ont servi Pharaon, et au service de Dieu. Dans un état de grande crainte et de grande peur, Moïse a demandé l'évidence, considérant cette grande responsabilité qui lui était confiée; il a dit que «les fils d'Israël» voudraient connaître le nom de ce Dieu. Et Dieu a répondu avec cette déclaration puissante, cette proclamation ferme, cette grande et impressionnante révélation de Lui-même: «Je Suis Qui Je Suis... Ainsi vous direz aux fils d'Israël: JE SUIS vous a envoyés» (Exode 3:14).

Jésus a fait une affirmation aussi puissante que celle que Dieu a faite à Moïse: «Abraham, votre père, a tressailli de joie de ce qu'il verrait mon jour: il l'a vu, et il s'est réjoui. Les Juifs lui dirent: Tu n'as pas encore cinquante ans, et tu as vu Abraham! Jésus leur dit: En vérité, en vérité, je vous le dis, avant qu'Abraham fût, je suis.» (Jean 8:56–58 LSG). Jésus dit qu'Il est le grand «JE SUIS», et il n'y a aucun doute sur qui Il prétend être.

«Il est le libérateur, le Dieu qui délivre» (Psaume 34:4)

> J'ai cherché l'Eternel, et il m'a répondu; Il m'a délivré de toutes mes frayeurs. (Psaume 34:4 LSG)

> Quand les justes crient, l'Eternel entend, Et il les délivre de toutes leurs détresses; (Psaume 34:17 LSG)

> Dans leur détresse, ils crièrent à l'Eternel, Et il les délivra de leurs angoisses; (Psaume 107:6 LSG)

«Il est le Dieu incontestable» (Daniel 4:35). Dieu est un être incontestable, compatissant, miséricordieux et aimant. Il ne fait aucun compromis lorsqu'il est nécessaire d'exercer son autorité et son pouvoir sur quoi que ce soit ou sur quiconque. Il fait savoir aux gens qu'il ne peut rien faire (Jérémie 32:17). Il a également établi son autorité et sa puissance quand il a dit dans Ésaïe 45:7 (LSG), «Je forme la lumière, et je crée les ténèbres, Je donne la prospérité, et je crée l'adversité; Moi, l'Éternel, je fais toutes ces choses.»

> Tous les habitants de la terre ne sont à ses yeux que néant: il agit comme il lui plaît avec l'armée des cieux et avec les habitants de la terre, et il n'y a personne qui résiste à sa main et qui lui dise: «Que fais-tu?» (Daniel 4:35 LSG)

«Il est le Dieu incomparable» (Psaume 113; Ésaïe 40:12–31). Le psaume 113 est la dernière partie d'une trilogie de psaumes qui commencent tout par «Louange au Seigneur». Dans les premiers versets, son nom incarne tout ce qu'il a révélé sur lui-même. Son nom résume son caractère et ses attributs. Le verset 5 pose la question: «Qui peut se comparer au Seigneur notre Dieu?» Notez également au verset 5, comment le psalmiste personnalise sa relation avec Dieu. Il l'appelle «notre Dieu», ce qui dénote une relation personnelle avec Dieu.

Dans Ésaïe 40:12–31, Dieu n'a pas de rivaux; Il est appelé le Dieu incomparable d'Israël.

«Il est le Dieu fiable» Vous pouvez compter sur des personnes fiables, quoi qu'il arrive. Ils seront là pour vos hauts et vos bas. Ce sont les personnes à qui on peut faire confiance. Il est essentiel d'avoir Dieu en qui pleinement avoir confiance.

Les versets suivants nous parlent de la fiabilité de Dieu; nous pouvons toujours Lui faire confiance. Il sera toujours à nos côtés.

> Béni soit l'Eternel, qui a donné du repos à son peuple d'Israël, selon toutes ses promesses! De toutes les bonnes paroles qu'il avait

prononcées par Moïse, son serviteur, aucune n'est restée sans effet. (1 Rois 8:56 LSG)

Et l'Éternel passa devant lui, et s'écria: L'Éternel, l'Éternel, Dieu miséricordieux et compatissant, lent à la colère, riche en bonté et en fidélité. (Exode 34:6 LSG)

Car la parole de l'Eternel est droite, Et toutes ses œuvres s'accomplissent avec fidélité; (Psaume 33:4 LSG)

«Il est le Dieu glorieux» (Exode 33:12-23). Dans l'écriture de Paul, il y a une caractéristique majeure de Dieu qu'il insère comme un mot de louange qui contient également une exposition théologique significative; c'est alors qu'il utilise un terme pour apporter un aspect de la gloire de Dieu. Par exemple, sa discussion sur la grâce électorale de Dieu, l'inclusion des païens dans le peuple de Dieu, Israël, et le salut futur des Juifs dans Romains 9–11 nous pousse à exalter la sagesse et la connaissance de Dieu dans Romains 11:33–36. De nombreux autres versets de la Bible parlent de la gloire de Dieu:

Et mon Dieu pourvoira à tous vos besoins selon sa richesse, avec gloire, en Jésus-Christ. A notre Dieu et Père soit la gloire aux siècles des siècles! Amen! (Philippiens 4:19–20 LSG)

Il ne douta point, par incrédulité, au sujet de la promesse de Dieu; mais il fut fortifié par la foi, donnant gloire à Dieu. (Romains 4:20 LSG)

> Car Dieu, qui a dit: La lumière brillera du sein des ténèbres! a fait briller la lumière dans nos cœurs pour faire resplendir la connaissance de la gloire de Dieu sur la face de Christ. (2 Corinthiens 4:6)

> Et la parole a été faite chair, et elle a habité parmi nous, pleine de grâce et de vérité; et nous avons contemplé sa gloire, une gloire comme la gloire du Fils unique venu du Père. (Jean 1:14 LSG)

«Il est le père crédible». Les personnes crédibles sont vraisemblables et dignes de confiance; on peut compter sur eux quoi qu'il arrive. Ils sont dignes de confiance, ce qui signifie dignes de loyauté et de honnêteté. En regardant les caractéristiques de Dieu de crédibilité et de loyauté, considérez les versets suivants:

> Béni soit l'Eternel, qui a donné du repos à son peuple d'Israël, selon toutes ses promesses! De toutes les bonnes paroles qu'il avait prononcées par Moïse, son serviteur, aucune n'est restée sans effet. (1 Rois 8:56 LSG)

> Ce sera lui qui bâtira une maison à mon nom, et j'affermirai pour toujours le trône de son royaume. Je serai pour lui un père, et il sera pour moi un fils. S'il fait le mal, je le châtierai avec la verge des hommes et avec les coups des enfants des hommes. (2 Samuel 7:13–14 LSG)

> Car la parole de l'Eternel est droite, Et toutes ses œuvres s'accomplissent avec fidélité. (Psaume 33:4 LSG)

> Ne vous livrez pas à l'amour de l'argent; contentez-vous de ce que vous avez; car Dieu lui-même a dit: Je ne te délaisserai point, et je ne t'abandonnerai point. (Hébreux 13:5 LSG)

«Il est Majesté». Le dictionnaire King James définit Sa Majesté comme un titre formel de respect utilisé pour désigner un roi. Il le définit comme la grandeur d'apparence, la dignité, la sublimité, la qualité ou l'état d'une personne qui inspire la crainte ou le respect chez le spectateur; appliqué avec convenance à Dieu et à ses œuvres. Après la chute du Saint Empire romain germanique, le mot majesté a été utilisé pour décrire un monarque du plus haut rang; il était généralement appliqué à Dieu. Il est utilisé d'innombrables fois dans la Bible. En voici quelques-uns:

> Le septentrion le rend éclatant comme l'or. Oh! que la majesté de Dieu est redoutable! (Job 37:22 LSG)

> Orne-toi de magnificence et de grandeur, Revêts-toi de splendeur et de gloire! (Job 40:10 LSG)

> Sa gloire est grande à cause de ton secours; Tu places sur lui l'éclat et la magnificence. (Job 21:5 LSG)

> La voix de l'Eternel est puissante, La voix de
> l'Eternel est majestueuse. (Psaume 29:4 LSG)
>
> Vaillant guerrier, ceins ton épée, -Ta parure
> et ta gloire. (Psaume 45:3 LSG)

«Il est intemporel» (Genèse 18:14; Apocalypse 1:8). En disant que Dieu est éternel, nous voulons dire qu'en essence, vie et action, Il est tout à fait au-delà des limites et des relations temporelles. Il n'a ni début ni fin, ni durée par suite ou succession d'instants. Il n'y a pas de temps pour le passé ou l'avenir pour Dieu, mais seulement un présent éternel.

Jean 8:58 dit: «Avant qu'Abraham fût, je le suis.» L'éternité, par conséquent, en tant que prédite de Dieu, signifie une durée indéfinie dans le temps, ce qui signifie l'exclusion totale de la finitude que le temps implique. Son existence personnelle est intemporelle.

> Jésus leur dit: En vérité, en vérité, je vous
> le dis, avant qu'Abraham fût, je suis. (Jean
> 8:58 LSG)

Apocalypse 1:4 (LSG) exprime la persistance et la permanence d'être de Dieu: «Celui qui est, qui était et qui est à venir.»

> Le ciel et la terre passeront, mais mes paroles
> ne passeront point. (Matthieu 24:35 LSG)

«Il ne change jamais». Dieu est immuable; tout le reste change. Si quelque chose est immuable, c'est permanent. Cela reste le même au fil du temps. Le monde lui-même change si vite autour de nous qu'il est difficile de suivre le rythme. L'historien Arthur M. Schlesinger, Jr. a déclaré: «Rien ne définit plus notre époque que l'augmentation furieuse et implacable du taux de changement.» Pendant des milliers d'années d'histoire enregistrée, le changement s'est produit à un rythme lent, contrôlé et compréhensible; aujourd'hui, nous sommes brutalement poussés en avant à la vitesse de la chaîne, que cela nous plaise ou non. Seul Dieu est immuable. Des innombrables versets l'affirment:

> Dieu entendra, et il les humiliera, Lui qui de toute éternité est assis sur son trône; -Pause. Car il n'y a point en eux de changement, Et ils ne craignent point Dieu. (Psaume 55:19 LSG)

> Mais toi, tu restes le même, Et tes années ne finiront point. (Psaume 102:27 LSG)

> Car je suis l'Éternel, je ne change pas; Et vous, enfants de Jacob, vous n'avez pas été consumés. (Malachie 3:6 LSG)

> Jésus Christ est le même hier, aujourd'hui, et éternellement. (Hébreux 13:8 LSG)

«Il est le Seigneur» (Exode 6:3; Psaume 68:4; Ésaïe 42:8; Jérémie 16:21). Le dictionnaire King James définit le seigneur comme un titre de respect. «Jésus est Seigneur» est la plus courte affirmation de foi trouvée dans le Nouveau Testament. Le dictionnaire définit le seigneur comme un maître, un chef ou un dirigeant, une personne ayant le pouvoir, le contrôle et l'autorité sur les autres. Dieu est et possède tout cela.

> Il avait sur son vêtement et sur sa cuisse un nom écrit: Roi des rois et Seigneur des seigneurs. (Apocalypse 19:16 LSG)
>
> Il a envoyé la parole aux fils d'Israël, en leur annonçant la paix par Jésus- Christ, qui est le Seigneur de tous. (Actes 10:36 LSG)
>
> Car Christ est mort et il a vécu, afin de dominer sur les morts et sur les vivants. (Romains 14:9 LSG)
>
> Et Jésus leur dit: Comment donc David, animé par l'Esprit, l'appelle-t-il Seigneur. (Matthieu 22:43 LSG)

«Il est le créateur du chemin» (Ésaïe 43:15–16).

Dieu se présente comme le Dieu qui trace un chemin; malgré la difficulté d'une situation et malgré les options qui semblent limitées dans le naturel, Dieu fait toujours un chemin. Il est un Créateur de Chemin.

Dans Ésaïe, le prophète prévoyait une époque de grandes difficultés pour les Israélites, une époque où ils seraient captifs de leurs ennemis, une époque où ils étaient enlevés de leur patrie et exilés dans des pays étrangers. Avec leur maison et leur temple détruits, et alors que les années d'exil devenaient de nombreuses décennies, de grandes questions ont brûlé dans le cœur des Israélites: la situation est-elle désespérée? Y a-t-il un moyen de sortir de cette période impossible et difficile? Y a-t-il un moyen de rentrer chez soi? C'est aux gens se sentant complètement désespérés, dont la foi atteignait un point de rupture, que Dieu est intervenu et a parlé.

Dans Ésaïe 45:16, Dieu a rappelé aux gens qu'il traçait un chemin à travers la mer. Il leur a rappelé leur passé et en particulier une époque où il semblait impossible d'avancer. C'était l'époque de l'exode d'Egypte lorsque les Israélites ont fait face à la mort. Sans retour en arrière et sans moyen d'avancer, Dieu a fait ce qu'Il fait de mieux: l'impossible. Il a fait un chemin où, naturellement parlant, il n'y avait aucun moyen. Dieu voulait que le peuple d'Israël à l'époque d'Ésaïe se souvienne qu'Il est toujours le Dieu qui se fraye un chemin à travers la mer.

> Je suis l'Eternel, votre Saint, Le créateur d'Israël, votre roi. Ainsi parle l'Eternel, Qui fraya dans la mer un chemin, Et dans les eaux puissantes un sentier. (Ésaïe 43:15–16 LSG)

«Il est le faiseur de miracles» (Psaume 77:14). Dieu est le faiseur de miracles. Il peut transfigurer et transformer. Quelque chose d'extraordinaire s'est produit; Jean a appelé cela un signe. Le changement de l'eau en vin est un signe; ce n'est pas la réalité, mais Jésus, le Fils de Dieu, est la réalité. Il peut changer l'eau de vie commune, qui s'écoule, en abondance du bon vin du salut, qui est éternel.

L'évangile de Jean rapporte ce miracle et les autres miracles de Jésus. Jean 20:31 (LSG) dit: «Mais ceux-ci sont écrits, afin que vous puissiez croire que Jésus est le Christ, le Fils de Dieu; et qu'en croyant vous ayez la vie par Son nom.» Jésus est le faiseur de miracles. Il peut transfigurer et transformer.

> Tu es le Dieu qui fait des prodiges; Tu as manifesté parmi les peuples ta puissance. (Psaume 77:14 LSG)

«Il est le Fils de la pureté». La définition Biblique de la pureté est tout ce qui est non contaminé, propre, exempt de péché. C'est l'état d'être non souillé par le péché ou le mal moral; innocent, sans péché, blanchi, sans défauts moraux. La pureté signifie n'avoir aucune contamination ou adultération. Ce sont toutes les caractéristiques de Dieu.

> La crainte de l'Eternel est pure, elle subsiste à toujours; Les jugements de l'Eternel sont vrais, ils sont tous justes. (Psaume 19:9 LSG)

> Par la pureté, par la connaissance, par la longanimité, par la bonté, par un esprit saint, par une charité sincère, par la parole de vérité, par la puissance de Dieu, par les armes offensives et défensives de la justice. (2 Corinthiens 6:6–7 LSG)

«Il est le Lion de Juda». La référence à Jésus comme Lion peut être trouvée dans la Genèse, où Jacob (Israël) prononce des paroles d'adieu à chacun de ses fils. Quand il arrive à Juda, son quatrième né, Jacob dit: «Juda, tu recevras les hommages de tes frères; Ta main sera sur la nuque de tes ennemis. Les fils de ton père se prosterneront devant toi. Juda est un jeune lion. Tu reviens du carnage, mon fils! Il ploie les genoux, il se couche comme un lion, Comme une lionne: qui le fera lever? Le sceptre ne s'éloignera point de Juda, Ni le bâton souverain d'entre ses pieds, Jusqu'à ce que vienne le Schilo, Et que les peuples lui obéissent» (Genèse 49:8–10 LSG).

Ici, les images reflètent la nature puissante, majestueuse et royale du lion, souvent considéré comme le roi des bêtes. Appliqué à Juda, ceci est significatif car il indique la lignée de Juda comme celle des rois.

De plus, quand Jacob dit que «le sceptre ne s'écartera pas de Juda, ni le bâton du souverain entre ses pieds», il proclamait également le royaume éternel éventuel de Jésus-Christ, qui régnera à jamais en tant que roi, le sceptre étant un symbole de son autorité royale et sa seigneurie.

C'est la raison principale pour laquelle Jésus est appelé le Lion de la tribu de Juda. La phrase apparaît également dans le Nouveau Testament dans Apocalypse 5:5 (LSG): «Et l'un des vieillards me dit: Ne pleure point; voici, le lion de la tribu de Juda, le rejeton de David, a vaincu pour ouvrir le livre et ses sept sceaux.»

«Il est le Sauveur». Jésus, le Fils de Dieu, est venu et a sauvé la race humaine parce que le péché, la souffrance et la mort nous retenaient captifs. Il est venu et a brisé le pouvoir du mal sur nous en s'abaissant pour devenir un être humain, puis en souffrant, en mourant et en ressuscitant. Ces actions en notre nom révèlent combien Dieu nous aime. Jésus est notre Sauveur.

Après le péché originel de nos premiers parents, nous sommes devenus esclaves; nous avons perdu le droit d'être enfants de Dieu et héritiers du ciel. Le péché et la mort nous ont tenus en esclavage. Mais Jésus est venu nous racheter en payant le prix pour nous reconquérir et nous libérer. Il a payé le prix de son propre effusion de sang sur la croix. Il a reçu l'expiation pour nos péchés. En faisant cela, il a réparé notre amitié avec Dieu. Maintenant, nous pouvons vaincre le péché et partager la vie divine éternellement avec Dieu au ciel. Jésus est notre Sauveur.

Jésus est appelé le Sauveur parce qu'il était pleinement divin et pleinement humain. En tant que Dieu, Il était le seul assez puissant pour compenser l'offense de la race humaine. Il était le seul à pouvoir nous représenter. Il a librement pris sur lui les péchés du monde et nous a rachetés par son sacrifice.

> C'est qu'aujourd'hui, dans la ville de David, il vous est né un Sauveur, qui est le Christ, le Seigneur. (Luc 2:11 LSG)

> Dieu est mon rocher, où je trouve un abri, Mon bouclier et la force qui me sauve, Ma haute retraite et mon refuge. O mon Sauveur! tu me garantis de la violence. (2 Samuel 22:3 LSG)

> Et l'Eternel donna un libérateur à Israël. Les enfants d'Israël échappèrent aux mains des Syriens, et ils habitèrent dans leurs tentes comme auparavant. (2 Rois 13:5 LSG)

> Ils oublièrent Dieu, leur sauveur, Qui avait fait de grandes choses en Egypte. (Psaume 106:21 LSG)

«Il est le Maître de l'univers». Dieu est le maître de l'univers. Il contrôle les règles qui régissent la survie de toutes choses, et Il contrôle également toutes choses de manière à ce qu'elles puissent vivre ensemble; Il fait en sorte qu'ils ne disparaissent pas, afin que l'humanité puisse continuer à exister. Nous pouvons vivre dans un tel environnement grâce au leadership de Dieu.

Genèse 1:1 déclare: «Au commencement, Dieu créa le ciel et la terre.» De nombreuses écritures déclarent que Jésus est le Créateur de l'univers: «Par lequel il [Jésus] a aussi créé le monde» (Hébreux 1:2 LSG); « Toutes choses ont été faites par elle {la Parole=Jésus], et rien de ce qui a été fait n'a été fait sans elle [la Parole=Jésus]» (Jean 1:3 LSG).

Jésus soutient «toutes choses par sa parole puissante» (Hébreux 1:3 LSG). Il, par Son impressionnant pouvoir, soutient toutes choses, de sorte que rien ne se brise et ne s'écrase, mais tout reste dans son ordre, sa rotation et son orbite appropriés dans l'espace.

De nombreuses autres écritures ont déclaré que Jésus est le Créateur de l'univers:

> C'est pourquoi je vous déclare que nul, s'il parle par l'Esprit de Dieu, ne dit: Jésus est anathème! et que nul ne peut dire: Jésus est le Seigneur! si ce n'est par le Saint-Esprit. (1 Corinthiens 12:3 LSG)

> Et que toute langue confesse que Jésus Christ est Seigneur, à la gloire de Dieu le Père. (Philippiens 2:11 LSG)

> Pourquoi m'appelez-vous Seigneur, Seigneur! et ne faites-vous pas ce que je dis? (Luc 6:46 LSG)
>
> Et l'Eternel me dit: Tu as bien vu; car je veille sur ma parole, pour l'exécuter. (Jérémie 1:12 LSG)

«Il est le Dieu du tonnerre» (Psaume 18:13). Le tonnerre et la foudre sont tous deux importants sur le mont Sinaï, où Dieu lui-même est descendu pour donner à Moïse les dix commandements. Le tonnerre et d'autres phénomènes véhiculent la puissance et la majesté de Dieu:

> Le troisième jour, il y eut du tonnerre et des éclairs, avec un épais nuage au-dessus de la montagne et un très fort retentissement de trompette. Tout le monde tremblait. Alors Moïse a conduit le peuple à la rencontre de Dieu, et ils se sont tenus au pied de la montagne. Quand les gens virent le tonnerre et les éclairs, entendirent la trompette et virent la montagne en fumée, ils tremblèrent de peur. (Exode 18-20).

Dieu contrôle le tonnerre et tous ces autres phénomènes impressionnants. Ce sont des outils à sa disposition. Le temps, aussi effrayant ou puissant soit-il, est sous l'autorité de Dieu.

Il n'est pas difficile d'imaginer la voix d'un Dieu omnipotent résonnant comme le tonnerre. Il existe de nombreuses références au tonnerre et aux tempêtes dans l'Ancien Testament, montrant que Dieu contrôle toutes choses.

Le tonnerre, la foudre, le vent et la pluie sont sous Son autorité. Et même le temps lui-même doit obéir à Dieu; nous pouvons être assurés que tous les autres domaines de la vie, même et en particulier les domaines hors de notre contrôle, tombent sous son autorité aimante. La prochaine fois que vous vous retrouverez pris dans un orage, rappelez-vous que vous êtes aimé par un Dieu qui «tonne merveilleusement avec sa voix», faisant de grandes choses que nous ne pouvons pas comprendre. (Job 37:5)

Dans de nombreux endroits, le tonnerre est décrit comme un signifiant de la puissance de Dieu ou comme une métaphore de sa voix:

> Puis éclate un rugissement: il tonne de sa voix majestueuse; Il ne retient plus l'éclair, dès que sa voix retentit. (Job 37:4 LSG)
>
> L'Eternel tonna des cieux, Le Très-Haut fit retentir sa voix. (2 Samuel 22:14 LSG)
>
> Ton tonnerre éclata dans le tourbillon, Les éclairs illuminèrent le monde; La terre s'émut et trembla. (Psaume 77:18 LSG)
>
> Elles ont fui devant ta menace, Elles se sont précipitées à la voix de ton tonnerre. (Psaume 104:7 LSG)

«Il est le Dieu du feu» (Psaume 18:13). La Bible parle de Dieu comme d'un «feu dévorant». Ce concept est introduit pour la première fois dans Deutéronome 4:24 (LSG), qui dit, «Car l'Eternel, ton Dieu, est un feu dévorant, un Dieu jaloux.»

L'idée de consommer du feu ici va de pair avec la jalousie de Dieu. Le contexte du chapitre traite le commandement de Dieu qui dit de ne pas adorer d'autres dieux. Seul Dieu, le Seigneur, doit être adoré. Il ne tolérerait pas le culte des autres; Il est un feu dévorant dans le sens où il désire tout le culte des Israélites.

Deutéronome 9:3 se réfère également à Dieu comme un feu dévorant. Dans ce contexte, Dieu a servi de feu dévorant pour détruire les ennemis d'Israël. L'idée est celle d'un incendie de forêt qui détruirait ceux qui s'opposent au peuple de Dieu.

Ésaïe 33:14 fait référence au feu dévorant de la colère de Dieu lors du jugement. Dans ce cas, le terme parlait de ses actions pour juger le péché. Esaïe 30:27 (LSG) ajoute que «sa langue est comme un feu dévorant», ce qui est une autre référence au jugement.

Dans le Nouveau Testament, Hébreux 12:28-29 (LSG) fournit une perspective sur le terme: «C'est pourquoi, recevant un royaume inébranlable, montrons notre reconnaissance en rendant à Dieu un culte qui lui soit agréable, avec piété et avec crainte, car notre Dieu est aussi un feu dévorant.»

Ce passage se réfère au «feu dévorant» de Dieu comme raison d'adorer avec respect. Autrement dit, nous recevrons un royaume éternel en offrant un culte dévoué.

Tout au long des Écritures, le feu contient également l'idée générale de purification ou de jugement. Jésus a utilisé l'idée du feu éternel dans deux histoires liées au jugement des incroyants (Matthieu 18:8, 25:41). Dans Genèse 19:24, Dieu fit pleuvoir du feu du ciel en jugement sur Sodome et Gomorrhe. Le feu a servi dans le cadre de l'offre des sacrifices de l'Ancien Testament. Dans Exode 3, Moïse a rencontré Dieu dans un buisson ardent consumé par le feu. Dans Exode 9:23–24, le feu est venu en jugement sur les Égyptiens, mais Dieu a également conduit le peuple d'Israël à travers le désert avec une colonne de feu pendant la nuit (Exode 13:22).

Le concept de Dieu comme feu dévorant inclut l'idée qu'Il est un Dieu jaloux; Son jugement est sur ceux qui s'opposent à Lui. L'idée générale est celle du pouvoir, à la fois positivement dans le sens de mériter l'adoration et négativement pour punir ceux qui s'opposent à Lui.

> Puis invoquez le nom de votre dieu; et moi, j'invoquerai le nom de l'Eternel. Le dieu qui répondra par le feu, c'est celui-là qui sera Dieu. (1 Rois 18:24 LSG)

Car notre Dieu est aussi un feu dévorant. (Hébreux 12:29 LSG)

«Lui seul est Dieu» (Psaume 86:10). Le Seigneur seul est Dieu. Car qui est Dieu en dehors de lui? Il est notre rocher. C'est lui qui nous donne la force et garde notre chemin en sécurité. Dieu seul est notre défense. Il est le Dieu qui nous rend forts et rend notre chemin sûr. Il nous rend sûrs comme un cerf. Il nous garde en sécurité sur les montagnes. Il nous entraîne au combat, afin que nous puissions utiliser l'arc le plus puissant. Il nous protège et nous sauve. Ses soins nous ont rendus grands et Sa puissance nous a préservés. Il nous a empêchés d'être capturés. Lui seul est Dieu (Psaume 18: 31–50).

> Car tu es grand, et tu opères des prodiges; Toi seul, tu es Dieu. (Psaume 86:10 LSG)

> Oui, mon âme, confie-toi en Dieu! Car de lui vient mon espérance. (Psaume 62:5 LSG)

> Jésus lui répondit: Il est écrit: Tu adoreras le Seigneur, ton Dieu, et tu le serviras lui seul. (Luc 4:8 LSG)

> Or, la vie éternelle, c'est qu'ils te connaissent, toi, le seul vrai Dieu, et celui que tu as envoyé, Jésus-Christ. (Jean 17:3 LSG)

> Dieu, seul sage, soit la gloire aux siècles des siècles, par Jésus-Christ! Amen! (Romains 16:27 LSG)

«Il sait tout [omniscient]» (Psaume 139:1–6). L'omniscience du Seigneur est due au fait qu'Il sait tout. L'omniscience signifie que Dieu englobe toute connaissance de l'univers. Il a le pouvoir suprême et n'a pas de limites, et Il est au courant de tout, y compris le passé, le présent et l'avenir. Il n'y a rien que Dieu n'ignore. Rien ne Le surprend. Sa connaissance est totale. Il sait tout ce qu'il y a à savoir et tout ce qui peut être connu.

> Car si notre cœur nous condamne, Dieu est plus grand que notre coeur, et il connaît toutes choses. (1 Jean 3:20 LSG)

> Notre Seigneur est grand, puissant par sa force, Son intelligence n'a point de limite. (Psaume 147:5 LSG)

> Jésus-Christ est le même hier, aujourd'hui, et éternellement. (Hébreux 13:8 LSG)

> Je suis l'alpha et l'oméga, dit le Seigneur Dieu, celui qui est, qui était, et qui vient, le Tout Puissant. (Apocalypse 1:8 LSG)

«Il est toujours présent [omniprésent]» (Psaume 139:7–12). Omniprésence signifie «tout-présent», ce qui signifie que Dieu est partout en même temps. Ce terme signifie que Dieu est capable d'être partout à la fois. Cela signifie que Sa présence divine englobe tout l'univers. Il n'y a aucun endroit où Il n'habite pas. Cela ne doit pas être confondu avec le panthéisme, qui suggère que Dieu est synonyme de l'univers lui-même; au contraire, l'omniprésence indique que Dieu est distinct de l'univers mais en habite l'intégralité. Il est partout à la fois. Il n'y a aucun endroit où aller où Dieu n'est pas.

> Quelqu'un se tiendra-t-il dans un lieu caché, Sans que je le voie? dit l'Eternel. Ne remplis-je pas, moi, les cieux et la terre? dit l'Eternel. (Jérémie 23:24 LSG)

Jérémie a posé une question rhétorique avec une réponse évidente; il n'y a aucun endroit où vous pouvez être où Dieu n'est pas également là et conscient de votre présence. Dieu déclare qu'Il remplit à la fois le ciel et la terre, et donc il n'y a nulle part où les humains peuvent aller que Dieu n'est pas déjà là, avant même d'y arriver. Dieu est au ciel, dans la tombe, sous la terre, dans la mer, dans l'air. Cela n'a pas d'importance; Il est là.

Psaume 139:7–10 LSG dit: «Où irais-je loin de ton esprit, Et où fuirais-je loin de ta face? Si je monte aux cieux, tu y es; Si je me couche au séjour des morts, t'y voilà. Si je prends les ailes de l'aurore, Et que j'aille habiter à l'extrémité de la mer, Là aussi ta main me conduira, Et ta droite me saisira.»

Sheol est un mot hébreu pour les abîmes, la tombe, ou l'enfer; peu importe que ce soit dans la tombe ou dans une fosse ou même en enfer, Dieu est présent partout, à tout moment.

Ésaïe 43:2 LSG dit: «Si tu traverses les eaux, je serai avec toi; Et les fleuves, ils ne te submergeront point; Si tu marches dans le feu, tu ne te brûleras pas, Et la flamme ne t'embrasera pas.»

Cela dit que Dieu est présent à travers les eaux, à travers les rivières et même à travers le feu. Ésaïe affirme ici que même lorsque nous traversons des eaux troubles et endurons des épreuves ardentes, Dieu sera avec nous, de sorte que cette vision de son omniprésence parle de son être avec nous dans toutes nos difficultés; même dans les flammes de nos épreuves par le feu, la flamme ne nous brûlera pas.

Job 34:21 LSG dit: «Car Dieu voit la conduite de tous, Il a les regards sur les pas de chacun.»

Dieu voit nos voies, car ses yeux sont toujours sur elles. Il voit chaque pas que nous faisons; rien de ce que nous faisons ne peut être caché à Ses yeux.

Proverbes 15:3 LSG dit, «Les yeux de l'Eternel sont en tout lieu, Observant les méchants et les bons.»

Dieu voit tout le mal qui a lieu sur la terre, même sous le couvert des ténèbres; même si personne d'autre ne voit le mal de quelqu'un, Dieu le voit. Il voit aussi tout ce qui est bien fait que personne d'autre ne voit, et c'est parce que «les yeux du Seigneur sont partout».

Hébreux 4:13 ESV dit: «Nulle créature n'est cachée devant lui, mais tout est à nu et à découvert aux yeux de celui à qui nous devons rendre compte.»

Il n'ya rien de caché aux yeux de Dieu; Il peut même voir dans le cœur humain, discerner les pensées, les intentions et les motifs de chaque créature, car tout est mis à nu devant lui; nu et exposé à Celui auquel nous devons tous rendre compte un jour, et ce jugement viendra après la mort (Hébreux 9:27).

«Car ainsi parle le Très-Haut, Dont la demeure est éternelle et dont le nom est saint: J'habite dans les lieux élevés et dans la sainteté; Mais je suis avec l'homme contrit et humilié, Afin de ranimer les esprits humiliés, Afin de ranimer les cœurs contrits.» (Esaie 57:15 LSG)

Ce verset parle de l'omniprésence de Dieu, même dans l'éternité, car Il est là avant même qu'elle n'arrive. Il habite également avec ceux qui sont humbles d'esprit et d'un cœur contrit. Le mot contrit signifie «écrasé».

«Il est tout-puissant [omnipotent]» (Jérémie 32:17–18, 26–27). Omnipotence signifie «tout-puissant». Dieu a le pouvoir suprême. Cela signifie qu'Il peut faire ce qu'Il veut. Il n'est pas soumis à des limitations physiques, comme nous le sommes. Étant omnipotent, Dieu a le pouvoir sur le vent, l'eau, la gravité, la physique, etc. La puissance de Dieu est infinie, illimitée.

Omnipotent vient du latin omnis, qui signifie «tout», et potens, qui signifie «puissant». Ce mot n'est pas utilisé dans la Bible, mais «tout-puissant» apparaît dans presque tous les livres de l'Ancien Testament. El-Shaddai, un nom hébreu pour Dieu, évoque sa toute-puissance en tant que Tout-Puissant. El-Shaddai signifie «Dieu le plus puissant» ou «Dieu tout-puissant».

Si vous lisez suffisamment la Bible, vous verrez clairement que Dieu est en effet omnipotent, tout puissant. Il a une autorité illimitée et un pouvoir infini.

> En effet, les perfections invisibles de Dieu, sa puissance éternelle et sa divinité, se voient comme à l'œil, depuis la création du monde, quand on les considère dans ses ouvrages. Ils sont donc inexcusables. (Romains 1:20 LSG)

Ici, dans ce verset, nous lisons la toute-puissance de Dieu, car Sa puissance est éternelle et est visible par la création que nous voyons autour de nous. Toutes choses ont été faites parce qu'Il les a faites exister.

> Car en lui ont été créées toutes les choses qui sont dans les cieux et sur la terre, les visibles et les invisibles, trônes, dignités, dominations, autorités. Tout a été créé par lui et pour lui. (Colossiens 1:16 LSG)

Tout ce qui existe et toutes choses, qu'elles soient visibles ou invisibles, ont été créés pour Lui et par Lui. Cela inclut chaque domination, pouvoir, trône, souverain et chaque autorité sur terre et dans le ciel, tous créés par Lui, et Il est souverain sur tout ce qui existe, et tout ce qui existe a été créé par Lui.

> Et qui, étant le reflet de sa gloire et l'empreinte de sa personne, et soutenant toutes choses par sa parole puissante. (Hébreux 1:3 LSG)

Ici, dans ce verset, nous voyons que l'univers est l'empreinte exacte de sa nature; l'univers semble infini, énorme et sans fin. Nous ne connaissons même pas l'étendue complète de l'univers. Nous n'avons aucune idée de son étendue. La taille seule ne peut pas être estimée. L'univers est soutenu par la propre Parole de Dieu, car dans Sa Parole, il y a Sa puissance.

> C'est toi, Eternel, toi seul, qui as fait les cieux, les cieux des cieux et toute leur armée, la terre et tout ce qui est sur elle, les mers et tout ce qu'elles renferment. Tu donnes la vie à toutes ces choses, et l'armée des cieux se prosterne devant toi. (Néhémie 9:6 LSG)

Comme l'écrit l'apôtre Jean, «Toutes choses ont été faites par elle, et rien de ce qui a été fait n'a été fait sans elle» (Jean 1:3 LSG), et «toutes choses» signifie toutes choses dans n'importe quelle langue. Il n'y a rien de ce qui a été fait qui n'ait été fait par Lui. Aucune exception.

> Il est avant toutes choses, et toutes choses subsistent en lui. (Colossiens 1:17 LSG)

Toutes choses sont maintenues ensemble par la puissance de Sa Parole, car sans cette puissance, l'univers et toute matière entreraient dans le chaos, et la vie ne serait pas possible.

Car il dit, et la chose arrive; Il ordonne, et elle existe. (Psaume 33:9 LSG)

Dans le tout premier chapitre de la Bible, «Dieu dit: Que la lumière soit! Et la lumière fut» (Genèse 1:3 LSG). En effet, «Qui dira qu'une chose arrive, Sans que le Seigneur l'ait ordonnée?» (Lamentations 3:37 LSG). Personne ne peut. Aucun, sauf notre Dieu omnipotent.

> Ainsi parle l'Éternel, ton rédempteur, Celui qui t'a formé dès ta naissance: Moi, l'Éternel, j'ai fait toutes choses, Seul j'ai déployé les cieux, Seul j'ai étendu la terre. (Ésaïe 44:24 LSG)

Il est suffisamment puissant pour étendre les cieux et étendre la terre. Il n'y a personne pour comparer ou contraster avec Dieu, car il est infiniment au-dessus de toutes choses; Il est indescriptible et impénétrable.

Il y a beaucoup plus de versets dans la Bible qui parlent de la puissance omnipotente de Dieu.

«Il est Permanent [immuable]» (Psaume 102:25-28). L'immuabilité de Dieu, Sa qualité de ne pas changer, est clairement enseignée à travers les Écritures. Quelque chose qui est immuable est permanente. Une définition du dictionnaire stipule que l'immuabilité est la qualité de ne pas être sujet au changement. Dieu ne peut pas changer, ni être changé.

Dans Malachie 3:6 (LSG), Dieu affirme, «Car je suis l'Éternel, je ne change pas.» Jacques 1:17 enseigne que «tout bon cadeau et tout don parfait vient d'en haut, descendant du Père des lumières, avec qui il n'y a ni variation ni ombre de changement». L'«ombre du virage» renvoie à notre perspective sur le soleil: elle est éclipsée; il bouge et projette son ombre. Le soleil se lève et se couche, apparaît et disparaît chaque jour; il sort d'un tropique et entre dans un autre à certaines saisons de l'année. Mais Dieu est la lumière même; il n'y a pas d'obscurité en Lui. Il n'y a aucun changement avec Lui ni rien de tel.

Dieu est immuable dans son esprit, sa volonté ou sa nature, les perfections, les desseins, les promesses et les dons. Lui, étant saint, ne peut pas se tourner vers ce qui est mal; Lui non plus, qui est la source de lumière, ne peut être la cause des ténèbres. Puisque tout cadeau bon et parfait vient de Lui, le mal ne peut pas provenir de Lui, ni tenter personne (Jacques 1:13).

La nature immuable de Dieu peut nous donner la paix. Le caractère de Dieu ne changera pas. Il est le même hier, aujourd'hui et éternellement (Exode 3:14; Hébreux 13:8).

> Tu as anciennement fondé la terre, Et les cieux sont l'ouvrage de tes mains. Ils périront, mais tu subsisteras; Ils s'useront tous comme un vêtement; Tu les changeras comme un habit, et ils seront changés. Mais toi, tu restes le même, Et tes années ne finiront point. (Psaume 102:25–27 LSG)

> Les desseins de l'Eternel subsistent à toujours, Et les projets de son cœur, de génération en génération. (Psaume 33:11 LSG)

Car Dieu ne se repent pas de ses dons et de son appel. (Romains 11:29 LSG)

«Il est incréé [éternel]» (Jean 4:24). Dieu n'a pas été créé. Par définition, Dieu doit être incréé, donc éternel. En fait, l'aséité (existence personnelle) et l'éternalité de Dieu sont des conditions préalables à l'existence de tout ce qui a vu le jour. Tout ce qui a un commencement a besoin d'une cause. Sans commencement, rien ne pourrait plus exister.

Même si la philosophie ne pouvait pas prouver la nécessité absolue de la nature éternelle de Dieu, Dieu lui-même l'a révélée à toute l'humanité à la fois par une révélation générale (la création) et une révélation spéciale (la Bible).

Concernant la révélation générale, Romains 1:19–20 (LSG) déclare: «car ce qu'on peut connaître de Dieu est manifeste pour eux, Dieu le leur ayant fait connaître. En effet, les perfections invisibles de Dieu, sa puissance éternelle et sa divinité, se voient comme à l'œil, depuis la création du monde, quand on les considère dans ses ouvrages. Ils sont donc inexcusables.» En ce qui concerne la révélation spéciale, quand Moïse a demandé à Dieu son nom, Dieu a répondu: «Je suis qui je suis», ce qui signifie qu'Il ne sera défini par personne d'autre que lui-même; Il est celui qui existe par lui-même (Exode 3:14).

«Il est le Dieu immortel» (Esaïe 40:28). Il est l'Alpha et l'Oméga (Apocalypse 1: 8).

Jean 1:14 (LSG) déclare: «Au commencement était la Parole, et la Parole était avec Dieu, et la Parole était Dieu. Il était au commencement avec Dieu. Toutes choses ont été faites par lui, et sans lui rien de ce qui a été fait n'a été fait. En lui était la vie, et la vie était la lumière des hommes. … Et le Verbe s'est fait chair et a habité parmi nous, et nous avons vu sa gloire, la gloire du Fils unique du Père, plein de grâce et de vérité.»

Il est mon Seigneur. Il est l'Être suprême. Cet être suprême et le plus élevé est l'Esprit et est le seul créateur de tout ce qui existe ou n'a jamais existé, qu'il soit visible ou invisible, dans ce monde ou en dehors des dimensions de ce monde.

Et cela inclut le monde des rêves.

Les mystères des rêves touchent tout le monde. Tant que vous dormez, il y a des chances que vous rêviez. Contrairement aux prophéties, les rêves arrivent à tout le monde, indépendamment de votre religion, de vos antécédents, de votre nationalité ou de votre âge. La plupart des gens rêvent, mais seuls quelques-uns se souviennent de ce qu'ils ont rêvé.

Dr. Deborah Manoushka Paul Figaro

    Les rêves sont très importants dans nos vies. Ils nous révèlent le voyage de nos âmes. Lorsque nous dormons, une partie de notre âme saute hors de notre corps et rencontre des anges, d'autres âmes et des esprits démoniaques; ils parlent aussi à Dieu. Ainsi, ils nous offrent un aperçu et des informations sur notre passé, présent et futur.

CHAPITRE 3

Différentes Façons dont Dieu Communique avec Nous

Que celui qui a des oreilles entende ce que l'Esprit dit aux Eglises: A celui qui vaincra je donnerai à manger de l'arbre de vie, qui est dans le paradis de Dieu.

Apocalypse 2:7 (NEG)

Dieu choisit souvent de parler de manière étrange et par des moyens inhabituels. Beaucoup de gens ne reconnaissent pas quand Dieu leur parle. Dieu nous parle plus souvent à mesure que nous apprenons à reconnaître Sa voix. Il veut nous parler tout le temps. Dans Jean 10:27 (LSG), nous comparant aux brebis et à Lui en tant que berger, Jésus a dit: «Mes brebis entendent ma voix; je les connais, et elles me suivent.»

Pourquoi a-t-il dit cela? Parce que les brebis savent qui Il est. Ils lui appartiennent et le reconnaissent au son de Sa voix. Et c'est Lui qui les conduira toujours avec amour sur le droit chemin, encore et encore.

Dieu a conversé avec Adam dans le premier jardin. Il a dit à Noé de construire une arche. Il a parlé à Moïse dans un buisson ardent. Il a dit à Abraham qu'Il lui donnerait un fils. Il a parlé à Paul alors qu'il se rendait à Damas. Dieu a parlé à d'innombrables personnes de plusieurs manières: un âne (Nombres 22), une mer séparée (Exode 14), une baleine (Jonas 2) et de nombreux anges (Luc 1). Dieu a parlé à travers des signes et des prodiges, maintes et maintes fois. Mais Dieu nous parle-t-il encore?

Il n'y a aucune indication dans les Écritures indiquant que les signes et les prodiges se sont arrêtés lorsque la Bible a été achevée. En fait, ce que nous voyons dans les Écritures, c'est que les signes et les prodiges font partie de l'intemporalité et de la nature immuable de Dieu: «Jésus-Christ est le même hier, aujourd'hui, et éternellement» (Hébreux 13:8 LSG); par conséquent, Il nous parle encore aujourd'hui. Dieu veut toujours nous parler. Il parle de différentes manières:

• **Dieu nous parle à travers les Écritures.** La Parole écrite, la Bible, est le principal moyen de parole de Dieu, mais ce n'est pas le seul. Dieu nous parle lorsque nous lisons la Bible, et Il aborde presque tous les problèmes qui s'appliquent à la vie moderne. La Bible dit que Dieu a élevé Sa Parole au-dessus de Son nom (Psaume 138:2). Cela nous parle de l'intégrité de Dieu. Vous pourriez tomber sur un verset de la Bible et être conduit à une place dans la Bible; sachez que tout ce que la Parole de Dieu dit est la vérité.

2 Timothée 3:16 dit que l'Écriture est «inspirée de Dieu». Sa Parole nous donne un avertissement, une parole d'encouragement ou une leçon de vie. C'est «Son histoire» écrite avec amour comme guide de Dieu pour la vie, «afin que l'homme de Dieu soit parfaitement équipé pour toute

bonne œuvre». Dieu chuchote, et parfois crie, tout au long de Sa Parole, nous donnant des instructions et des principes pour la vie. En d'autres termes, Il prend ce qui était déjà écrit dans la Bible et utilise ces mots pour nous parler. Il parle à travers Sa Parole. Si vous voulez entendre la voix de Dieu, ouvrez simplement votre Bible et lisez.

> Toute Écriture est inspirée de Dieu, et utile pour enseigner, pour convaincre, pour corriger, pour instruire dans la justice, afin que l'homme de Dieu soit accompli et propre à toute bonne œuvre. (2 Timothée 3:16-17 LSG)

- **Dieu nous parle à travers la Parole vivante.** Jésus a dit: «Les paroles que je vous ai dites sont esprit et vie» (Jean 6:63 LSG). La Parole est un message spécifique que le Saint-Esprit vous inspire personnellement. C'est un mot spécifique pour une heure et un besoin spécifiques. Cela se produit lorsque la Parole écrite ou parlée prend vie avec une signification particulière dans votre situation.

- **Dieu nous parle à travers les témoignages des autres.** Psaume 119:24 (LSG) dit: «Tes préceptes font mes délices, Ce sont mes conseillers.» Les témoignages d'autres personnes nous conseillent, nous conduisent et nous guident dans les voies de Dieu.

- **Dieu nous parle par une voix audible.** Dieu parle de manière audible. Adam et Eve ont entendu la voix de Dieu dans le jardin d'Eden (Genèse 3:8). Dieu a parlé de manière audible à Moïse depuis le buisson ardent (Exode 3:4–6) et à tout Israël depuis le mont Sinaï (Exode 20:1–22). Dieu a parlé à Samuel d'une voix audible (1 Samuel

3). Dans le Nouveau Testament, le Père a approuvé Jésus lors de son baptême et de sa transfiguration d'une voix littérale. Saül et son group ont vu Christ sous une lumière aveuglante et ont entendu sa voix (Actes 9:3-7).

- **Dieu nous parle à travers les visites angéliques.** Les anges sont des agents en mission. Ce sont les messagers de Dieu qui sont envoyés pour servir les héritiers du salut. Il existe de nombreux exemples dans les Écritures où les anges ont informé les gens, les ont avertis ou leur ont transmis des messages divins. Ils sont toujours au travail.

> Un ange du Seigneur, s'adressant à Philippe, lui dit: Lève-toi, et va du côté du midi, sur le chemin qui descend de Jérusalem à Gaza, celui qui est désert. (Actes 8:26 LSG)

- **Dieu nous parle à travers des visions et des rêves.** Un rêve est quelque chose vu dans votre sommeil ou quelque chose que vous imaginez faire, un objectif ou une aspiration. Une vision est une apparence inspirée; c'est quelque chose que vous voyez, littéralement avec vos yeux ou dans votre esprit ou votre pensée. C'est visuel, comme un rêve; il peut s'agir d'un flash rapide ou d'une scène entière, juste une image ou une inscription. Dieu peut insérer des images et des idées dans nos esprits, que nous soyons conscients ou non. Dans un rêve ou une vision, Dieu peut vous montrer l'avenir, le présent ou le passé. Cela peut être à des fins de protection, d'intercession, d'avertissement ou de promesse.

La Bible déborde de références aux rêves et aux visions. Si Dieu a utilisé des rêves à l'époque Biblique, Il peut certainement les utiliser comme Il le fait maintenant. Joël a parlé de l'importance des rêves quand il a prophétisé, « Après cela, je répandrai mon esprit sur toute chair; Vos fils et vos filles prophétiseront, Vos vieillards auront des songes, Et vos jeunes gens des visions» (Joël 2:28 LSG).

Dans la Bible, Dieu a parlé à Joseph, Salomon, Jacob, Pierre, Jean et Paul, et Il nous parle encore beaucoup maintenant à travers des rêves.

> Je répandrai de mon Esprit sur toute chair; Vos fils et vos filles prophétiseront, Vos jeunes gens auront des visions, Et vos vieillards auront des songes. (Actes 2:17 LSG)

• **Dieu nous parle à travers des signes.** Dieu parle souvent à travers des signes et des symboles, à travers des chiffres et des noms, et par des moyens naturels qui révèlent des principes et des applications spirituelles plus larges, nous attirant ainsi dans une plus grande intimité avec Lui. Les signes sont simplement la percée surnaturelle vers le monde naturel, la métaphysique rendue réelle dans le physique. Les signes de Dieu sont inexplicables mais indéniables. Gédéon a sorti une toison, cherchant sincèrement la confirmation de la volonté de Dieu, et a été satisfait (Juges 6:36–40). Nous servons un Dieu surnaturel de signes et de prodiges. Il parle à travers des manifestations surnaturelles à travers des miracles, des signes et des prodiges, principalement pour augmenter notre foi et allumer notre faim et notre soif de Lui.

• **Dieu nous parle par coïncidences.** Une coïncidence est une occurrence d'événements qui se produisent en même temps par accident total. C'est quelque chose qui n'est ni planifié ni arrangé, quelque chose qui arrive par pur hasard. Albert Einstein a noté: «La coïncidence est la manière de Dieu de rester anonyme.»

La plupart des gens ont expérimenté le phénomène de penser soudainement à quelqu'un qu'ils n'ont pas vu ou entendu depuis des années, puis par hasard de rencontrer cette personne plus tard dans la journée. D'autres ont une idée erronée de quelque chose qu'un ami ou un collègue doit faire. Plus tard, on découvre que leur pensée égarée était une idée précise. Un exemple frappant de coïncidence est lorsque vous rencontrez de manière inattendue votre ami dans le centre commercial, alors que vous pensiez à cette personne la nuit précédente. Dieu nous parle par coïncidences.

Le mot *coïncidence* n'est utilisé qu'une seule fois dans le Nouveau Testament, et il a été utilisé par Jésus lui-même dans la parabole du bon Samaritain.

Dans Luc 10:31 (LSG), Jésus a dit: «Un sacrificateur, qui par hasard [coincidence] descendait par le même chemin, ayant vu cet homme, passa outre.» Le mot *coïncidence* est traduit du mot grec *synkyrian*, qui est une combinaison de deux mots: soleil et *kurios*. *Soleil* signifie «ensemble avec» et *kurious* signifie «suprême en autorité». Ainsi, une définition Biblique de la *coïncidence* serait «ce qui se passe ensemble par l'arrangement providentiel des circonstances de Dieu».

Ce qui nous apparaît comme un hasard aléatoire est en fait supervisé par Dieu, qui connaît le nombre de cheveux sur chaque tête (Luc 12:7). Jésus a dit que pas même un moineau ne tombe au sol sans l'avis de notre Père (Matthieu 10:29). Dans Ésaïe 46:9-11 (NIV), Dieu déclare sans équivoque qu'il est responsable de tout: «Car je suis Dieu, et il n'y en a point d'autre, Je suis Dieu, et nul n'est semblable à moi. J'annonce dès le commencement ce qui doit arriver, Et longtemps d'avance ce qui n'est pas encore accompli; Je dis: Mes arrêts subsisteront, Et j'exécuterai toute ma volonté. C'est moi qui appelle de l'orient un oiseau de proie, D'une terre lointaine un homme pour accomplir mes desseins, Je l'ai dit, et je le réaliserai; Je l'ai conçu, et je l'exécuterai.»

- **Dieu peut nous parler à travers des instances répétées.** Parfois, des choses similaires se produisent sur un espace de temps; c'est peut-être simplement Dieu qui attire votre attention sur quelque chose. Faites très attention et vous comprendrez ce qu'il vous dit.

- **Dieu nous parle à travers notre conscience ou notre témoignage intérieur.** Dieu a câblé dans notre conduite ou nos motifs; un sens intérieur et une conscience de ce qui est bien et mal nous pousse à faire le bien, à suivre les préceptes de la conscience. George Washington a dit: «Travaillez pour garder vivante dans votre sein cette petite étincelle de feu céleste, appelée conscience.» C'est le complexe de principes éthiques et moraux qui contrôle ou inhibe nos actions et nos pensées. Entendre la voix audible de Dieu n'est pas chose courante, mais cela arrive, et quand c'est le cas, cela ne doit pas être pris à la légère. Dans la Bible, Dieu a parlé à Samuel d'une voix audible (1 Samuel 3), Dieu nous parle souvent par le témoignage intérieur du Saint-Esprit à notre esprit (Romains 8:14-16).

- **Dieu nous parle à travers les circonstances.** Dieu en tant que Dieu Saint utilise souvent les circonstances pour attirer notre attention. Il le confirmera généralement par d'autres moyens. Il peut utiliser votre situation (ou celle d'une autre personne) pour administrer un mot d'avertissement, de correction, d'encouragement, d'amour ou de promesse.

Jérémie 6:10 (NIV) dit: «A qui m'adresser, et qui prendre à témoin pour qu'on écoute? Voici, leur oreille est incirconcise, Et ils sont incapables d'être attentifs; Voici, la parole de l'Eternel est pour eux un opprobre, Ils n'y trouvent aucun plaisir.»

Dieu créera ou autorisera parfois des circonstances difficiles dans nos vies pour attirer notre attention. Quand Il le fait, c'est souvent parce que nous avons été trop occupés ou trop têtus ou trop entêtés pour incliner nos oreilles vers Sa Parole écrite ou la voix de Son Esprit prononcée dans nos cœurs.

Dans Nombres 22, Balaam était un prophète de Dieu doué et oint, mais il était attiré par sa cupidité à prophétiser contre le peuple de Dieu. Le Seigneur a envoyé un ange avec une épée pour bloquer son chemin pendant qu'il s'en allait; Balaam était tellement aveuglé par sa propre ambition qu'il n'a pas vu l'ange, mais l'âne qu'il montait l'a vu. L'âne s'écarta du chemin et se coucha pour éviter l'ange que le propre prophète de Dieu n'avait ni vu ni entendu.

Frustré et maintenant en colère, Balaam a commencé à battre sans pitié l'animal, jusqu'à ce que Dieu ouvre littéralement la bouche de l'âne pour parler à Balaam, et elle dit à Balaam: «Qu'est-ce que je t'ai fait pour que tu me battes ces trois fois? 'Balaam répondit à l'âne:' Tu m'as rendu insensé '» (Nombres 22:28). Dans Marc 4:9, après avoir raconté une autre parabole, Jésus a dit: «Quiconque a des oreilles pour entendre, qu'ils entendent.»

Dans Nombres 22:25–32, par son amour, Dieu autorisera parfois des circonstances frustrantes dans nos vies si nous ne l'écoutons pas. En fait, Il utilisera même les instruments les plus improbables et les plus humbles pour attirer notre attention. Lorsque les circonstances se présentent et nous confrontent, nous devons humilier notre cœur, faire taire nos propres idées et demander au Seigneur la clarté.

Par l'intermédiaire de Moïse, Dieu a utilisé des circonstances (fléaux) pour convaincre le dirigeant égyptien de libérer son peuple de l'esclavage.

- **Dieu nous parle à travers les expériences et les révélations d'autres personnes.** Cela peut être l'un des moyens les plus importants pour Dieu de nous parler, mais cela peut aussi être l'un des moyens les plus difficiles d'entendre ou de discerner sa voix. «Si quelqu'un parle, que ce soit comme annonçant les oracles de Dieu» (1 Pierre 4:11 LSG).

Un oracle est un «énoncé, un délégué ou un porte-parole». Dieu peut vous parler à travers n'importe qui: d'autres croyants, votre pasteur, même un fou. Dieu parle à travers des prédicateurs et des enseignants, mais Il peut également parler à travers un ami, un enseignant, un parent, ou un prédicateur, ou même un ennemi, pour nous transmettre son message de vérité. Leurs paroles peuvent être un avertissement, une bénédiction ou une vérité prophétique sur nos vies. Comme nous venons de le lire, Il a parlé une fois à travers un âne (Nombres 22:28). Pourquoi, alors, ne peut-il pas parler à travers qui que ce soit à tout moment ou de quelque manière qu'Il le souhaite?

Dieu utilise les canaux humains pour prononcer des paroles de prophétie, des langues et des interprétations, ainsi que des paroles de sagesse et de connaissance (1 Corinthiens 12:8–10). Dieu s'exprime également à travers des récipients humains pour diffuser son message dans des sermons, des chants et des écrits oints. Que nous choisissions de l'entendre ou non, « La sagesse d'en haut est premièrement pure, ensuite pacifique, modérée, conciliante, pleine de miséricorde et de bons fruits, exempte de duplicité, d'hypocrisie» (Jacques 3:17 LSG).

- **Dieu nous parle à travers les médias de masse.** "Cette bonne nouvelle du royaume sera prêchée dans le monde entier, pour servir de témoignage à toutes les nations» (Matthieu 24:14 LSG). Avec la technologie, cette Écriture s'accomplit alors que l'Évangile prolifère à travers le monde. Dieu utilise les médias pour diffuser sa vérité via la télévision par satellite, la radio, Internet, les sites Web, les médias sociaux, les livres, les podcasts, les films et la musique.

- **Dieu nous parle à travers des enseignants talentueux dont la source est la Bible.** «Par la grâce qui m'a été donnée, je dis à chacun de vous de n'avoir pas de lui-même une trop haute opinion, mais de revêtir des sentiments modestes, selon la mesure de foi que Dieu a départie à chacun. Car, comme nous avons plusieurs membres dans un seul corps, et que tous les membres n'ont pas la même fonction, ainsi, nous qui sommes plusieurs, nous formons un seul corps en Christ, et nous sommes tous membres les uns des autres. Puisque nous avons des dons différents, selon la grâce qui nous a été accordée, que celui qui a le don de prophétie l'exerce selon l'analogie de la foi; que celui qui est appelé au ministère s'attache à son ministère; que celui qui enseigne s'attache à son enseignement, et celui qui exhorte à l'exhortation. Que celui qui donne le fasse avec libéralité; que celui qui préside le fasse avec zèle; que celui qui pratique la miséricorde le fasse avec joie» (Romans 12:3–8 LSG).

- **Dieu nous parle à travers Sa création et Sa nature.** Vous pouvez entendre Dieu, la voix du Créateur dans un ruisseau bouillonnant, dans le chant d'un oiseau, dans le vent sifflant à travers les arbres, ou même dans le cri d'un bébé. Vous pouvez l'entendre en observant les fourmis emmagasiner de la nourriture. Vous pouvez l'entendre à travers les cieux et la terre, les galaxies et les supernovas, tous qui proclament la gloire de Dieu. Ils nous disent qu'il y a un Créateur, qu'Il est glorieusement créateur et qu'Il est extrêmement puissant.

Psaume 19:1–2 (LSG) dit: «Les cieux racontent la gloire de Dieu, Et l'étendue manifeste l'œuvre de ses mains. Le jour en instruit un autre jour, La nuit en donne connaissance à une autre nuit.»

Romains 1:20 (LSG) dit: « En effet, les perfections invisibles de Dieu, sa puissance éternelle et sa divinité, se voient comme à l'œil, depuis la création du monde, quand on les considère dans ses ouvrages. Ils sont donc inexcusables.»

En d'autres termes, la création crie bruyamment de grandes choses à propos de Dieu. Il déclare qu'il y a un Dieu qui est éternellement puissant et de nature divine. Alors que nous voyons la complexité d'un flocon de neige ou la puissance d'un volcan qui explose, Dieu Lui-même nous parle. Dieu nous parle à travers la gloire de Sa création.

- **Dieu nous parle par la paix.** Un cœur et un esprit sans souci peuvent être Dieu qui nous parle. Si vous pouvez faire taire votre esprit, être fidèle à vous-même, tout en étant en paix sur une décision ou une situation, vous pouvez entendre ce que Dieu dit.

> Heureux ceux qui procurent la paix, car ils seront appelés fils de Dieu! (Matthieu 5:9 LSG)
>
> Ainsi donc, recherchons ce qui contribue à la paix et à l'édification mutuelle. (Romains 14:19 LSG)
>
> Le fruit de la justice est semé dans la paix par ceux qui recherchent la paix. (Jacques 3:18 LSG)
>
> Je vous laisse la paix, je vous donne ma paix. Je ne vous donne pas comme le monde donne. Que votre cœur ne se trouble point, et ne s'alarme point. (Jean 14;17 LSG)

- **Dieu nous parle à travers des impressions corporelles.** Les impressions sont la forme la plus simple de révélation prophétique. Presque tous les chrétiens ont entendu ou senti Dieu parler à travers des impressions. Mais en raison de l'ignorance générale des dons de révélation, beaucoup ne reconnaissent pas ces impressions comme étant données par Dieu, mais les écartent comme des pensées errantes ou une simple coïncidence. La sensation ou l'impression physique est de nature prophétique. Par exemple, vous pouvez prier pour quelqu'un et ressentir de la douleur au genou droit; c'était que le Seigneur vous disait de prier pour elle ou pour son genou. Ce que beaucoup de gens pensent être des coïncidences sont en fait des impressions prophétiques valables de Dieu.

De nombreuses personnes reçoivent des paroles de connaissance pour guérir de cette manière. Dieu les permet de ressentir une sensation ou une impression dans leur corps qui révèle la blessure ou la maladie de quelqu'un d'autre. En priant pour quelqu'un, ils ressentent une sensation inhabituelle dans leur corps qui n'était pas présente avant la prière. C'est Dieu identifiant une condition spécifique qui a besoin de guérison. Ils disent alors une parole de connaissance et apportent la guérison à mesure que la foi du malade augmente.

Recevoir dans notre corps des impressions sur quelqu'un d'autre est une des principales façons de comprendre les mots de connaissance pour la guérison. Lors d'une réunion particulière, Dieu a identifié et guéri environ cinquante personnes souffrant de troubles visuels et oculaires grâce à une parole de connaissance reçue de cette manière.

Jésus a également reçu la perspicacité de son Père de cette manière. Dans l'Évangile de Luc, Jésus traverse une ville, et les gens se pressent et s'entassent pour le toucher.

Une femme avec un problème de sang croit que si elle peut Le toucher, elle sera guérie. Elle se faufile dans la foule et le touche. Jésus le sait immédiatement et dit: «Qui m'a touché? Comme tous s'en défendaient, Pierre et ceux qui étaient avec lui dirent: Maître, la foule t'entoure et te presse, et tu dis: Qui m'a touché? Mais Jésus répondit: Quelqu'un m'a touché, car j'ai connu qu'une force était sortie de moi» (Luc 8:45–46 LSG).

Ce mot traduit par *percevoir* signifie «connaître en ressentant». Jésus savait que quelqu'un L'avait touché parce qu'Il sentait dans son corps que la vertu était sortie de Lui. Il est intéressant de noter que Jésus n'avait pas vu qui L'avait touché.

Dans la Bible, Paul, un apôtre mûr, a continué à recevoir la perspicacité et l'aide de Dieu à travers des impressions prophétiques tout au long de son ministère. Aujourd'hui, de nombreux ministres prophétiques chevronnés continuent également de recevoir une révélation au niveau de l'impression; (Dieu leur parle aussi à travers une révélation de niveau supérieur).

• **Dieu nous parle à travers les émotions.** Dieu nous parle à travers nos émotions. Ce sont des impressions de nature émotionnelle ou orientées vers le sentiment. Dieu a créé nos émotions et nous parle parfois à travers elles pour les autres.

Dieu nous permet de ressentir dans notre propre âme ce que quelqu'un d'autre vit. Nous pouvons ressentir un chagrin ou une affliction lorsque nous prions pour quelqu'un. Dieu nous permet de ressentir ce qu'ils ressentent afin que nous puissions les servir. En reconnaissant et en identifiant ces sentiments prophétiques, nous pouvons voir des gens guéris et délivrés.

À d'autres moments, nous ressentons ce que le Seigneur ressent pour quelqu'un à qui nous servons. Nous pouvons éprouver une joie profonde ou un sentiment de protection sur une personne que nous connaissons à peine. Nous pouvons leur prophétiser que Dieu se réjouit d'eux en chantant (Sophonie 3:17) ou que le Seigneur les gardera comme la prunelle de ses yeux (Zacharie 2:8).

Certaines personnes qui reçoivent des impressions émotionnelles pensent qu'elles sont instables parce que leurs émotions peuvent changer brusquement lorsqu'elles passent d'une situation à une autre. Ils ne comprennent pas que Dieu tire les ficelles de leurs émotions pour leur parler. Cependant, lorsqu'ils comprennent que ces sentiments viennent de Dieu, ils peuvent devenir de puissants ministres de Sa grâce et de Sa miséricorde.

- **Dieu nous parle par la confirmation.** Voici un exemple contemporain d'une confirmation de Dieu: en se rendant à une réunion et en ne pensant à rien de particulier, cette pensée m'est venue à l'esprit: *il est temps pour Jacques de quitter son travail et de commencer son ministère de prédication à plein temps.* Comme je n'avais pas pensé à Jacques, j'ai reconnu cette pensée passagère comme une simple impression. Puis j'ai fait un petit mot pour appeler Jacques quand je suis retournée à mon bureau.

Quand je suis rentrée au bureau, j'ai découvert que Jacques avait appelé précisément au moment où je pensais à lui. Quand j'ai retourné son appel, sa première déclaration à moi était: «Vous savez quoi? Je pensais qu'il était temps pour moi de quitter mon travail et de commencer mon ministère de prédication; Qu'est-ce que tu penses?» Je lui ai parlé de la pensée que j'avais et du moment choisi. Il a immédiatement pris cela comme une confirmation de Dieu. Ce genre de confirmation donne l'assurance que son projet de prédication du ministère à plein temps serait un fruit significatif dans sa vie et dans la congrégation qu'il sert.

Ce qui est venu comme une impression ou une pensée errante était la réponse spécifique de Dieu dont Jacques avait besoin. Cette parole lui a donné la confiance que ce choix était conforme à la volonté et au calendrier de Dieu. Il a besoin de cette assurance pour endurer les difficultés qui surgiraient du lancement de cette transition. C'était une confirmation, une révélation.

Une personne ne devrait jamais surestimer la valeur d'une seule révélation prophétique. Alors que nous apprenons à reconnaître et à comprendre les différentes manières dont Dieu nous parle, il peut nous utiliser d'une manière que nous ne pourrions jamais imaginer.

> Je jure, et je le tiendrai, D'observer les lois de ta justice. (Psaume 119:106 LSG)

> Il est juste que je pense ainsi de vous tous, parce que je vous porte dans mon cœur, soit dans mes liens, soit dans la défense et la confirmation de l'Évangile, vous qui tous participez à la même grâce que moi. (Pilippiens 1:7 LSG)

Comment échapperons-nous en négligeant un si grand salut, qui, annoncé d'abord par le Seigneur, nous a été confirmé par ceux qui l'ont entendu. (Hébreux 2:3 LSG)

Et ils sont sortis et ont prêché partout, pendant que le Seigneur travaillait avec eux et confirmait la Parole par les signes qui suivaient. Et ils rapportèrent rapidement toutes ces instructions à Peter et à ses compagnons. Et après cela, Jésus lui-même a envoyé à travers eux, d'est en ouest, la proclamation sacrée et impérissable du salut éternel. (Marc 16:20)

- **Dieu nous parle par sa petite voix douce.** Élie campait dans une grotte sur le mont Sinaï lorsque Dieu s'est manifesté. Élie a vu un vent puissant qui a déchiré les montagnes et brisé les rochers. Après le vent, il y eut un puissant tremblement de terre et un feu féroce, mais le Seigneur n'était ni dans le vent, ni dans le feu. Il n'était dans aucun d'entre eux. Et après le feu est venu un doux bruit. Quand Élie l'entendit, il passa son manteau sur son visage et sortit et se tint à l'entrée de la grotte. Puis il s'est rendu compte que c'était Dieu qui lui parlait d'une «voix encore petite», également traduit par «un doux murmure» (1 Rois 19:9–12).

- **Dieu nous parle par son Fils, Jésus-Christ.** Le Nouveau Testament était l'accomplissement du plan spécial de Dieu. C'est l'évangile: la bonne nouvelle de Jésus-Christ. Tout au long de l'Ancien Testament, Dieu a parlé à son peuple de différentes manières, y compris par l'intermédiaire de prophètes, face à face comme avec Moïse, via des anges et même à travers un vieil âne débraillé, alors que Balaam avait le privilège. Toutes ces révélations de Dieu étaient limitées et incomplètes, car elles ne donnaient qu'un aperçu de la gloire stupéfiante du Seigneur. Ces visions de Dieu étaient comme regarder une chaîne de montagnes à travers une petite fissure dans un mur, où seule une partie limitée de sa beauté et de sa gloire pouvait être vue.

Mais maintenant, Dieu nous a parlé d'une manière beaucoup plus complète et plus parfaite: à travers Son Fils engendré, Jésus-Christ. Jésus-Christ est Dieu Lui-même, et Il nous tire largement le rideau sur ce à quoi Dieu ressemble vraiment. Jésus découvre le caractère magnifique et époustouflant de Dieu avec une clarté étonnante.

Et c'est pourquoi Jésus a dit à Philippe dans Jean 14:9 (LSG), «Il y a si longtemps que je suis avec vous, et tu ne m'as pas connu, Philippe! Celui qui m'a vu a vu le Père; comment dis-tu: Montre-nous le Père?»

> Dans le passé, Dieu a parlé à nos ancêtres par l'intermédiaire des prophètes à plusieurs reprises et de diverses manières, mais dans ces derniers jours, il nous a parlé par son Fils, qu'il a désigné héritier de toutes choses et par qui il a fait l'univers. (Hébreux 1:1–2)

• **Dieu nous parle à travers ce qu'Il choisit ou qui Il choisit, mais jamais en désaccord avec la Bible.** « Dieu parle cependant, tantôt d'une manière,

Tantôt d'une autre, et l'on n'y prend point garde» (Job 33:14 NIV)

- **Dieu nous parle à travers la musique.** Peut-être que l'un des moyens par lesquels on peut sentir le plus la présence de Dieu et entendre Sa voix le mieux est de Le louer par la musique. Dans les moments difficiles, si vous versez sur une chanson aléatoire, les chansons de David dans les psaumes, par exemple, en les chantant à Dieu avec vos propres airs, vous constaterez que la louange vous attire instantanément. Les mots et les notes apportent un réconfort apaisant, une excitation et une passion qui peuvent ouvrir vos oreilles et votre cœur, et vous remonter le moral immédiatement.

Dans 2 Chroniques 20, le roi Josaphat a fait face à une énorme armée d'ennemis qui auraient pu facilement détruire son peuple, mais il a fait une chose étrange. Avec une déclaration que ses yeux étaient sur Dieu, il envoya dans un chœur de chanteurs de louange: «Josaphat a nommé des hommes pour chanter à l'Éternel et le louer pour la splendeur de sa sainteté comme ils sont sortis à la tête de l'armée, en disant : «Rendez grâce à l'Éternel, car son amour dure à jamais» » Dieu «a parlé» clairement. Il a relâché sa puissance et l'armée de Josaphat a vaincu ses ennemis (2 Chroniques 20-21).

- **Dieu nous parle par Son Esprit, le Saint-Esprit.** L'Esprit de Dieu nous parle, nous aidant à prendre la bonne décision. Lorsque nous sommes tentés, ce même Esprit nous avertit et nous pousse à faire la bonne chose.

Imaginez que vous écoutiez une chanson à la radio, que vous conversiez avec un ami ou même que vous conduisiez dans la rue. Soudainement, une phrase, ou un panneau d'affichage, ou un mot sur un autocollant de pare-chocs, ou à peu près n'importe quoi d'autre vous saisit; vous pouvez penser que c'est une coïncidence, mais c'est Dieu qui vous parle. Votre cœur peut commencer à battre, ou votre ami peut sembler loin, ou vous pouvez ressentir une émotion monter en vous sans aucune raison apparente. Toutes ces choses arrivent parce que le Saint-Esprit se tient juste là, vous parlant.

Le Saint-Esprit est le fondement central et principal chaque fois que nous lisons la Parole. Il agit comme notre témoin intérieur pour nous révéler et nous confirmer des choses profondes. Par le discernement, un tiraillement dans votre cœur ou un sentiment instinctif, nous devrions reconnaître le Saint-Esprit.

Les Écritures montrent clairement que chacun de nous est un temple du Saint-Esprit. En d'autres termes, le Saint-Esprit habite réellement en nous, tout comme Il a habité dans le temple de l'Ancien Testament. «Ne savez-vous pas que votre corps est le temple du Saint Esprit qui est en vous, que vous avez reçu de Dieu, et que vous ne vous appartenez point à vous-mêmes? Car vous avez été rachetés à un grand prix. Glorifiez donc Dieu dans votre corps et dans votre esprit, qui appartiennent à Dieu» (1 Corinthiens 6:19–20 LSG).

Le Saint-Esprit nous parle de plusieurs manières spécifiques. En lisant la Parole de Dieu, le Saint-Esprit nous parle, nous convainc, nous encourage et nous fortifie. Vous pourriez dire que le Saint-Esprit nous fait prendre vie à la Parole de Dieu chaque fois que nous La lisons.

Il survole les pages des Écritures sacrées, enflammant nos cœurs pendant que nous Les lisons. Il nous parle de manière plus subjective. Vous êtes-vous déjà senti poussé à prier pour quelque chose à l'improviste? C'est le Saint-Esprit qui vous dirige.

Un grand prédicateur, D. M. Lloyd Jones, a déclaré: «Répondez toujours à chaque impulsion de prier. J'en ferais une loi absolue, j'obéirais toujours à une telle impulsion.» D'où est ce que ça vient? C'est l'œuvre du Saint-Esprit; cela fait partie de la signification de «travaille[r] à votre salut avec crainte et tremblement, non seulement comme en ma présence, mais bien plus encore maintenant que je suis absent; car c'est Dieu qui produit en vous le vouloir et le faire, selon son bon plaisir» (Philippiens 2:12–13 LSG).

Si vous voulez entendre la voix de Dieu, demandez au Saint-Esprit d'agir en vous. Demandez-lui de vous aider à être plus sensible à ses suggestions subtiles. « Mais le consolateur, l'Esprit Saint, que le Père enverra en mon nom, vous enseignera toutes choses, et vous rappellera tout ce que je vous ai dit» (Jean 14:26 LSG).

• **Dieu nous parle en faisant apparaître des images dans nos esprits.** Dieu nous parle parfois en faisant clignoter une image ou un collage d'images dans notre esprit. Certaines choses ne peuvent nous devenir claires que lorsque nous les voyons, et cela est particulièrement vrai à notre époque orientée visuellement. Dans une seule image, nous pouvons voir des détails qui peuvent prendre mille mots à expliquer.

Si vous cherchez Dieu à propos de quelque chose et qu'une image vous vient soudainement à l'esprit, il se peut que Dieu vous parle. Si l'image que vous voyez ne semble pas liée à ce pour quoi vous priiez, arrêtez-vous et demandez à Dieu ce qu'il vous dit.

- **Dieu nous parle à travers les difficultés.** Dieu parle pendant les moments difficiles. Lorsque nous traversons des situations difficiles, c'est alors que Dieu nous parle clairement. Faites attention. Dans toute la Bible, les gens ont traversé des moments difficiles; ils ont fait face à des difficultés et souvent Dieu a parlé pendant ces périodes. «Avant d'avoir été humilié, je m'égarais; Maintenant j'observe ta parole. Tu es bon et bienfaisant; Enseigne-moi tes statuts!» (Psaume 119:67–68 LSG)

- **Dieu nous parle en nous donnant des douleurs de sympathie.** Au cours d'une réunion de prière, un prophète peut ressentir une douleur ou une sensation quelque part dans son corps, et vous pouvez l'entendre dire: «Il y a quelqu'un ici avec une sensation de brûlure au sommet de l'épaule. Si c'est vous, venez ici et laissez-moi prier pour vous.»

Vous vous demandez peut-être comment il sait cela; souvent, c'est parce que Dieu lui a montré en lui donnant une douleur ou une sensation au sommet de son épaule; ainsi, il sait automatiquement que quelqu'un d'autre vit la même chose, et Dieu veut qu'il prie pour cette personne. Le message pourrait se présenter sous la forme d'un terrible mal de tête, d'une douleur au dos atroce ou d'une douleur lancinante aux genoux; Je pourrais continuer encore et encore. Le fait est qu'en priant, au moment où sa douleur a disparu, cela lui dit que la douleur de la personne a également disparu.

- **Dieu nous parle par la prière.** La prière est un acte qui cherche à activer un rapport avec Dieu par une communication délibérée. Le Saint-Esprit nous guide de la meilleure façon de prier et de quoi prier. Dieu nous parle souvent par la prière. Nous ne savons peut-être pas comment prier, mais la Parole de Dieu nous dit que son esprit intercède pour nous (Romains 8:26-27).

Souvent, grâce à une combinaison de jeûne et de prière, nos esprits deviennent plus clairs et nos cœurs sont plus sensibles à Dieu. Parfois, en priant, l'Esprit de Dieu nous rappelle une Écriture ou une vérité de sa Parole que nous pouvons directement appliquer à la situation.

- **Dieu nous parle à travers les transes.** »L'Esprit de l'Éternel saisit Samson; et, sans avoir rien à la main, Samson déchira le lion comme on déchire un chevreau. Il ne dit point à son père et à sa mère ce qu'il avait fait» (Juges 14:6 NIV).

L'évangéliste Billy Graham dit que Dieu a la capacité de parler à ceux qui croient en Lui, même si ce n'est pas par une voix audible. Graham dit que Dieu peut communiquer de différentes manières, y compris à travers la communauté ecclésiale.

En réponse à une question de savoir si Dieu parle verbalement à ses disciples, Graham explique qu'il s'agit généralement «d'une profonde conviction intérieure de la volonté de Dieu».

Quelle que soit la manière dont Dieu choisit de communiquer, il ajoute: «Dieu nous aime et sait ce qui est le mieux pour nous, et il veut nous le montrer. En fait, lorsque nous venons au Christ, Dieu lui-même vient vivre en nous par son Saint-Esprit, et une des raisons est qu'il puisse nous guider.» Et pour accentuer son point, Graham cite Psaume 32:8 (NASB), qui se lit «Je vais vous instruire et vous apprendre la voie à suivre.»

Il est en effet vrai que Dieu nous parle plus souvent à mesure que nous apprenons à reconnaître Sa voix. Il utilise de nombreux modèles différents pour essayer d'attirer notre attention. Mais ce livre est axé sur les rêves, les visions et les prophéties.

CHAPITRE 4

Les Nombreuses Voix du Monde des Esprits

De nombreuses voix existent dans le monde des esprits. Par conséquent, tout ce qui est entendu doit être testé. Lorsque vous entendez une voix, posez les questions suivantes:

- Exalte-t-il Jésus-Christ?
- Est-ce conforme aux Écritures?
- Cela place-t-il l'intérêt des autres avant l'intérêt personnel?
- Encourage-t-il l'unité dans le corps du Christ?
- Cherche-t-il la paix pour tous?
- Donne-t-il de l'espoir, quoi qu'il en soit?
- A-t-il du respect pour la vie humaine?
- Parle-t-il de l'amour de Dieu?

La réponse à ces questions aidera à distinguer la voix de Dieu des autres voix.

> Mais la nourriture solide est pour les hommes faits, pour ceux dont le jugement est exercé

par l'usage à discerner ce qui est bien et ce qui est mal. (Hébreux 5:14 LSG)

Comment Entendre la Voix de Dieu

Dieu parle toujours, mais le problème est que nous n'écoutons pas toujours. Il continue de nous parler même dans un monde plein de bruit, comme Il nous dirige constamment, nous guide, nous avertit, nous encourage, nous promet, nous réconforte. Nous sommes tous uniques et Dieu parlera à chacun de nous de différentes manières.

Pour mieux entendre la voix de Dieu, vous devriez

- calmez votre esprit,
- placez Dieu comme votre conseiller numéro un,
- faites attention,
- renforcez votre relation avec Dieu,
- lisez votre Bible,
- adorer Dieu, et
- faites toujours une pause et écoutez.

Le pasteur Benny Hinn dit que pour entendre la voix de Dieu, nous devons d'abord décider d'entendre Sa voix. Parce que nous ne pouvons entendre la voix de Dieu qu'après avoir décidé d'entendre Sa voix. Prenez une décision comme dans Psaume 85:8 (LSG): «J'écouterai ce que dit Dieu, l'Eternel.» Dès que vous prendrez la décision de L'entendre, vous l'entendrez. Il attend que vous preniez cette décision.

Esaïe 55: 3 dit: «Incline ton oreille et viens vers moi.» Et Hébreux 5:11 et 14 disent: écoutez la voix de Dieu dans le calme, le repos et la confiance. Le pasteur Benny nous assure que quiconque est un disciple de Jésus entendra Sa voix.

Ésaïe 55: 3 (LSG) dit: «Inclinez votre oreille.» Dans ce verset, Dieu nous commande d'entendre sa voix. Le pasteur Benny affirme que c'est un ordre de Dieu. Incline signifie «Pliez votre oreille et venez à moi, et vous m'entendrez». Exercez votre capacité auditive. 1 Hébreux 12:25 dit que c'est un péché de ne pas entendre Sa voix; vous devez exercer votre capacité auditive.

Hébreux 5:11 indique que nos sens doivent être entraînés. Dieu cherche notre oreille spirituelle.

Le pasteur Benny partage quelques façons simples d'entendre la voix du Seigneur. Premièrement, dit-il, nous devons nous retirer de toutes les distractions mondaines; vous ne pouvez pas L'entendre si vous êtes distrait. Si vous écoutez d'autres voix, vous ne pouvez pas L'entendre. Il veut que Sa voix soit entendue en premier.

Lorsque vous vous réveillez le matin, après la douche, enfermez-vous et parlez-lui d'abord avant de parler à qui que ce soit, à tout être humain, et laissez-Le vous parler. Parce que quelqu'un peut vous distraire de L'entendre. C'est pourquoi, quand Jésus se réveillait le matin, Il allait d'abord dans les montagnes pour parler à Dieu avant de parler à quiconque.

Par conséquent, évitez toute distraction. Soyez seul pour Lui parler, puis allez travailler ou vaquez à votre journée. La première voix que vous devez entendre est la voix de Dieu. C'est pourquoi Il a dit de fermer la porte pour Lui parler.

> Mais quand tu pries, entre dans ta chambre, ferme ta porte, et prie ton Père qui est là dans le lieu secret; et ton Père, qui voit dans le secret, te le rendra. (Matthieu 6:6 LSG)

Ainsi, lorsque Dieu entendra votre voix, alors vous entendrez Sa voix. Ainsi, vous ne pouvez pas entendre Sa voix s'Il n'entend pas la vôtre.

Ensuite, cherchez-Le, cherchez Sa volonté et humiliez-vous devant Lui. Il parle à ceux qui recherchent Sa volonté. Jean 5:30 (LSG) dit, «Je ne puis rien faire de moi-même: selon que j'entends, je juge; et mon jugement est juste, parce que je ne cherche pas ma volonté, mais la volonté de celui qui m'a envoyé.»

La Définition du Rêve

Dieu a créé les rêves comme un outil spirituel principalement pour la communication entre le monde des esprits et le monde physique. Puisque Dieu est un être spirituel et que les humains sont des esprits vivant dans un corps physique, le rêve permet à ces deux mondes de rester en contact. Le Saint-Esprit et la Parole de Dieu sont les principaux outils que Dieu utilise pour parler aux humains. Parfois, à cause du bruit constant et des distractions de la vie, Dieu est incapable de nous faire passer Son message. Et l'un des meilleurs moments pour Lui de communiquer avec nous sans interruption est lorsque nous dormons. Lorsque nous dormons, nous sommes capables de recevoir un message du monde spirituel, sans interruption. C'est pourquoi Dieu parle aux humains à travers les rêves.

Dans un enseignement sur les rêves, le prophète Makandiwa a souligné que Samuel dormait quand Dieu l'a appelé, mais Samuel a continué à courir vers Eli, demandant à Eli s'il était celui qui l'appelait, mais chaque fois que Samuel allait à Eli, Eli lui disait d'aller se recoucher. Le prophète a noté que chaque fois que Samuel se rendormait, Dieu l'appelait, mais Samuel ne cessait de se réveiller. Le prophète dit que cela montre clairement que Dieu attendait que Samuel soit en état de sommeil pour qu'Il l'appelle.

Pour recevoir des rêves, l'esprit doit être endormi. Genèse 15:12–13 (LSG) dit, «Au coucher du soleil, un profond sommeil tomba sur Abram; et voici, une frayeur et une grande obscurité vinrent l'assaillir. Et l'Eternel dit à Abram: Sache que tes descendants seront étrangers dans un pays qui ne sera point à eux; ils y seront asservis, et on les opprimera pendant quatre cents ans.»

Les humains ont souvent des rêves lorsqu'ils dorment. Une chose est sûre: Dieu a créé l'esprit humain pour qu'il ait la capacité de rêver. C'est quelque chose qui fait partie du fonctionnement du cerveau et qui est très indépendant de notre volonté. C'est fait pour nous, que nous le voulions ou non. Pourtant, certaines personnes s'empressent de dire qu'elles ne rêvent pas la nuit. Ces gens parlent dans l'ignorance.

Il existe quatre types de personnes qui font des rêves dans le monde:

- Certaines personnes font des rêves mais n'ont aucune idée qu'elles ont rêvé parce que leur esprit a perdu la capacité de leur faire savoir qu'elles ont rêvé.

- Certaines personnes font des rêves mais n'ont pas la capacité de se souvenir du contenu de leurs rêves; cependant, ils savent qu'en dormant, ils ont rêvé.

- Certaines personnes font des rêves et se souviennent du contenu de leurs rêves, mais ne savent pas ce que signifie le contenu de leurs rêves.

- Certaines personnes font des rêves et se souviennent facilement du contenu de leur rêve; en plus de cela, certains ont la capacité de l'interpréter.

La définition générale d'un rêve est un message spirituel ou une expérience spirituelle que l'on peut avoir pendant son sommeil. Les messages de rêve se présentent généralement sous la forme d'une énigme ou d'un symbole. Derrière la plupart des rêves, il y a un message secret qui est un mystère pour le rêveur.

> Au temps où les brebis entraient en chaleur, je levai les yeux, et je vis en songe que les boucs qui couvraient les brebis étaient rayés, tachetés et marquetés. Et l'ange de Dieu me

dit en songe: Jacob! Je répondis: Me voici! Il dit: Lève les yeux, et regarde: tous les boucs qui couvrent les brebis sont rayés, tachetés et marquetés; car j'ai vu tout ce que te fait Laban. Je suis le Dieu de Béthel, où tu as oint un monument, où tu m'as fait un vœu. Maintenant, lève-toi, sors de ce pays, et retourne au pays de ta naissance. (Genèse 31:10–13 LSG)

La Différence entre les Visions et les Rêves

Une vision est la manière de communiquer de Dieu. Dans cette dimension, Dieu peut montrer des choses dans le passé, le présent ou le futur.

Une vision est comme un rêve; l'exception est que dans un rêve, nous sommes endormis, tandis que dans une vision, nous sommes éveillés. Nous sommes pleinement éveillés et ce que nous voyons se déroule devant nous. Dans certaines visions, nous nous sentons comme si nous nous tenions au centre de ce que nous voyons, totalement entouré par ce que Dieu montre. Dans le domaine scientifique, cela s'appelle la réalité virtuelle. L'équipement scientifique peut créer cette allusion, alors que Dieu le fait par sa propre puissance surnaturelle.

Les visions ont toujours été la majeure partie de la plupart des ministères prophétiques. Dans Nombres 12:6 (LSG), Dieu a dit,» Lorsqu'il y aura parmi vous un prophète, c'est dans une vision que moi, l'Éternel, je me révélerai à lui, c'est dans un songe que je lui parlerai.»

Les visions sont reçues avec divers degrés de vigilance mentale, à travers des transes, des apparitions et des vues divines. Une vision ouverte est reçue avec les yeux naturels grands ouverts.

Les visions peuvent être vécues en groupe: «Comme j'étais en chemin, et que j'approchais de Damas, tout à coup, vers midi, une grande lumière venant du ciel resplendit autour de moi. Je tombai par terre, et j'entendis une voix qui me disait: Saul, Saul, pourquoi me persécutes-tu? Je répondis: Qui es-tu, Seigneur? Et il me dit: Je suis Jésus de Nazareth, que tu persécutes. Ceux qui étaient avec moi virent bien la lumière, mais ils n'entendirent pas la voix de celui qui parlait» (Actes 22:6–9 LSG).

D'autre part, les rêves sont toujours vécus sur une base personnelle. Les rêves sont plus symboliques, tandis que les visions sont plus littérales. La plupart des rêves doivent être interprétés symboliquement. Les visions doivent également être soigneusement évaluées. Les rêves sont souvent plus divinement codés exprès pour le rêveur avec des symboles.

Les visions sont plus réelles, souvent plus claires et peuvent nécessiter peu d'interprétation. Ils exigent souvent une réponse immédiate ou rapide.

Le premier récit dans l'Écriture de Dieu apparaissant à l'homme dans une vision se trouve dans Genèse 15:1, qui déclare que «la Parole du Seigneur est venue à Abraham dans une vision».

La Bible regorge de nombreux exemples de visions. L'un des plus remarquables est le livre de l'Apocalypse. C'est un récit d'une vision après l'autre que Dieu a donnée à son serviteur Jean, le bien-aimé, concernant les événements mondiaux.

William Branham, un ministre chrétien américain et guérisseur de la foi qui a initié la restauration de la guérison après la Seconde Guerre mondiale, avait eu plusieurs visions. Dès l'enfance, il était en contact avec le royaume surnaturel. Dans ses propres mots, il a dit: «La première chose dont je me souviens dans la vie est une vision.»

La fréquence étonnante des visions qui se sont produites dans la vie de Branham a parfois créé une situation plutôt inhabituelle pour lui. On peut dire qu'il a vécu dans deux mondes à la fois: le visible et l'invisible.

Tout comme Dieu l'a révélé à Daniel, Il a révélé à Branham sept événements majeurs qui se sont produits.

Les visions sont assez distinctes des rêves. L'apôtre Alph Lukau d'Alleluia Ministries International (AMI), à Johannesburg, Afrique du Sud, souligne dans son livre *The Rise of the Prophetic Voice* que tout au long de la Bible, les visions et les rêves sont les principaux moyens de communication divine, et ils sont souvent utilisés par Dieu de plusieurs manières: ils instruisent son peuple de faire (ou d'éviter de faire) des choses spécifiques, ils donnent un aperçu des affaires actuelles ou des événements futurs, ils dirigent les événements impliquant son peuple ou son royaume, et ils «guident les royaumes même sous des rois incrédules, tout comme au temps de Joseph et Pharaon, ou de Daniel et du roi Nebucadnetsar de Babylone.»

Les rêves sont emblématiques, tandis que les visions sont plus factuelles. Il faut plus de maturité pour comprendre les images des rêves que la nature factuelle des visions.

Considérez le langage hautement évocateur que Job utilise pour décrire sa réponse et sa compréhension des rêves et des visions qu'il croit être de Dieu:

«C'est alors que tu m'effraies par des songes, Que tu m'épouvantes par des visions. Ah! je voudrais être étranglé! Je voudrais la mort plutôt que ces os!» (Job 7:14–15 LSG)

- «Vous me faites peur»: vous me brisez et me confondez.
- «Rêves»: parler symboliquement.
- «Terrifiez-moi»: être émerveillé.
- «Visions»: pour contempler ou regarder une autre dimension.

À moins que nous ne comptions sur Dieu pour l'interprétation et que nous comprenions son langage parabolique et métaphorique, nous pouvons être confus par les rêves.

Les rêves et les visions nous permettent d'être simultanément dans deux ou plusieurs dimensions. Les rêves nous permettent d'être dans le futur ou dans le passé. Même dans le rêve, nous pouvons partir où nous sommes, déménageant momentanément là où nous allons apparemment être à trois endroits à la fois.

Les rêves nous permettent de transcender l'âge. Nous pouvons être notre âge actuel, vivre dans notre maison d'enfance.

Nous pouvons même nous retrouver à regarder à travers les yeux de quelqu'un d'autre, comme si nous regardions des choses de l'intérieur de lui ou d'elle. C'est pour nous donner de la compassion ou de l'empathie pour la personne. Cela se rapporte au proverbial adage: «Marchez un kilomètre à ma place». L'intercession est souvent le résultat planifié.

La Bible parle de visions et de rêves à venir dans les derniers jours, comme avec Joël le prophète, qui a écrit: «Après cela, je répandrai mon esprit sur toute chair;» (qui s'est passé le jour de la Pentecôte), et «Vos fils et vos filles prophétiseront, Vos vieillards auront des songes, Et vos jeunes gens des visions» (Joël 2:28 LSG).

Par le symbolisme du rêve, Dieu peut concevoir un rêve de telle manière qu'il ne soit pas mis en pratique avant que le moment ne vienne pour sa compréhension; ce n'est qu'alors que les mesures appropriées pourront être prises. Certains rêves se déroulent par étapes car leur message est à la fois pour la réalisation actuelle et future:

«Joseph reconnut ses frères, mais eux ne le reconnurent pas. Joseph se souvint des songes qu'il avait eus à leur sujet, et il leur dit: Vous êtes des espions; c'est pour observer les lieux faibles du pays que vous êtes venus» (Genesis 42:8–9 NIV).

Dans les visions, Dieu révèle sa nature, mais dans les rêves, Dieu se révèle Lui-même, et il révèle sa volonté et ses plans pour nos vies. Rappelez-vous dans Genèse 15:1

et 15:12, Dieu s'est révélé à Abraham (appelé à l'époque Abram) dans des visions, et plus tard, Dieu lui a donné un rêve.

Les rêves et les visions sont toujours le résultat de l'effusion du Saint-Esprit. Actes 2 (LSG) dit, «Je répandrai de mon Esprit sur toute chair.»

Interaction entre Rêves et Visions

Les rêves et les visions peuvent interagir dans la vie d'un rêveur de plusieurs manières. Un rêveur peut avoir des visions dans un rêve; visions dans une vision; un rêve dans un rêve; ou un rêve dans une vision.

Le prophète Daniel a décrit avec justesse l'interaction entre le rêve et la vision dans Daniel 7:1–2: «Au cours de la première année de Belshatsar, roi de Babylone, Daniel eut un rêve et des visions traversèrent son esprit alors qu'il était couché dans son lit. Il a écrit la substance de son rêve. Daniel a dit: «Dans ma vision nocturne, j'ai regardé, et là devant moi se trouvaient les quatre vents du ciel qui montaient la grande mer.»

Dieu Lui-même a parlé des différences subtiles entre les rêves et les visions lorsqu'il a parlé de Moïse: «Lorsqu'il y aura parmi vous un prophète, c'est dans une vision que moi, l'Eternel, je me révélerai à lui, c'est dans un songe que je lui parlerai» (Nombres 12:6 LSG).

Dieu Parle Toujours, Que Nous Ecoutions ou Non

La question n'est pas: Dieu parle-t-il toujours? La question est, écoutons-nous? Malachie 3:6 (LSG) affirme, «Car je suis l'Éternel, je ne change pas.» Cela signifie que si Dieu sauvait aux temps Bibliques, Il sauve encore aujourd'hui. S'Il guérissait alors, Il guérit encore maintenant. S'Il parlait aux gens dans le passé, Il le fait toujours. «Jésus-Christ est le même hier, aujourd'hui, et éternellement» (Hébreux 13:8 LSG).

Il parle une ou deux fois dans notre monde éveillé, et si nous ne le percevons pas, alors Il passe au plan B: les rêves. Pourquoi les rêves ne sont-ils pas le premier choix de Dieu? Parce que les rêves sortent du naturel, spécifiquement de l'âme, par opposition à l'Esprit.

Il y a de nombreuses raisons pour lesquelles nous ne percevons pas la voix de Dieu. La raison la plus courante est que nous sommes trop occupés. Dieu nous parle dans un rêve de choses sensibles ou de choses qui nous tiennent à cœur.

Lorsque vous vous sentez très fort à propos de quelque chose et qu'Il vous parle pendant que vous êtes éveillé, vous pouvez déformer le message et ensuite vous demander si c'est vraiment Dieu. Il attend donc que vous vous endormiez, puis envoie le message dans un rêve, pour que vous le découvriez.

Job 33:15–16 (LSG) dit, «Au moment où les visions de la nuit agitent la pensée, Quand les hommes sont livrés à un profond sommeil, Alors il leur donne des avertissements Et met le sceau à ses instructions.»

Pourquoi pensez-vous qu'il est important que Dieu vous parle dans un sommeil profond? Parce que c'est lorsque vous êtes dans un état passif «naturel». Joël 2:28 (LSG) dit: «Vos vieillards auront des songes, Et vos jeunes gens des visions.» Paul identifie ce vieil homme comme l'homme naturel dans Romains 6:6. Le jeune homme est décrit comme l'homme Esprit, la nouvelle création en Christ, dans 2 Corinthiens 5:17.

Dieu Parle Aussi aux Incroyants dans les rêves

Ce n'est pas une question de savoir si Dieu nous parle; c'est quand Dieu parle, parce qu'Il nous parle à tous tout le temps, et Il nous parle chaque jour. Il le fait généralement à travers des rêves et des visions. Les rêves sont pour tout le monde. Les chrétiens et les incroyants ont reçu des rêves dans la Bible.

Dans Job 33:13, quand les gens se battent contre Dieu ou qu'ils ne font pas sa volonté, Dieu vient, avec amour, dans leur rêve et essaie de les amener à une vie juste. Dieu parle une fois, deux fois, mais ils ne le perçoivent pas dans un rêve, dans une vision de la nuit, quand un sommeil profond s'abat sur eux, endormi sur le lit, puis Il ouvre leurs oreilles à travers les rêves et scelle les instructions (Il leur parle), afin de les retirer de Son dessein et de leur cacher l'orgueil. C'est pourquoi les gens ont des rêves; Il garde nos âmes de la fosse, de périr par l'épée; si nous n'écoutons pas, alors la maladie peut venir (Job 33:15).

Les rêves de Dieu ne sont certainement pas limités aux croyants. En fait, la plus grande catégorie de rêves dans la Bible était destinée aux non-croyants.

Le roi Abimélec n'était pas un croyant; il n'était qu'un roi, mais il s'est vu répondre à Dieu (Genèse 20:3-7). Aux jours de la Bible, Dieu a parlé à Abimélec, Il a parlé au Pharaon, Il a parlé avec le roi Salomon, Salomon s'est vu parler à Dieu dans 1 Rois 3:5.

Quand vous voyez des gens répondre dans un rêve, même s'ils dorment, c'est Dieu qui leur dit quoi faire. Chaque fois que vous vous voyez répondre dans un rêve, c'est Dieu qui vous montre ce que vous devez faire.

Rêves des incroyants Dans l'Ancien Testament

- Roi Abimélec, Genèse 20: 3 (Sarah et Abraham)
- Laban, Genèse 31:24
- Le majordome et boulanger de Pharaon, Genèse 40: 5
- Pharaon, Genèse 41: 1, 5
- Armée Madian, Juges 7: 13–14
- Nebucadnetsar, Daniel 2: 1, 4, 36

Rêves des Incroyants Dans le Nouveau Testament

- L'épouse de Pilate, Matthieu 27:19
- Hommes sages, Matthieu 2:12

Dr. Deborah Manoushka Paul Figaro

Dieu a Toujours Utilisé des Rêves

Dieu déclare qu'Il parle à travers des rêves et des visions dans l'Ancien Testament; Nombres 12:6 (LSG) dit, «Ecoutez bien mes paroles! Lorsqu'il y aura parmi vous un prophète, c'est dans une vision que moi, l'Eternel, je me révélerai à lui, c'est dans un songe que je lui parlerai.»

Dieu déclare qu'Il a parlé à travers des rêves et des visions dans l'Ancien Testament dans Osée 12:10 (LSG): «J'ai parlé aux prophètes, J'ai multiplié les visions, Et par les prophètes j'ai proposé des paraboles.»

Dieu déclare qu'Il communiquera à travers des rêves et des visions dans le Nouveau Testament dans Actes 2:17 (LSG): « Dans les derniers jours, dit Dieu, je répandrai de mon Esprit sur toute chair; Vos fils et vos filles prophétiseront, Vos jeunes gens auront des visions, Et vos vieillards auront des songes.»

Le dernier livre de la Bible, l'Apocalypse, est toute vision. «Je fus ravi en esprit au jour du Seigneur, et j'entendis derrière moi une voix forte, comme le son d'une trompette, qui disait: Ce que tu vois, écris-le dans un livre» (Apocalypse 1:10–11 LSG). De la Genèse à l'Apocalypse, Dieu a donné des rêves et des visions, et Il a déclaré qu'Il continuerait dans les derniers jours.

Dieu déclare qu'Il nous conseillera la nuit à travers nos rêves. « Je bénis l'Eternel, mon conseiller; La nuit même mon cœur m'exhorte» (Psaume 16:7 LSG).

Souvent, quand Dieu nous parle, il nous anesthésie d'abord avec le sommeil et nous parle par énigmes dans nos rêves. Il a révélé cela dans sa conversation avec Moïse, Aaron et Miriam un jour.

Nombres 12:5–8 (NASB) dit: «L'Éternel descendit dans la colonne de nuée, et il se tint à l'entrée de la tente. Il appela Aaron et Marie, qui s'avancèrent tous les deux. Et il dit: Écoutez bien mes paroles! Lorsqu'il y aura parmi vous un prophète, c'est dans une vision que moi, l'Éternel, je me révélerai à lui, c'est dans un songe que je lui parlerai. Il n'en est pas ainsi de mon serviteur Moïse. Il est fidèle dans toute ma maison. Je lui parle bouche à bouche, je me révèle à lui sans énigmes, et il voit une représentation de l'Éternel. Pourquoi donc n'avez-vous pas craint de parler contre mon serviteur, contre Moïse?»

Alliance Établie dans un Rêve

> Après ces événements, la parole de l'Éternel fut adressée à Abram dans une vision, et il dit: Abram, ne crains point; je suis ton bouclier, et ta récompense sera très grande. (Genèse 15:1 LSG)

> Et après l'avoir conduit dehors, il dit: Regarde vers le ciel, et compte les étoiles, si tu peux les compter. Et il lui dit: Telle sera ta postérité. (Genèse 15:5 LSG)

> Au coucher du soleil, un profond sommeil tomba sur Abram; et voici, une frayeur et une grande obscurité vinrent l'assaillir. Et l'Éternel dit à Abram: Sache que tes descendants

seront étrangers dans un pays qui ne sera point à eux; ils y seront asservis… et voici, ce fut une fournaise fumante, et des flammes passèrent entre les animaux partagés. En ce jour-là, l'Éternel fit alliance avec Abram, et dit: Je donne ce pays à ta postérité, depuis le fleuve d'Égypte jusqu'au grand fleuve, au fleuve d'Euphrate. (Genèse 15:12–18 LSG).

La Sagesse Donnée dans un Rêve

A Gabaon, l'Éternel apparut en songe à Salomon pendant la nuit, et Dieu lui dit: Demande ce que tu veux que je te donne… Accorde donc à ton serviteur un cœur intelligent pour juger ton peuple, pour discerner le bien du mal! Car qui pourrait juger ton peuple, ce peuple si nombreux?… «Voici, j'ai agi selon vos paroles; voyez, je vous ai donné un cœur sage et intelligent, afin qu'il n'y ait eu personne comme vous avant vous, et personne comme vous ne se lèvera après vous. … Alors Salomon se réveilla; et en effet cela avait été un rêve. (1 Kings 3:5, 9, 12, 15 LSG)

Les rêves nous appellent plutôt à changer afin de ne pas périr (Job 33:14–18). La somme de tous les rêves et visions de la Bible équivaut à un tiers de la Bible ou à la taille du Nouveau Testament.

Satan Peut-il Apparaître dans Votre Rêve?

Oui. Les rêves sataniques sont de mauvais messages spirituels de la nuit; ils peuvent être bizarres, irritants, éruptifs, stupides, confus, stupéfiants et irrationnels. Les mauvais esprits et le diable utilisent ces outils pour corrompre notre esprit et détruire nos vies. Ces attaques de la nuit, si elles ne sont pas arrêtées, feront tomber notre esprit dans l'esclavage des mauvais esprits. Les rêves sataniques sont l'arme de choix de Satan. Ils se déchaînent de manière dissimulée, pendant le sommeil, lorsque les gens ne sont pas conscients de ce qui leur arrive.

Ces mauvais rêves sont assez efficaces et asservissent les personnes aux problèmes tenaces. Malheureusement, les victimes de ces mauvais rêves n'ont pas la moindre idée de la source de leurs problèmes; il leur est inconnu parce qu'ils ont été infusés secrètement. Beaucoup de difficultés de la vie, un esclavage mystérieux, des problèmes insolubles, des problèmes de cycle, des souffrances qui ne finissent jamais, échouant toujours au bord de vos miracles, faisant les mêmes erreurs dans la vie, addictions, pertes, oppression, attaques spirituelles vicieuses, défavorisation, pauvreté, tragédies, les problèmes de santé non diagnostiqués, les problèmes mystérieux, l'oppression et la possession démoniaques et les problèmes de mariage aigus trouvent leur source dans le genre de rêve satanique dont vous rêvez chaque nuit.

Les rêves sataniques sont mystérieux et assez difficiles à comprendre sans l'aide du Saint-Esprit. Ils sont de différentes sortes avec de nombreux objectifs de destruction. Les rêves sataniques sont comme des programmes maléfiques qui sont téléchargés dans votre vie via votre esprit pendant que vous dormez. Les mauvais esprits choisissent la nuit pour programmer le mal dans la vie de nombreuses personnes, car la nuit, le monde spirituel est très actif, tandis que le physique hiberne.

La nuit, la plupart des gens dorment profondément; ils ne sont pas conscients de leur environnement à la fois au niveau spirituel et physique. La nuit, il y a l'obscurité et les mauvais esprits adorent opérer dans l'obscurité. La nuit, vous dormez profondément, en particulier entre minuit et trois heures du matin, et vous n'êtes probablement pas en mesure de vous défendre, et vous n'êtes pas non plus au courant de ce qui vous est fait. Les gens qui sont vraiment en harmonie avec Dieu savent à ces moments-là faire des prières de guerre.

Lorsque ce fermier pervers sème ses mauvaises graines dans la vie de quelqu'un, elles grandissent et produisent de mauvais fruits sous la forme de difficultés dans la vie. Chaque rêve satanique a une date de maturité. Si vous ne savez pas comment les reconnaître et prier contre eux, à la date d'échéance, ils se manifesteront comme des difficultés de la vie.

> Il leur proposa une autre parabole, et il dit: Le royaume des cieux est semblable à un homme qui a semé une bonne semence dans son champ. Mais, pendant que les gens dormaient, son ennemi vint, sema de l'ivraie parmi le blé, et s'en alla. (Matthieu 13:24–25 LSG)

> l'ennemi qui l'a semée, c'est le diable; la moisson, c'est la fin du monde; les moissonneurs, ce sont les anges. (Matthieu 13:39 LSG)

> Malgré cela, ces hommes aussi, entraînés par leurs rêveries, souillent pareillement leur chair, méprisent l'autorité et injurient les gloires. (Jude 1:8 LSG).

Comme le dit le pasteur Benny Hinn: « Remplissez votre cœur de la Parole afin que vous puissiez avoir des rêves divins; si vous remplissez votre cœur du monde, vous aurez des rêves démoniaques; si vous remplissez votre cœur de vos propres désirs, vous aurez des rêves humanistes. Un rêve humaniste est un rêve né de votre propre esprit. »

CHAPITRE 5

Références Bibliques sur les Rêves et les Visions

Les rêves et les visions font partie intégrante des passages et des histoires Bibliques. Ils incluent généralement des symboles divins du Seigneur, offrant des idées et des prévisions sur les décisions qui devraient être prises, car ces rêves ou visions pourraient mal tourner s'ils se matérialisaient sans sagesse. La liste ci-dessous présente des versets Bibliques de rêves et de visions.

- Genèse 20: 1–18, le rêve d'Abimélec
- Genèse 31: 10–11, le rêve pédagogique de Jacob (concernant l'élevage de chèvres)
- Genèse 31:24, le rêve de Laban
- Genèse 37: 5–8, le rêve de la gerbe de Joseph
- Genèse 37: 9–11, le rêve du soleil, de la lune et des étoiles de Joseph
- Genèse 40: 5, le rêve de l'échanson
- Genèse 40: 16-23, le rêve du boulanger
- Genèse 41, les deux rêves de sécheresse de Pharaon

- Nombres 12:6: «Écoutez mes paroles:« Quand un prophète de l'Éternel est parmi vous, je me révèle à lui en visions, je lui parle en rêve. »

- Juges 7:13-15, le rêve de Madianite du pain d'orge

- 1 Samuel 28:6, 15

- 1 Rois 3: 5–15, Salomon reçoit la sagesse de Dieu dans un rêve

- Job 7:14

- Job 20: 8

- Job 33:15

- Psaume 73:20

- Psaume 126: 1

- Ésaïe 29: 7

- Jérémie 23:27-28, 32, mise en garde contre les rêves faux et trompeurs

- Jérémie 29: 8

- Daniel 1:17, le don de Daniel d'interprétation des rêves et de la vision

- Daniel 2, le rêve de la statue de Nebucadnetsar

- Daniel 4:4–30, le rêve de l'arbre de Nebucadnetsar

- Daniel 5:12, Daniel interprète l'écriture sur le mur

- Daniel 7, la vision de la fin des temps de Daniel (quatre bêtes)

- Joël 2:28, prophétie du moment où l'Esprit se répandra

- Zacharie 10:2, les effets horribles des rêves faux / trompeurs

- Matthieu 1:20, le rêve de Joseph de prendre Marie comme épouse

- Matthieu 2:12-13, le rêve d'avertissement des sages

- Matthieu 2:19, le rêve de Joseph de retourner en Israël

- Matthieu 2:22, le rêve de Joseph de déménager en Galilée

- Matthieu 27:19, le rêve de l'épouse de Pilate concernant Jésus

Les rêves sont la preuve que l'Esprit est répandu sur la terre. Dans les derniers jours, dit Dieu, je répandrai de mon Esprit sur toute chair; Vos fils et vos filles prophétiseront, Vos jeunes gens auront des visions, Et vos vieillards auront des songes» (Actes 2:17 LSG).

Les rêves Proviennent de Dieu

Beaucoup de gens prétendent avoir eu une vision ou un rêve de Dieu, alors comment pouvons-nous savoir avec certitude que cela vient du Seigneur?

Un rêve est un don prophétique; Dieu choisit de se révéler à nous après que nous sommes tombés dans le péché. Avant qu'Adam et Eve ne soient séparés de Dieu par cette malédiction dévastatrice, ils avaient un accès libre et ouvert à sa présence. Mais après leur chute dans le péché, cette voie ouverte a été fermée. Depuis, nous avons été séparés de la présence de Dieu par un voile obscurcissant.

> Lorsqu'il y aura parmi vous un prophète, c'est dans une vision que moi, l'Eternel, je me révélerai à lui, c'est dans un songe que je lui parlerai. (Nombres 12:6 LSG)

> Mais c'est ici ce qui a été dit par le prophète Joël: Dans les derniers jours, dit Dieu, je répandrai de mon Esprit sur toute chair; Vos fils et vos filles prophétiseront, Vos jeunes gens auront des visions, Et vos vieillards auront des songes. Oui, sur mes serviteurs et sur mes servantes, Dans ces jours-là, je répandrai de mon Esprit; et ils prophétiseront. (Actes 2:16–18 LSG)

Raison et But des Rêves

Dieu utilise les rêves pour aligner nos cœurs, nos pensées et nos intentions sur Son dessein éternel, et Il les utilise de diverses manières: pour commander des changements dans notre façon de vivre; pour répondre à nos questions; communier avec nous concernant les secrets de son cœur; pour nous nommer à une nouvelle mission; pour nous promettre quelque chose à venir; pour nous enseigner des vérités vitales que nous aurions pu manquer; et ainsi de suite.

Dieu apporte des informations dans nos rêves dans le but de nous aligner sur son dessein éternel. Comme le dit Job 33:14-18 (LSG),

> Dieu parle cependant, tantôt d'une manière, Tantôt d'une autre, et l'on n'y prend point garde. Il parle par des songes, par des visions nocturnes, Quand les hommes sont livrés à un profond sommeil, Quand ils sont endormis sur leur couche. Alors il leur donne des avertissements Et met le sceau à ses instructions, Afin de détourner l'homme du mal Et de le préserver de l'orgueil, Afin de garantir son âme de la fosse Et sa vie des coups du glaive.

Le message d'un rêve ou d'une vision peut venir de plusieurs manières: comme prophétie, parole de connaissance, don de discernement, don de guérison, don de sagesse ou don d'interprétation. Salomon a reçu la sagesse dans un rêve. Il s'est réveillé et était devenu plus sage et a commencé à démontrer la sagesse divine et le respect pour la vie humaine. Dieu peut réécrire radicalement nos vies à travers les rêves que nous recevons.

Les rêves ont le pouvoir d'étendre, de confirmer, d'éclairer, d'enrichir et d'approfondir notre compréhension de la Parole de Dieu. À travers les rêves, nous obtenons des détails et une direction spécifique pour accomplir une tâche donnée. Les rêves peuvent également donner un aperçu caché de la sagesse propre à la situation. Dieu n'envoie pas de rêves pour nous embarrasser, nous condamner ou nous confondre.

Et pour la seconde fois la voix se fit encore entendre à lui: Ce que Dieu a déclaré pur, ne le regarde pas comme souillé. Cela arriva jusqu'à trois fois; et aussitôt après, l'objet fut retiré dans le ciel. (Actes 10:15–16 LSG)

En termes modernes, ces visions ressemblent à ce que beaucoup décriraient comme des rêves de pizza, qui seraient censés provenir de la malbouffe trop tard dans la nuit. Mais ces rêves étaient d'inspiration divine, même si Pierre n'a compris le message que bien plus tard.

Dieu utilise des rêves et des visions pour nous donner un aperçu des circonstances de la vie et de la vraie raison de nos expériences. Le rêve d'Abraham de ses descendants en esclavage en Égypte était annoncé comme suit: «Sachez avec certitude que vos descendants seront des étrangers dans un pays qui n'est pas le leur, et qu'ils seront réduits en esclavage et maltraités quatre cents ans» (Genèse 15:13).

Dieu expose les plans de Satan et nous donne un aperçu des missions de l'enfer. Il conçoit certains rêves pour qu'ils soient thérapeutiques; Il révèle les blessures cachées du passé du rêveur et donne la guérison.

«Or, il y avait à Damas un disciple nommé Ananias. Le Seigneur lui dit dans une vision... Au même instant, il tomba de ses yeux comme des écailles, et il recouvra la vue. Il se leva, et fut baptisé" (Actes 9:10–18 LSG).

Certains rêves et visions ont des appels d'intercession importants et peuvent exiger du rêveur qu'il se tienne dans l'écart par la prière.

> Pendant la nuit, Paul eut une vision: un Macédonien lui apparut, et lui fit cette prière: Passe en Macédoine, secours-nous! Après cette vision de Paul, nous cherchâmes aussitôt à nous rendre en Macédoine, concluant que le Seigneur nous appelait à y annoncer la bonne nouvelle. (Actes 16:9–10 LSG)

En mars 2020, le pasteur Benny exerçait son ministère en Angleterre. Au Royaume-Uni, il a fait un rêve; il a vu un python rose accroché à un arbre, attendant de frapper, puis il a vu des gens marcher avec lui, et il s'est réveillé très troublé dans son cœur. A travers le rêve, Dieu lui a dit qu'il devait partir maintenant, ne sachant pas que les portes du pays seraient fermées juste après son départ à cause des problèmes de Covid-19. Il ne savait pas que l'Amérique fermerait ses portes au Royaume-Uni et à l'Europe. Tout ce qu'il ressentait, dit-il, c'était le danger après le rêve.

Quelques jours plus tard, après son départ, des annonces ont été faites selon lesquelles aucune personne n'était autorisée à prendre l'avion au Royaume-Uni. Après le rêve, il savait qu'il devait partir tout de suite. Dieu a utilisé ce rêve pour le ramener chez lui et son équipage. Il sentait dans son esprit que quelque chose de mal arriverait s'il restait plus longtemps.

Le pasteur Benny a dit qu'il n'avait pas auparavant ce don de discernement ou d'interprétation. Il a dit qu'il avait eu beaucoup de rêves, mais qu'il ne pouvait jamais les comprendre. Il a dit de 2008 à 2010, il avait des rêves répétés où il avait clairement vu une maison voler au-dessus de l'océan; il a même vu des meubles sortir de sa maison, mais il n'avait aucune idée de ce que cela signifiait.

Dieu essayait de lui dire qu'il allait divorcer, mais il ne pouvait jamais le comprendre. Comme l'a affirmé le pasteur Benny, s'il avait compris le rêve, il aurait prié pour cela et empêché le divorce de se produire, mais dans sa vie courante, trois ans après ces rêves, il a divorcé; sa femme a déménagé tous les meubles. Bien sûr, grâce à Dieu, son mariage a été rétabli plus tard, mais seulement après avoir divorcé et remarié la même femme.

Une autre fois, le pasteur Benny a dit qu'il avait des rêves répétés de crocodiles sous le sol. Il n'avait jamais compris ce qu'ils voulaient dire jusqu'à ce que quelqu'un, un homme de Dieu, lui dise que les crocodiles dans un rêve représentent la trahison. Et à cette époque, les gens le trahissaient et parlaient contre lui dans les médias. S'il avait su, il aurait prié et pour éviter tout cela.

Les rêves viennent nous éloigner de notre but, nous éloigner des choses que nous voulions faire, ou nous aider à éviter des choses qui auraient pu arriver.

Les rêves viennent nous éloigner d'une fosse. Les rêves viennent à nous pour nous avertir, pour nous éloigner des ennuis qui nous arriveraient. Dieu veut préserver nos vies et notre âme de la destruction éternelle par un jugement terrible qui était prêt à nous tomber dessus. Comme le dit la Parole, «Afin de garantir son âme de la fosse Et sa vie des coups du glaive» (Job 33:18 LSG).

Le pasteur Benny Hinn affirme que lorsque vous avez de mauvais rêves, la prière l'annulera et que lorsque vous aurez de bons rêves, la prière le réalisera. Il est donc toujours bon de prier après avoir fait un rêve.

Le pasteur Benny explique que si vous rêvez du soleil, de la lune et des étoiles, le rêve concerne votre famille. Les étoiles représentent les enfants. Dieu a dit à Jacob que la lune le représentait lui et sa femme.

Dans Genèse 37:9 (LSG), Joseph avait un rêve sur le soleil et la lune. «Il eut encore un autre songe, et il le raconta à ses frères. Il dit: J'ai eu encore un songe! Et voici, le soleil, la lune et onze étoiles se prosternaient devant moi.»

Dieu parle à travers des similitudes ou à travers des signes impliquant la nourriture, les oiseaux, les vignes et les fruits.

- Les rêves sur le pain, les fruits, la vigne, le vin ou les raisins concernent l'abondance, les bénédictions.
- Les rêves d'oiseaux parlent de quelque chose de mal quand ils vous prennent quelque chose.
- Chaque fois qu'un rêve se répète, vous devez faire attention.

    «Je regardai pendant la nuit, et voici, un homme était monté sur un cheval roux, et se tenait parmi des myrtes dans un lieu ombragé; il y avait derrière lui des chevaux roux, fauves, et blancs.

    Je dis: Qui sont ces chevaux, mon seigneur? Et l'ange qui parlait avec moi me dit: Je te ferai voir qui sont ces chevaux.

L'homme qui se tenait parmi les myrtes prit la parole et dit: Ce sont ceux que l'Éternel a envoyés pour parcourir la terre.

Et ils s'adressèrent à l'ange de l'Éternel, qui se tenait parmi les myrtes, et ils dirent: Nous avons parcouru la terre, et voici, toute la terre est en repos et tranquille.

Alors l'ange de l'Éternel prit la parole et dit: Éternel des armées, jusques à quand n'auras-tu pas compassion de Jérusalem et des villes de Juda, contre lesquelles tu es irrité depuis soixante-dix ans?

L'Éternel répondit par de bonnes paroles, par des paroles de consolation, à l'ange qui parlait avec moi.

Et l'ange qui parlait avec moi me dit: Crie, et dis: Ainsi parle l'Éternel des armées: Je suis ému d'une grande jalousie pour Jérusalem et pour Sion,

et je suis saisi d'une grande irritation contre les nations orgueilleuses; car je n'étais que peu irrité, mais elles ont contribué au mal.

C'est pourquoi ainsi parle l'Éternel: Je reviens à Jérusalem avec compassion; ma maison y sera rebâtie, et le cordeau sera étendu sur Jérusalem.

> Crie de nouveau, et dis: Ainsi parle l'Éternel des armées: Mes villes auront encore des biens en abondance; l'Éternel consolera encore Sion, il choisira encore Jérusalem.»
> (Zacharie 1:8–17 LSG)

Autres Fonctions des Rêves

Les rêves contiennent de la sagesse et de l'intelligence. Ils montrent où nous nous trompons.

> «Cependant Saul, respirant encore la menace et le meurtre contre les disciples du Seigneur, se rendit chez le souverain sacrificateur, et lui demanda des lettres pour les synagogues de Damas, afin que, s'il trouvait des partisans de la nouvelle doctrine, hommes ou femmes, il les amenât liés à Jérusalem.
>
> Comme il était en chemin, et qu'il approchait de Damas, tout à coup une lumière venant du ciel resplendit autour de lui. Il tomba par terre, et il entendit une voix qui lui disait: Saul, Saul, pourquoi me persécutes-tu?
>
> Il répondit: Qui es-tu, Seigneur?
>
> Et le Seigneur dit: Je suis Jésus que tu persécutes. Il te serait dur de regimber contre les aiguillons. Tremblant et saisi d'effroi, il dit: Seigneur, que veux-tu que je fasse? Et le Seigneur lui dit: Lève-toi, entre dans la ville,

et on te dira ce que tu dois faire.» (Actes 9:1–6 NIV)

Les rêves nous montrent où nous n'avons pas encore adopté une attitude semblable à celle du Christ (vision de Pierre dans Actes 10:14-16).

Les rêves nous avertissent du danger (Marie et Joseph cachent Jésus dans Matthieu 2:11-15).

Les rêves prédisent également les événements futurs.

> Joseph eut un songe, et il le raconta à ses frères, qui le haïrent encore davantage. Il leur dit: Écoutez donc ce songe que j'ai eu! Nous étions à lier des gerbes au milieu des champs; et voici, ma gerbe se leva et se tint debout, et vos gerbes l'entourèrent et se prosternèrent devant elle.
>
> Ses frères lui dirent: Est-ce que tu régneras sur nous? est-ce que tu nous gouverneras? Et ils le haïrent encore davantage, à cause de ses songes et à cause de ses paroles.
>
> Il eut encore un autre songe, et il le raconta à ses frères. Il dit: J'ai eu encore un songe! Et voici, le soleil, la lune et onze étoiles se prosternaient devant moi.» (Genèse 37:5–9 LSG)

Les rêves révèlent le sens profond de nos vies. Les rêves sont des lieux où notre esprit, notre âme et parfois même le véritable but de notre vie reviennent au repos dans une atmosphère non dominée par notre esprit.

«Dieu parle cependant, tantôt d'une manière, Tantôt d'une autre, et l'on n'y prend point garde. Il parle par des songes, par des visions nocturnes, Quand les hommes sont livrés à un profond sommeil, Quand ils sont endormis sur leur couche. Alors il leur donne des avertissements Et met le sceau à ses instructions» (Job 33:14–16 LSG).

Les rêves sont l'une des formes de communication les plus négligées utilisées par Dieu. La Parole de Dieu le révèle constamment parlant aux gens à travers ce phénomène universellement expérimenté et mystérieux. Le Seigneur utilise les rêves à diverses fins:

- pour avertir les dirigeants mondiaux des événements futurs (Genèse 41:1–8)
- fournir la révélation à ses prophètes (Nombres 12:6)
- pour nous mettre en garde contre certaines décisions (Matthieu 27:17–19)
- révéler sa destinée divine pour nos vies (Genèse 37:5-8)
- pour répondre à nos récentes pétitions et prières (1 Rois 3:5–15)
- pour nous conduire
- pour nous montrer l'erreur de nos voies
- révéler des domaines de notre vie qui nous éloignent du Christ
- être de nature prophétique
- pour transmettre des idées spirituelles

- pour contenir le mal (Genèse 20:3)
- révéler la volonté de Dieu (Genèse 28:11-22)
- encourager (Juges 7:13-15)
- pour révéler l'avenir (Genèse 37:5–10)
- instruire (Matthieu 1:20)

Les rêves sont de la même essence créative que les arts. Ils viennent de la même source: Dieu. Les rêves éclairent le même processus spirituel. Ils prennent ce qui n'existe pas et le font exister.

Actes 2:17 confirme que Dieu continue d'utiliser les rêves comme moyen de communication à l'ère du Nouveau Testament.

Les Rêves et les Visions Ne Sont Pas Tous de Dieu

Dans certains cas, nous recevons des paroles du royaume spirituel qui ne viennent pas de Dieu. Il y a des démons et des esprits mauvais qui occupent le royaume spirituel, et ils peuvent apparaître dans nos visions. Les visions des esprits démoniaques sont généralement incompatibles avec le plan et le but de Dieu. De nombreuses personnes ont entendu et vu des visions de démons. Certaines personnes tentent de se suicider parce qu'elles entendent une voix leur ordonnant de se suicider. Ces voix ne viennent pas de Dieu; ils sont du royaume démoniaque.

> «Daniel répondit en présence du roi et dit: Ce que le roi demande est un secret que les sages, les astrologues, les magiciens et les devins, ne sont pas capables de découvrir au roi. Mais il y a dans les cieux un Dieu qui révèle les secrets, et qui a fait connaître au roi Nebucadnetsar ce qui arrivera dans la suite des temps. Voici ton songe et les visions que tu as eues sur ta couche» (Daniel 2:27–28 LSG).

Les démons ne peuvent pas nous dire la vérité. Les vraies visions viennent de Dieu. Ils viennent d'un lieu de pureté. Quand Dieu vous montre une vision ou quand Il vous parle, c'est très clair et ne contient pas d'ambiguïté. La vision de Dieu vient d'un lieu de vérité, qui est conforme à ses plans et désirs de notre vie.

> L'Eternel m'adressa la parole, et il dit: Ecris la prophétie: Grave-la sur des tables, Afin qu'on la lise couramment. Car c'est une prophétie dont le temps est déjà fixé, Elle marche vers son terme, et elle ne mentira pas; Si elle tarde, attends-la, Car elle s'accomplira, elle s'accomplira certainement. (Habacuc 2:2-3 LSG)

Comment Savoir si Votre Rêve Vient de Dieu

Trois sources différentes de rêves

Certains rêves sont d'inspiration démoniaque. Certains viennent de nos âmes; l'âme provoque le rêve, et certains sont des rêves de Dieu.

Tertullien (160-225 ap.) a écrit Apologeticus, un livre qui défendait le christianisme contre la critique irraisonnée et déraisonnable des incroyants; il a enseigné que les rêves proviennent de trois sources. Il a lié cette compréhension à la promesse d'Actes 2 que les rêves, les visions et les rencontres prophétiques seraient la norme pour l'église.

La réalité est que, que vous connaissiez Jésus personnellement ou non, que vous soyez croyant ou non, vos rêves proviendront de l'une de ces trois sources: l'ennemi, votre âme ou Dieu. La clé est de savoir de quelle source vient le rêve.

Rêves de Dieu
Cela a été expliqué ci-dessus.

Rêves de L'ennemi
Les rêves de l'ennemi sont souvent des cauchemars. L'ennemi désire créer la peur en nous afin de nous embrouiller et nous empêcher de marcher dans la foi.

Les rêves de l'ennemi ne sont pas seulement des cauchemars; parfois, ce sont des visites démoniaques. La paralysie du sommeil, par exemple, que la science définit comme une incapacité temporaire de bouger ou de parler en s'endormant ou au réveil, est un phénomène courant. Ces rêves de l'ennemi se produisent le plus souvent lorsqu'une entité démoniaque visite des personnes qui dorment. Et ils ont tendance à rester même après le réveil, avec un sentiment intense de peur ou de présence maléfique.

Un autre type de rêve de l'ennemi est appelé un «rêve sombre». La Bible oppose Dieu et Satan en utilisant des mots comme la lumière et l'obscurité, le jour et la nuit. Lorsque le trône ou le ciel de Dieu est mentionné dans la Bible, les traits sont généralement des couleurs vives et une lumière brillante. Les gens donnent des descriptions similaires des rêves de Dieu, tandis que les rêves de l'ennemi se déroulent généralement la nuit, et ont une faible luminosité et sont souvent en noir et blanc.

Comment Gérer les Rêves de L'ennemi

Lorsque vous traitez un rêve de l'ennemi, demandez à Dieu dans vos prières s'il y a une porte ouverte dans votre vie à laquelle l'ennemi accède. Les portes ouvertes se présentent de trois manières: votre passé, vos choix médiatiques ou votre activité spirituelle. Et une fois que vous avez trouvé la porte qu'il utilise, vous pouvez la fermer. Et une fois que vous la fermez, ces rêves cesseront. De nombreuses personnes témoignent qu'elles ont été libérées des rêves de l'ennemi après avoir fermé ces portes.

Rêves de l'âme

Les rêves de l'âme concernent généralement des choses qui sont courantes dans notre vie quotidienne: une promotion, un mariage à venir, un ministère ou une saison de popularité. Parfois, nous désirons tellement quelque chose que nous en rêvons. Dans Jérémie 29:8–9, le prophète Jérémie a averti que certaines personnes rêvent de rêves qu'elles se font rêver.

Comment gérer les rêves de l'âme

Afin de reconnaître un rêve d'âme, demandez-vous si l'histoire vous semble familière ou si vous pensiez à quelque chose. La familiarité de l'histoire du rêve est souvent un signe de sa source. Rappelez-vous qu'un rêve de Dieu produira de bons fruits dans votre vie, tandis qu'un rêve rempli de sagesse terrestre produira de mauvais fruits.

"Mais si vous avez dans votre cœur un zèle amer et un esprit de dispute, ne vous glorifiez pas et ne mentez pas contre la vérité. Cette sagesse n'est point celle qui vient d'en haut; mais elle est terrestre, charnelle, diabolique. Car là où il y a un zèle amer et un esprit de dispute, il y a du désordre et toutes sortes de mauvaises actions. La sagesse d'en haut est premièrement pure, ensuite pacifique, modérée, conciliante, pleine de miséricorde et de bons fruits, exempte de duplicité, d'hypocrisie.» (Jacques 3:14–17 LSG).

Pourquoi Dieu a-t-Il Utilisé des Rêves et des Visions dans la Bible?

Nombres 24:4 (KJV) appelle les visions «des rêves éveillés» [aux yeux ouverts]. Dieu utilise des rêves et des visions plusieurs fois dans la Bible pour communiquer avec les gens. En fait, les visions étaient si courantes que leur manque était clairement remarqué. 1 Samuel 3:1 dit que l'absence de visions était parfois due à un manque de prophètes et d'autres fois à la désobéissance du peuple de Dieu (voir aussi 1 Samuel 28:6).

Créé pour Entendre la Voix de Dieu

Vous avez été créé pour avoir une communion avec Dieu. Il aspire à l'intimité avec vous. Son cœur est rempli d'amour envers vous. Vous êtes son bien-aimé et Il est à vous. Le plan de Dieu depuis le début était que nous marcherions dans une relation intime avec lui. Vous avez été créé pour entendre sa voix et l'expérimenter.

> En vérité, en vérité, je vous le dis, celui qui n'entre pas par la porte dans la bergerie, mais qui y monte par ailleurs, est un voleur et un brigand. Mais celui qui entre par la porte est le berger des brebis. Le portier lui ouvre, et les brebis entendent sa voix; il appelle par leur nom les brebis qui lui appartiennent, et il les conduit dehors. Lorsqu'il a fait sortir toutes ses propres brebis, il marche devant elles; et les brebis le suivent, parce qu'elles connaissent sa voix. Elles ne suivront point un étranger; mais elles fuiront loin de lui, parce qu'elles ne connaissent pas la voix des étrangers. (Jean 10:1–5 LSG)

> Je connais mes brebis, et elles me connaissent, comme le Père me connaît et comme je connais le Père; et je donne ma vie pour mes brebis. (Jean 10:14–15 LSG)

CHAPITRE 6

Ce Que Certains Chercheurs Disent des Cauchemars ou des Mauvais Rêves

Les cauchemars sont définis comme des rêves qui produisent une forte réponse émotionnelle négative, telle que la peur ou l'horreur. Les personnes qui font des cauchemars se réveillent généralement dans un état de détresse extrême au point d'une réaction physique sévère, comme la transpiration, le pouls accéléré ou la nausée; ils peuvent être incapables de se rendormir pendant un certain temps. Certains chercheurs affirment que les enfants font des cauchemars en raison de leur imagination active; leurs rêves sont si brutaux qu'ils se réveillent en hurlant et en pleurant.

Ces incidents extrêmes sont également appelés «terreurs nocturnes». Manger certains aliments trop près de l'heure du coucher peut déclencher un cauchemar, tout comme regarder un film d'horreur. Se coucher après une dispute ou être angoissé par les circonstances de la vie peut également provoquer des cauchemars en raison de l'activité continue du cerveau pendant le sommeil.

Dr. Deborah Manoushka Paul Figaro

Ce Que la Bible Dit des Cauchemars ou des Mauvais Rêves

Il ne fait aucun doute que les cauchemars peuvent être extrêmement dérangeants, mais ont-ils une signification spirituelle? Les rêves et les visions sont mentionnés dans la Bible, et Dieu a souvent utilisé des rêves pour communiquer avec ses prophètes et d'autres. Dieu a parlé à Abimélec dans Genèse 20, l'avertissant de ne pas toucher la femme d'Abraham, Sarah.

Un cauchemar est un rêve effrayant ou désagréable. Les mauvais rêves peuvent provoquer une forte réaction émotionnelle de l'esprit, généralement de la peur, mais aussi du désespoir, de l'anxiété et une grande tristesse.

Les psychologues pensent que les cauchemars et les mauvais rêves sont différents. Ils notent que les gens dorment généralement à travers de mauvais rêves, alors que les cauchemars les réveillent.

Le Dr Joe Ibojie, un médecin de formation qui est maintenant un ministre pentecôtiste ordonné de l'Évangile, a défini le cauchemar dans son livre *The Illustrated Dictionary of Dream Symbols*: *A Biblical Guide to Your Dreams and Visions* (Le dictionnaire illustré des symboles de rêve: un guide Biblique de vos rêves et visions) comme un rêve qui suscite des sentiments de peur aiguë, de terreur, ou angoisse; par conséquent, dit-il, un cauchemar est un terme subjectif qui reflète la perception et le jugement d'un rêveur individuel.

Certaines personnes croient que Satan ou des démons s'infiltrent dans leur esprit pendant les cauchemars, mais il n'y a pas de passage dans la Bible pour authentifier directement cela. À l'exception possible d'un rêve qu'Eliphaz prétend avoir, il n'y a pas d'autres incidents Bibliques de forces démoniaques communiquant avec des gens pendant des rêves ou des cauchemars.

Certaines personnes pensent que les cauchemars ne sont rien d'autre que la façon dont le cerveau fait face à nos peurs et à nos préoccupations alors qu'il continue de fonctionner pendant les cycles de sommeil. Ils suggèrent que si un chrétien éprouve des cauchemars continus et fréquents qui interrompent le sommeil et provoquent des troubles émotionnels sur une base régulière, une aide médicale peut être nécessaire.

Le Dr Ibojie donne une liste de circonstances spirituelles où les rêves sont considérés comme des cauchemars. Il dit que certains rêves deviennent plus graphiques du fait de ne pas écouter les avertissements précédents. Il affirme que Dieu attend souvent patiemment notre réponse, et tout comme le pasteur Benny Hinn l'a mentionné, si nous ne parvenons pas à répondre au rêve, il peut être répété encore et encore. Et si nous continuons à l'ignorer, nous pourrions être effrayés par un terrible cauchemar pour nous montrer à quel point la situation est devenue grave.

Le Dr Ibojie affirme que les rêves de guerre spirituelle pourraient être considérés comme des cauchemars car ils sont souvent les descriptions de Dieu des guerres dans le domaine des esprits. Ces rêves, dit-il, avertissent le rêveur des missions de l'enfer et révèlent une stratégie divine pour la victoire.

De plus, les rêves qui mettent en garde contre des dangers imminents pourraient être considérés comme des cauchemars; ils nous mettent en garde contre le danger d'associations ou d'influences erronées, comme le roi Nebucadnetsar, qui a eu un rêve terrifiant qui lui a parlé de l'avenir de son royaume.

> La seconde année du règne de Nebucadnetsar, Nebucadnetsar eut des songes. Il avait l'esprit agité, et ne pouvait dormir. Le roi fit appeler les magiciens, les astrologues, les enchanteurs et les Chaldéens, pour qu'ils lui disent ses songes. Ils vinrent, et se présentèrent devant le roi. Le roi leur dit: J'ai eu un songe; mon esprit est agité, et je voudrais connaître ce songe. (Daniel 2:1–3 LSG)

Aussi, Job a été averti dans ses rêves de ce qui se présenterait sur son chemin, même s'il ne les comprenait pas: « Dieu parle cependant, tantôt d'une manière, Tantôt d'une autre, et l'on n'y prend point garde» (Job 33:14 LSG). Et les rêves sont progressivement devenus un cauchemar pour lui: « Entrez par la porte étroite. Car large est la porte, spacieux est le chemin qui mènent à la perdition, et il y en a beaucoup qui entrent par là. Mais étroite est la porte, resserré le chemin qui mènent à la vie, et il y en a peu qui les trouvent» (Job 7:13–14 LSG).

D'autres rêves incluent l'échelle de Jacob (Genèse 28), le rêve de Joseph selon lequel ses frères le serviraient qui a conduit à sa captivité en Égypte (Genèse 37), ainsi que son interprétation des rêves de Pharaon (Genèse 40-41) qui a conduit à sa création, le deuxième homme le plus puissant d'Egypte. Le Seigneur ou son ange est apparu à d'autres personnes dans la Bible, dont Salomon (1 Rois 3), Joseph (Matthieu 2) et la femme de Pilate (Matthieu 27). Mais ces rêves ne peuvent pas vraiment être appelés cauchemars. Il semblerait donc que Dieu ne parle généralement pas aux gens par des cauchemars.

Mais comme en toutes choses, la prière est l'arme la plus puissante contre toute sorte de détresse émotionnelle ou spirituelle. Prier avant de dormir est le moyen le plus efficace de calmer l'esprit, d'apaiser le cœur et de se préparer à un sommeil réparateur. Comme en toutes choses, Dieu accorde la sagesse à ceux qui la recherchent auprès de lui (Jacques 1: 5), et il a également promis sa paix à tous ceux qui la recherchent: « Ne vous inquiétez de rien; mais en toute chose faites connaître vos besoins à Dieu par des prières et des supplications, avec des actions de grâces. Et la paix de Dieu, qui surpasse toute intelligence, gardera vos cœurs et vos pensées en Jésus Christ» (Philippiens 4:6–7 NIV).

Signification Spirituelle du Déjà Vu

L'expression française *déjà vu* signifie «déjà perçu»; cela s'appelle également «paramnésie». Il est défini comme une distorsion de la mémoire dans laquelle le fantasme et l'expérience objective sont confondus, ou un trouble de la mémoire, la faculté de reconnaissance dans laquelle les rêves peuvent être confondus avec la réalité. Wikipédia dit qu'il s'agit d'une illusion ou d'une confusion basée sur la mémoire, ou d'une incapacité à faire la distinction entre les souvenirs réels et imaginaires, ou l'illusion qu'un événement actuel a déjà été vécu auparavant.

Le déjà vu est le sentiment d'avoir déjà vécu une situation. Lorsque nous éprouvons du déjà vu, nous sommes frappés par des sentiments de familiarité et d'étrangeté, ce qui peut nous faire sentir que la situation s'est vraiment produite avant.

Environ les deux tiers des adultes affirment avoir eu une expérience de déjà vu. Certains pensent que le déjà vu est le souvenir de rêves précédemment oubliés. D'autres encore l'associent à des capacités psychiques, à des prophéties ou à des expériences de vies antérieures.

Les psychologues disent que le déjà-vu est lié à une condition médicale, telle que la schizophrénie, l'épilepsie ou l'anxiété, et que personne ne sait vraiment ce qui cause ces épisodes. Ils suggèrent que le stress et les conflits internes cachés sont des causes potentielles.

Dans la vision chrétienne, une expérience de déjà vu est le résultat de Dieu révélant certaines choses avant qu'un événement ne se produise, mais cela pourrait simplement être le résultat de quelque chose qui se produit qui est similaire à un événement dans le passé. L'événement déclenche la mémoire, provoquant un étrange sentiment de familiarité.

Dans le déjà vu, tout vous semble étrangement familier et vous vous sentez comme si vous y étiez auparavant, même si vous savez que vous ne l'avez pas fait. Dieu nous donne des rêves pendant notre sommeil, mais Il les range parfois dans le fond de notre esprit, et ils peuvent être retirés plus tard.

Vous ne vous souvenez peut-être pas du rêve immédiatement après, mais le jour peut venir où vous recevrez une parole de sagesse, et soudainement, le connaisseur en vous devient activé. Dieu sort un rêve oublié depuis longtemps du fond de votre esprit et l'ouvre avant votre vision intérieure.

Tout comme vous ne vous souvenez peut-être pas de tous vos rêves, vous pouvez également ne pas en recevoir une interprétation immédiate. Dieu nous donne des rêves pour ses propres fins. L'un de Ses principaux objectifs est de nous attirer à Lui.

Rêves Répétés

Les rêves répétés désignent des rêves refaits plus d'une fois sur une courte période de temps; ils surviennent généralement en une seule nuit. Comme le dit souvent le pasteur Benny, faites toujours attention à un rêve répété, cela signifie généralement que Dieu essaie d'attirer votre attention sur quelque chose que vous auriez peut-être manqué autrement si vous ne l'avez vu qu'une seule fois (les rêves de Pharaon dans Genèse 41:1-8 et le rêve de Joseph dans Genèse 37:1–15).

Le Dr Joe Ibojie suggère plusieurs raisons pour lesquelles les rêves se répètent:

- pour les idées divines qui auraient pu manquer
- pour avoir mal compris le message d'un rêve précédent

- pour aucune réponse (ou réponse inappropriée) à un rêve précédent
- pour les événements décrétés, que Dieu a ordonnés de se produire

En fait, note le Dr Ibojie, Joseph a dit que les rêves peuvent se reproduire lorsque l'événement est réglé au paradis: «Si Pharaon a vu le songe se répéter une seconde fois, c'est que la chose est arrêtée de la part de Dieu, et que Dieu se hâtera de l'exécuter» (Genèse 41:32 LSB).

Rêves et Visions de l'Ancien Testament

Dieu a utilisé des visions dans l'Ancien Testament pour révéler son plan, pour faire avancer son plan et pour placer son peuple dans des lieux d'influence. Il a utilisé une vision pour réaffirmer l'alliance abrahamique, rappelant à Abram qu'il aurait un fils et serait le père de nombreuses nations (Genèse 15:1).

Sarah, la femme d'Abraham, était si belle que, quand Abraham arrivait dans une nouvelle région, il craignait parfois que le dirigeant local le tue et prenne Sarah pour lui. Abraham a dit à Abimélec, roi de Guérar, que Sarah était sa sœur. Abimélec a emmené Sarah dans son harem, mais Dieu lui a envoyé un rêve lui disant de ne pas la toucher parce qu'elle était la femme d'Abraham. Le roi rendit Sarah à son mari le lendemain matin; le rêve avait protégé Sarah et sauvegardé le plan de Dieu pour qu'elle soit la mère de son peuple élu (Genèse 20:1–7).

Comprendre les Rêves, les Visions et les Prophéties

Jacob et sa mère ont volé l'héritage premier-né d'Ésaü. Jacob a alors échappé à la colère de son frère. Au cours de son voyage, il a eu son célèbre rêve d'une échelle atteignant le ciel sur laquelle des anges montaient et descendaient. C'est dans ce rêve que Jacob reçut la promesse de Dieu, lui disant que la bénédiction d'Abraham se ferait à travers lui (Genèse 28:10-17).

Joseph est l'un des rêveurs et interprètes de rêves les plus connus de la Bible. Genèse 37 parle de ses premiers rêves enregistrés, dans lesquels il a vu des symboles que sa famille s'inclinerait un jour devant lui avec respect. Ses frères n'étaient pas satisfaits du rêve et, dans leur haine, ils l'ont vendu en esclavage. Peu de temps après, Joseph s'est retrouvé en prison en Égypte (Genèse 37:1–11).

En prison, Joseph a été appelé à interpréter les rêves de l'échanson et du boulanger de Pharaon. Et sous la direction de Dieu, il a expliqué que l'échanson reviendrait au service de Pharaon, mais que le boulanger serait tué (Genèse 40).

Deux ans plus tard, Pharaon eut un autre rêve, que Joseph interpréta. Mais Dieu avait un grand dessein pour Joseph. Il voulait élever Joseph au second rang sur l'Égypte et sauver les Égyptiens et les Israélites d'une horrible famine (Genèse 41).

Samuel a commencé à avoir des visions en tant que jeune garçon. Dieu lui a dit que le jugement venait sur les fils de son mentor, Eli. Le jeune Samuel a fidèlement transmis le message, et Dieu a continué à lui parler pendant le reste de sa vie (1 Samuel 3).

Les ennemis païens d'Israël avaient eu un rêve d'inspiration divine. Dieu a dit à Gédéon de se faufiler dans le camp de l'ennemi la nuit, et pendant qu'il était là, il a entendu un soldat ennemi partager un rêve qu'il venait de faire. Un autre soldat a interprété le rêve; mentionnant le nom de Gideon, il a prédit qu'Israël gagnerait la bataille. Cette révélation a grandement encouragé Gédéon (Juges 7:12-15).

C'est dans un rêve que Dieu a donné à Salomon la célèbre offre «Demande ce que tu veux que je te donne.» Salomon a choisi la sagesse (1 Rois 3:5 LSG).

Tout comme Il l'avait fait pour Joseph, Dieu a placé Daniel dans une position de pouvoir et d'influence en lui permettant d'interpréter le rêve d'un dirigeant étranger. Tel est le caractère constant de Dieu: utiliser des miracles pour identifier Ses messagers. Daniel lui-même avait eu de nombreux rêves et visions, principalement liés aux futurs royaumes du monde et à la nation d'Israël (Daniel 2: 4).

Rêves et Visions du Nouveau Testament

Dans le Nouveau Testament, Dieu a utilisé des visions et des rêves pour fournir des informations qui n'étaient pas disponibles ailleurs, spécifiquement, pour identifier Jésus et pour établir son église.

Dans une vision donnée par Dieu, Zacharie, un vieux prêtre, rêva qu'il aurait bientôt un fils fameux. Peu de temps après, Zacharie et sa femme, Elizabeth, ont donné naissance à Jean-Baptiste (Luc 1:5–23).

Sans aucun doute, Joseph aurait quitté Marie après avoir découvert qu'elle était enceinte, mais Dieu a envoyé un ange dans un rêve, le convaincant que la grossesse était de Dieu. Joseph est allé de l'avant avec le mariage et Jésus est né. Et puis, Dieu a envoyé deux autres rêves, l'un pour dire à Joseph d'emmener sa famille en Egypte pour empêcher Hérode de tuer Jésus, et un autre pour lui dire qu'Hérode était mort et qu'il pouvait rentrer chez lui (Matthieu 1:20, 2:13).

Pendant le procès de Jésus, la femme de Pilate a envoyé un message urgent au gouverneur, l'encourageant à libérer Jésus. Son message a été incité par un rêve, un cauchemar qui l'a convaincue que Jésus était innocent et que Pilate ne devait rien avoir à voir avec son cas (Matthieu 27:19).

Seule une vision de Dieu pouvait convaincre Ananias, un chrétien de Damas, de rendre visite à Saul, le persécuteur des chrétiens. Et parce qu'Ananias était obéissant à la direction de Dieu, il a retrouvé la vue et a été renommé Paul, qui a appris la vérité sur ceux qu'il essayait de tuer (Actes 9:10).

Dieu a parlé à Corneille, un centurion italien, qui craignait le Dieu des Juifs. Dans sa vision, un ange a dit à Corneille où localiser Simon Peter, faire venir le chercher et prêter attention à son message. Cornelius obéit à la vision. Pierre est venu et a prêché, et Corneille et sa maison remplie de païens ont été sauvés par la grâce de Dieu (Actes 10:1-6).

Pendant que Pierre priait sur le toit d'une maison, une voix du ciel lui a dit de tuer des animaux que les Juifs considéraient impurs et de les manger. Dieu lui a donné la vision d'animaux abaissés dans quelque chose comme un drap. La vision a montré que les chrétiens n'étaient pas liés par la loi casher (la loi juive) et que Dieu avait déclaré les gentils «purs», ce qui signifie que le ciel est ouvert à tous ceux qui suivent Jésus (Actes 10:9-15).

Paul a eu plusieurs visions au cours de sa carrière missionnaire. Un rêve l'a envoyé prêcher en Macédoine (Actes 16:9-10). Un autre l'a encouragé à continuer de prêcher à Corinthe (Actes 18:9-11). Dans 2 Corinthiens 12:1–6, Dieu lui a donné une vision du ciel.

Le livre de l'Apocalypse parle d'une vision que Jean a eue pendant son exil sur l'île de Patmos. La vision de Jean donne des détails sur certains des événements que Dieu a montrés à Daniel.

Dieu Donne-t-il des Rêves Prophétiques aux Gens Aujourd'hui?

Dieu utilise souvent des rêves pour guider les gens vers des endroits où ils peuvent entendre l'Évangile et être sauvés. Les rêves spirituels et prophétiques sont rapportés par une grande variété de chrétiens dans de nombreux pays. Des rapports de rêves prophétiques sont témoignés en particulier dans les régions où l'accès à la Bible et à l'Évangile est limité.

Les personnes qui ont un rêve prophétique devraient évaluer le contenu du rêve et comparer son message aux Écritures. S'il semble contredire la Parole de Dieu ou Sa nature, alors le rêve doit être réprimandé. Si le rêve vient de Dieu, il doit être en accord avec la Parole de Dieu. Dieu n'ira jamais contre Sa Parole. La Bible doit être considérée comme notre carte standard de la voie de Dieu. Ou mieux encore, en examinant un rêve, nous pouvons toujours demander à Dieu la sagesse (Jacques 1:5).

Le prophète Joël a prédit une effusion de visions, et cela a été confirmé par l'apôtre Pierre dans Actes 2. Comme indiqué dans la Bible, Dieu a parlé au moyen de visions avec Joseph, fils de Jacob; Joseph, le mari de Marie; Salomon; Ésaïe; Ézéchiel; Daniel; Pierre et Paul; et d'autres.

Dans les régions du monde où il y a peu ou pas de message de l'Évangile disponible, et où les gens n'ont pas de Bible, Dieu transmet généralement son message directement aux gens à travers des rêves et des visions. Ceci est cohérent avec l'exemple Biblique de Dieu utilisant des visions pour révéler sa vérité aux gens dans les premiers jours du christianisme. Si Dieu désire communiquer son message, il peut utiliser tous les moyens qu'il juge nécessaires: un missionnaire, un ange, une vision ou un rêve.

De même, nous devons être prudents lorsqu'il s'agit d'interpréter les visions. Les visions données par Dieu seront complètement en accord avec ce qu'Il a déjà révélé dans Sa Parole.

La vision doit être en accord avec ce que Dieu voudrait que vous fassiez en réponse (Jacques 1: 5). Dans les Écritures, chaque fois qu'une personne demandait à Dieu le sens d'une vision, Il l'expliquait souvent en envoyant un autre rêve ou une autre vision (Daniel 8:15–1).

> [Le prophète de Dieu] Daniel eut un songe... pendant qu'il était sur sa couche. Ensuite il écrivit le songe. (Daniel 7:1 LSG)

L'Ancien Testament dans Job 33:14–18 (LSG) révèle l'opinion hébraïque générale des rêves: «Dieu parle cependant, tantôt d'une manière, Tantôt d'une autre, et l'on n'y prend point garde. Il parle par des songes, par des visions nocturnes, Quand les hommes sont livrés à un profond sommeil, Quand ils sont endormis sur leur couche. Alors il leur donne des avertissements Et met le sceau à ses instructions, Afin de détourner l'homme du mal Et de le préserver de l'orgueil, Afin de garantir son âme de la fosse Et sa vie des coups du glaive.»

> Et il dit: Écoutez bien mes paroles! Lorsqu'il y aura parmi vous un prophète, c'est dans une vision que moi, l'Éternel, je me révélerai à lui, c'est dans un songe que je lui parlerai. (Nombres 12:6 LSG)

L'Écriture offre également des avertissements et des instructions sur les faux rêveurs.

Deutéronome 13: 1-5 donne un avertissement dans un rêve à propos de ceux qui prétendent être des prophètes mais sont de faux prophètes, dont le but ultime est d'amener le peuple à adorer de faux dieux. Notez qu'il existe un lien étroit entre le rêve et la prophétie. Jérémie a mis en garde contre les rêveurs menteurs et les a appelés de faux prophètes (Jérémie 23:25, 32).

Zacharie décrit la critique comme des interprétations vides offertes par des praticiens occultes: « Car les théraphim ont des paroles de néant, Les devins prophétisent des faussetés, Les songes mentent et consolent par la vanité. C'est pourquoi ils sont errants comme un troupeau, Ils sont malheureux parce qu'il n'y a point de pasteur» (Zacharie 10:2 NKJV).

CHAPITRE 7

Terminologie Biblique des Rêves

L'Ancien Testament raconte les rêves et les visions reçus par les Israélites (comme Salomon dans 1 Rois 3 et Abraham dans Genèse 15) et les non-Israélites (comme Abimélec dans Genèse 20 et Nebucadnetsar dans Daniel 4).

Les termes suivants sont largement utilisés dans la Bible:

A. Ancien Testament

1. *Chalom*: faire rêver; se lier et être fort.

   Genèse 20:3, 6; Genèse 31:10–11; Nombres 12:6; Deutéronome 13:5; 1 Rois 3:5; Job 7:14; Daniel 2:1; Joël 2:28

2. *Chalem*: rêve

   Daniel 2:4–6, 4:18–19

3. *Challam*: faire rêver; s'en remettre

   Genèse 37:5, 40:5; Juges 7:13

4. *Paam*: battre régulièrement; bouger, pousser, forcer à arriver

   Job 33:29; cf. vv. 14-18 (*Paam* est un terme hébreu désignant la fréquence des rêves.)

B. Nouveau Testament

1. *Onar*: un rêve

   Matthieu 2:13, Matthieu 19, 22, 27:19

2. *Enupnion*: quelque chose qui se produit pendant le sommeil, pour rêver fréquemment

   Actes 2:17; Jude 1:8

Terminologie Biblique des Visions

A. Ancien Testament

1. *Machezeh*: une vision

   Genèse 15:1; Nombres 24:4, 6, 16; Ézéchiel 13:7

2. *Chazah*: un rêve, une révélation, un soupir, une vision

   Daniel 4:2, 7:20, 8:2; Ézéchiel 12:27

3. *Chizzayown*: une révélation

   Deuxième livre de Samuel 7:17

4. *Mareh / Marah:* une apparence, une vue, une image

   Genèse 2: 9; Nombres 12:6; Juges 13:6; 1 Samuel 3:15; Ézéchiel 1:1, 8:3-4, 11:24; Daniel 8:26, 10:8

5. *Ra'ah*: voir, imaginer, regarder

   2 Chroniques 26:5

6. *Ra'eh*: une vision

   1 Samuel 9:9; Ésaïe 28:7

7. *Vision*: perception (prophétique ou spirituelle), conscience, savoir ou expérimenter

   Deutéronome 11:2

B. Nouveau Testament

1. *Optasia*: une apparition, une vue, une vision

   Luc 1:22, 24:23; Actes 26:19; 2 Corinthiens 12: 1

2. *Horama*: quelque chose regardé, une vue, une chose vue, une vision

   Matthieu 17:9; Actes 9:10, 12; Actes 10:3; Actes 18:9

3. *Horasis*: une vue, une apparence, voir

   Actes 2:17; Révélation 9:17

4. *Vision*: voir ou percevoir la vision dans un rêve; perception spirituelle; voir comme une expérience

spirituelle; la vision est comprise comme une révélation donnée par Dieu

Actes 9:10, 12, 16:9; 2 Corinthiens 12:1

La Signification des Rêves dans la Bible

Il y a vingt et un rêves enregistrés dans la Bible; dix d'entre eux se produisent dans le livre de la Genèse.

Six rêveurs sont rois.

L'une est une femme (une seule).

Deux s'appellent Joseph.

Tous sont endormis lorsque le rêve s'est produit.

1. L'avertissement d'Abimélec (Genèse 20)

   Rêveur: Abimélec. Dieu empêche Abimélec, le roi de Gérar, de coucher avec Sarah (l'épouse d'Abraham).

2. L'échelle de Jacob (Genèse 28:12)

   Rêveur: Jacob. Jacob voit des anges monter et descendre une échelle entre la terre et le ciel.

3. Rentrez chez vous, Jacob (Genèse 31:10–11)

   Rêveur: Jacob. Le Seigneur dit à Jacob de retourner au pays de son père.

4. L'avertissement de Laban (Genèse 31:24)

Rêveur: Laban. Dieu avertit Laban de ne pas bénir ou maudire Jacob alors qu'il rentre chez lui.

5. Le grain de Joseph (Genèse 37:1–10)

Rêveur: Joseph. Une gerbe se tient droit; onze autres s'y inclinent.

6. Les étoiles de Joseph (Genèse 37:1–10)

Rêveur: Joseph. Le soleil, la lune et les étoiles se prosternent devant Joseph. Les deux rêves signifient que la famille de Joseph s'inclinera devant lui.

7. Trois branches (Genèse 40)

Rêveur: échanson et boulanger de Pharaon. L'échanson presse les raisins d'une vigne et les donne à Pharaon.

8. Trois paniers (Genèse 40)

Rêveur: échanson et boulanger de Pharaon. Le boulanger porte trois paniers de pain sur sa tête, et les oiseaux mangent ce qu'il y avait dans l'un des paniers. Les deux rêves signifient le destin de ces hommes après trois jours. L'échanson est remis en honneur; le boulanger est exécuté.

9. Les vaches de Pharaon (Genèse 41)

Rêveur: Pharaon. Sept vaches grasses montent du Nil pour paître, mais sept vaches maigres dévorent les vaches grasses.

10. Tige de Pharaon (Genèse 41) Rêveur: Pharaon. Sept épis dodus poussent sur une seule tige, mais sept épis minces les avalent. Les deux rêves signifient que l'Égypte subirait sept ans d'abondance, puis sept ans de famine.

11. Pain d'orge en fuite (Juges 7:13) Rêveur: Homme sans nom. Un morceau de pain roule dans le camp des Madianites et retourne les tentes, préfigurant la victoire de Gédéon.

12. Chèque en blanc de Salomon (1 Rois 3:5-15)

Rêveur: Salomon. Le Seigneur apparaît à Salomon, le nouveau roi d'Israël, et lui offre tout. Salomon choisit la sagesse.

13. Statue de Nebucadnetsar (Daniel 2)

Rêveur: Nebucadnetsar. Une grande statue faite de divers matériaux (symbolisant les futurs empires) est écrasée par une pierre (symbolisant le royaume de Dieu).

14. L'arbre de Nebucadnetsar (Daniel 4)

Rêveur: Nebucadnetsar. Un arbre énorme est abattu sur la terre, ce qui signifie les sept années futures de folie de Nebucadnetsar.

15. Les quatre bêtes de Daniel (Daniel 7)

Rêveur: Daniel. Un lion, un ours, un léopard et une mystérieuse bête à cornes sont jugés par Dieu, et un Fils de l'homme reçoit la domination. Les bêtes représentent quatre royaumes.

16. Un avertissement pour Joseph (Matthieu 1:18–24)

Rêveur: Joseph. Un ange dit à Joseph (le charpentier) de ne pas divorcer de Marie, car son enfant est le Sauveur.

17. L'avertissement de Magi (Matthieu 2)

Rêveur: Joseph de Nazareth et les mages. Dieu avertit les mages de ne pas retourner à Hérode depuis Bethléem.

18. Évasion en Égypte (Matthieu 2)

Rêveur: Joseph de Nazareth et les mages. Un ange dit à Joseph de s'échapper avant qu'Hérode ne tue tous les bébés mâles.

19. Retournez en Israël (Matthieu 2)

Rêveur: Joseph de Nazareth et les mages. Un ange dit à Joseph de retourner en Israël avec Jésus, car Hérode est mort.

20. Restez loin de la Judée (Matthieu 2)

Rêveur: Joseph de Nazareth et les mages. Le fils d'Hérode est sur le trône en Judée, alors Dieu avertit Joseph de se tenir à l'écart. Ces rêves ont tous été donnés pour protéger le jeune Jésus-Christ.

21. Le cauchemar de Jésus (Matthieu 27:19)

Rêveur: épouse de Ponce Pilate. La femme de Pilate fait un cauchemar concernant le procès de Jésus, parce qu'elle sait qu'il est innocent.

Les Rêves de la Bible Expliqués

1. L'avertissement d'Abimélec (Genèse 20)

   Abraham était un homme riche et Sarah était une très belle femme. Quand Abraham a déménagé dans une nouvelle ville, les dirigeants de cette ville les ont remarqués. Ces dirigeants avaient suffisamment de pouvoir pour prendre ce qu'ils voulaient par la force, même une femme mariée de son mari. Tout ce qu'ils avaient à faire était d'assassiner son mari et de prendre la femme pour eux.

   Abraham se dirigea vers la ville de Gérar; il craignait que le roi de Gérar, Abimélec, le tue pour être avec sa femme. C'est pourquoi Abraham a dit à tout le monde que Sarah était sa sœur. Et au lieu de régler le problème, le mensonge d'Abraham l'a aggravé. Abimélec est tombé amoureux de Sarah et l'a emmenée dans son harem. Mais ensuite, Dieu est venu vers lui dans un rêve pour lui faire savoir que Sarah était mariée.

2. L'échelle de Jacob (Genèse 28:12)

   Le frère jumeau de Jacob voulait le tuer, alors il s'est enfui. Lorsqu'il s'est arrêté pour dormir, il a rêvé d'une grande échelle qui s'étendait de la terre au ciel, avec des anges qui montaient et descendaient. Au sommet de l'échelle se trouvait Dieu, qui a promis que Jacob retournerait effectivement chez lui et que ses descendants posséderaient le pays de Canaan.

3. L'appel de Jacob chez lui (Genèse 31:10–13)

Jacob épouse les filles de Laban et supervise les troupeaux de Laban. Laban a profité de Jacob à plusieurs reprises. Mais Dieu pourvut tellement à Jacob qu'il fut bientôt plus riche que son beau-père. Les fils de Laban n'en étaient pas très heureux et Jacob commença à sentir qu'il n'était pas entre amis. Puis Dieu vint à lui dans un rêve. Le rêve dépeignait les mauvais traitements infligés par Laban à Jacob et montrait que Dieu avait toujours pourvu à Jacob.

4. L'avertissement de Laban (Genèse 31:24)

Jacob est parti avec ses troupeaux et sa famille, les filles de Laban et ses petits-enfants. Laban n'en était pas très content, alors il poursuivit Jacob. Mais avant de rattraper Jacob, Dieu est venu à Laban dans un rêve pour l'avertir de ne rien dire de bon ou de mal à Jacob, de simplement le laisser partir.

5 et 6. Le grain et les étoiles de Joseph (Genèse 37:1–10)

Le fils préféré de Jacob, Joseph, a fait deux rêves. Dans le premier rêve, Joseph et ses frères ramassaient du grain en bottes. Le paquet de Joseph se tenait droit, et les autres paquets se prosternaient devant le paquet de Joseph. Ce rêve a aggravé les frères de

Joseph, qui savaient que Joseph était le favori, et maintenant il prétend régner sur les autres. Dans le deuxième rêve, c'était le soleil, la lune et onze étoiles qui se prosternaient devant lui. Ce rêve a vraiment irrité ses frères et son père (Genèse 42:6-9).

5. Les raisins de l'échanson (Genèse 40:9-15)

À la suite d'une série d'événements malheureux, Joseph s'est retrouvé en prison. En prison, il a rencontré deux autres prisonniers: l'ancien échanson de Pharaon et ancien boulanger; ils ont discuté de leurs rêves troublants avec Joseph. L'échanson a rêvé d'une vigne à trois branches qu'il a récoltée et pressée dans la coupe de Pharaon. Les trois branches représentaient trois jours entre le rêve et la restauration de l'échanson à la cour de Pharaon.

6. Les paniers du boulanger (Genèse 40:16–19)

Le boulanger a également fait un rêve. Dans le rêve, il portait trois paniers de pain sur sa tête, mais les oiseaux en ont mangé le pain. Les trois paniers représentaient encore trois jours, à la fin desquels Pharaon décapita le boulanger, et les oiseaux mangèrent la chair du boulanger.

9 et 10. Les vaches et les céréales de Pharaon (Genèse 41)

Pharaon a eu deux rêves troublants. Dans l'un d'eux, il a vu sept vaches grasses dévorées par sept maigres. Dans un autre rêve, il vit sept épis dodus dévorés par sept épis minces. Seul le prisonnier Joseph pouvait interpréter cette énigme de rêve. Selon Joseph, cela signifiait que l'Égypte était destinée à avoir sept ans de bonne récolte, qui seraient suivis de sept ans de famine. La sagesse de Joseph lui a valu la deuxième position la plus élevée du royaume, ce qui lui a permis d'aider son père et ses frères quand ils sont venus en Egypte pour acheter des céréales pendant la famine.

7. Le pain d'orge en fuite (Juges 7:13-14)

Les descendants de Jacob et de Joseph ont suivi Moïse et Josué à Canaan et se sont installés dans le pays. Pourtant, les conflits ne se sont jamais arrêtés avec les nations environnantes, y compris les Madianites. Après que Madian ait dominé Israël pendant sept ans, Dieu a suscité un chef, Gédéon, pour les renverser. Une nuit, Gédéon s'est faufilé dans le camp madianite et a entendu deux Madianites discuter d'un rêve, disant qu'une miche d'orge est entrée dans le camp et a renversé une tente. L'un des Madianites a interprété le rêve en disant: «Cela ne peut être rien d'autre que l'épée de Gédéon, fils de Joas, l'Israélite. Dieu a remis les Madianites et tout le camp entre ses mains.

8. Chèque en blanc de Salomon (1 Rois 3:5-15)

Dans un rêve, Dieu a offert au roi Salomon, fils du tueur de géant David, un chèque en blanc divin. Au lieu de la richesse matérielle ou du pouvoir ou d'une longue vie, Salomon a demandé à Dieu la sagesse. Dieu, ravi de la demande de Salomon, lui a accordé tout ce qui précède.

9. Statue de Nebucadnetsar (Daniel 2)

Le roi de Babylone avait un rêve troublant que personne ne pouvait interpréter. Mais Daniel, le sage hébreu, a interprété le rêve, qui impliquait une énorme statue faite d'une gamme de matériaux; la statue, qui représentait différents royaumes du monde, a été brisée par une pierre qui est devenue une montagne, qui représentait le royaume de Dieu à venir.

10. L'arbre de Nebucadnetsar (Daniel 4)

Le roi de Babylone avait un autre rêve terrifiant que seul Daniel pouvait interpréter. Cette fois, c'était un arbre gigantesque et magnifique qui a été coupé sur terre, et la souche et les racines ont été laissées à la folie. Selon l'interprétation de Daniel, le rêve représentait la folie à venir de Nebucadnetsar, le jugement de Dieu sur lui pour son arrogance.

11. Les bêtes de Daniel (Daniel 7)

Daniel avait aussi des rêves. Dans son rêve, Daniel a vu un lion, un ours, un léopard et une autre bête étrange à dix cornes sortir de la mer. L'Ancien des Jours jugeait les bêtes, et le Fils de l'homme reçut l'autorité sur toute la terre. Les quatre bêtes représentaient des empires humains.

16–20. Rêves entourant la naissance de Jésus (Matthieu 1:18, 2:23)

La naissance du Christ dans les deux premiers chapitres de l'Évangile de Matthieu a été entourée de cinq rêves.

Les fiançailles de Mary. Un ange a dit à Joseph qu'il n'était pas nécessaire de la quitter, que l'enfant qu'elle attendait était le Sauveur.

L'avertissement de Magi. Les sages ont rendu visite au jeune Jésus. Dieu leur a dit dans un rêve d'éviter le roi Hérode, qui voulait tuer le garçon.

L'avertissement de Joseph. Dieu a averti Joseph d'emmener Marie et Jésus en Égypte avant qu'Hérode ne tue tous les enfants de Bethléem.

Retournez à Nazareth. Après la mort d'Hérode, Dieu a dit à Joseph dans un rêve qu'il pouvait rentrer d'Egypte.

Mais pas via la Judée. Le fils d'Hérode était au pouvoir et Dieu a averti Joseph de rester à l'écart de son territoire.

12. Le cauchemar de l'épouse de Pilate (Matthieu 27:19)

    Après l'arrestation de Jésus, il a été jugé. La femme de Ponce Pilate a fait un cauchemar au sujet du procès que présidait son mari, lui faisant savoir que Jésus était innocent.

    Les rêves de Genèse et Daniel sont des rêves symboliques et mémorables. La plupart étaient simples et clairs.

> Il disait: J'ai eu un songe; et voici, un gâteau de pain d'orge roulait dans le camp de Madian; il est venu heurter jusqu'à la tente, et elle est tombée; il l'a retournée sens dessus dessous, et elle a été renversée. Son camarade répondit, et dit: Ce n'est pas autre chose que l'épée de Gédéon, fils de Joas, homme d'Israël; Dieu a livré entre ses mains Madian et tout le camp (Juges 7:13–14 LSG).

CHAPITRE 8

La Science Derrière le Rêve

Pendant des siècles, les gens ont spéculé sur la signification et l'importance des rêves. Les premières civilisations considéraient les rêves comme un intermédiaire entre le monde terrestre et celui des dieux. Les Grecs et les Romains étaient convaincus que les rêves avaient des pouvoirs prophétiques.

Sander van der Linden est doctorant en psychologie expérimentale sociale à la *London School of Economics and Political Science*; il explique qu'à la fin du XIXe siècle, Sigmund Freud et Carl Jung ont proposé une théorie moderne du rêve. La théorie de Freud s'est concentrée sur la notion de «désir refoulé», qui est l'idée que le rêve nous permet de creuser des désirs non résolus et refoulés.

Jung, qui a étudié sous Freud, croyait également que les rêves avaient des effets psychologiques, mais il a proposé d'autres théories sur leur signification. Plus récemment, les développements technologiques ont conduit à d'autres théories. Linden décrit une théorie neurobiologique importante du rêve, «l'hypothèse d'activation-synthèse», qui déclare que les rêves ne signifient rien en réalité; ce ne sont que des impulsions cérébrales électriques qui tirent des pensées et des images aléatoires de nos souvenirs. De plus, cette théorie prétend que les humains construisent des histoires de rêves après leur réveil, dans un effort naturel pour donner un sens à tout cela.

En outre, Linden note que des preuves expérimentales indirectes montrent que d'autres mammifères, tels que les chats et les chiens, rêvent également; ainsi, les psychologues évolutionnistes supposent que rêver sert vraiment à un but. Surtout, souligne Linden, la théorie de la simulation de la menace suggère que le rêve devrait être considéré comme un mécanisme de défense biologique qui a donné aux humains un avantage évolutif en raison de sa capacité à reproduire des événements potentiellement menaçants, c'est-à-dire à améliorer les systèmes neurocognitifs nécessaires à une perception et déviation efficace de la menace.

Au fil des ans, plusieurs théories ont été créées dans le but d'éclairer le mystère derrière les rêves humains. Mais jusqu'à récemment, il manquait des preuves tangibles solides. Cependant, un article de 2011 dans le *Journal of Neuroscience* a offert des aperçus convaincants sur les mécanismes qui motive le rêve et la relation forte que nos rêves entretiennent avec nos souvenirs. Linden cite Cristina Marzano et ses collègues de l'Université de Rome, qui ont décrit comment les humains se souviennent de leurs rêves; ils ont prédit la possibilité d'un rappel de rêve réussi basé sur un modèle de signature d'ondes cérébrales. Pour que cela se fasse, l'équipe de recherche a invité des étudiants à passer deux nuits successives dans leur laboratoire.

La première nuit, ils ont laissé les étudiants seuls et leur ont permis de s'adapter aux salles insonorisées et à température contrôlée. La deuxième nuit, les chercheurs ont calculé les ondes cérébrales de l'élève pendant son sommeil. Un cerveau humain subit habituellement quatre types d'ondes cérébrales électriques: alpha, bêta, delta et thêta; chacun représente une vitesse différente des tensions électriques oscillantes. Ensemble, ils forment l'électroencéphalographie, EEG. L'équipe de recherche de Marzano a utilisé cette technologie pour mesurer les ondes cérébrales des participants à différentes étapes du sommeil.

Il y a cinq étapes de sommeil; la plupart des rêves ont lieu pendant la phase de mouvement oculaire rapide [MOR]. Les chercheurs ont réveillé les étudiants à plusieurs reprises et leur ont demandé de remplir un journal, pour expliquer s'ils rêvaient ou non, à quelle fréquence ils rêvaient et s'ils pouvaient mémoriser le contenu de leurs rêves. Des recherches antérieures ont montré que les gens sont plus susceptibles de se souvenir de leurs rêves lorsqu'ils sont réveillés juste après le sommeil [MOR]; la recherche actuelle explique pourquoi. Les étudiants qui présentaient plus d'ondes thêta à basse fréquence dans les lobes frontaux étaient également plus susceptibles de se souvenir de leurs rêves.

Cela a été remarquable pour Linden parce que l'activité thêta frontale accrue ressemble exactement au codage et à la récupération réussis de souvenirs autobiographiques observés pendant que nous sommes éveillés. Cela signifie que les mêmes oscillations électriques dans le cortex frontal créent la mémoire des souvenirs épisodiques. Par conséquent, ces résultats impliquent que les mécanismes neurophysiologiques que nous utilisons en rêvant et en nous rappelant des rêves, sont les mêmes que lorsque nous créons et récupérons des souvenirs pendant que nous sommes éveillés.

La même équipe de recherche a utilisé les dernières techniques d'IRM pour étudier la relation entre le rêve et le rôle des structures cérébrales profondes; ils ont découvert que les rêves vifs, étranges ou émotionnellement intenses, des rêves dont les gens se souviennent généralement, sont liés à des parties de l'amygdale et de l'hippocampe. Alors que l'amygdale joue un rôle principal dans le traitement et la mémoire des réactions émotionnelles, l'hippocampe est impliqué dans des fonctions de mémoire importantes, telles que la condensation d'informations de la mémoire à court terme à la mémoire à long terme.

Une autre étude récente sur le lien entre nos rêves et nos émotions, publiée par Matthew Walker et ses collègues du *Sleep and Neuroimaging Lab* à l'UC Berkeley, souligne qu'une réduction du sommeil [MOR], ou moins de rêves, contrôle notre capacité à comprendre les émotions complexes de la vie quotidienne, qui est une caractéristique indispensable du fonctionnement social humain.

Les scientistes ont également découvert où le rêve peut se produire dans le cerveau. Le syndrome de Charcot-Wilbrand est une atteinte clinique inhabituelle qui entraîne, entre autres symptômes neurologiques, la perte de la capacité de rêver. Il y a quelques années, une patiente aurait perdu sa capacité à rêver alors qu'elle n'avait pratiquement aucun autre symptôme neurologique permanent. Le patient a subi une lésion du gyrus lingual inférieur droit du cerveau (situé dans le cortex visuel).

Ainsi, nous pouvons supposer que les rêves sont générés ou transmis par cette zone particulière du cerveau, associée au traitement d'images, d'émotions et de souvenirs visuels.

Linden note que les rêves semblent nous aider à traiter les émotions en encodant et en construisant des souvenirs d'eux, car ce que nous voyons et expérimentons dans nos rêves n'est peut-être pas nécessairement réel, mais les émotions attachées à ces expériences le sont sans aucun doute. Nos histoires de rêve essaient essentiellement de retirer l'émotion d'une certaine expérience en en créant un souvenir. Ainsi, l'émotion elle-même n'est plus active. Ce mécanisme joue un rôle important car lorsque nous ne traitons pas nos émotions, en particulier les émotions négatives, cela augmente l'inquiétude et l'anxiété personnelles.

Linden conclut que la privation sévère de sommeil [MOR] est de plus en plus corrélée au développement de troubles mentaux; selon lui, «les rêves aident à réguler la circulation sur ce pont fragile qui relie nos expériences à nos émotions et à nos souvenirs.»

Autres Observations Scientifiques Concernant les Rêves

Les laboratoires du sommeil ont prouvé que tout le monde rêve une à deux heures par nuit. C'est ce qu'on appelle le niveau alpha, qui est un sommeil léger. Chaque cycle de quatre-vingt-dix minutes de sommeil commence par alpha; ensuite entre dans un sommeil plus profond, qui est appelé thêta; puis le sommeil le plus profond, appelé delta.

Les observateurs ont découvert qu'à la fin du premier cycle de 90 minutes, les individus retournent au sommeil de niveau alpha, où ils ont une courte période de rêve de cinq minutes. Ensuite, la prochaine fois qu'ils passent à l'alpha, ils ont une période de rêve de dix minutes. La troisième fois en alpha, la période de rêve est d'environ quinze minutes. S'ils dorment huit heures complètes, toute la dernière heure est essentiellement passée en sommeil de niveau alpha. Par conséquent, la personne moyenne qui dort huit heures par nuit en rêvera environ une à deux heures.

Le sommeil de niveau alpha est l'endroit où les gens ont des mouvements oculaires rapides. [MOR] est exactement ce que cela ressemble: les yeux des rêveurs commencent à bouger rapidement. Ils regardent en fait les scènes du rêve et, par conséquent, leurs yeux se déplacent littéralement d'avant en arrière, regardant l'action. En observant le sommeil de niveau alpha lorsque ce mouvement se produit, les observateurs peuvent déterminer quand une personne rêve.

Les chercheurs des laboratoires du sommeil ont découvert que s'ils réveillent les gens à chaque fois que le [MOR] commence, les empêchant de rêver, ils subiront des effets secondaires après environ trois nuits. De toute évidence, ils ont remarqué que les rêves sont un mécanisme de libération interne qui aide à fournir aux humains un équilibre émotionnel et à maintenir leur santé mentale. Les rêves peuvent donc être considérés comme les gardiens de notre bien-être mental et émotionnel.

Ce Que Dit la Psychothérapie Moderne sur les Rêves

La psychothérapie est une technique thérapeutique nouvelle et indépendante avec le XIXè siècle dont Philippe Pinel (1745-1826) est considéré comme son précurseur. Ce dernier traita l'homme et non plus sa maladie. La psychothérapie moderne intéressait beaucoup Sigmund Freud (1856-1939) qui en a fait un développement extraordinaire en créant la psychanalyse.

D'âpres la psychothérapie moderne, les rêves ne nous disent que des choses sur les personnes qui les rêvent, des choses qu'ils n'ont pas résolues émotionnellement, des problèmes qu'ils ne veulent pas admettre sur eux-mêmes et des choses qu'ils ne reconnaissent pas pendant leur réveil. Les rêves révèlent les désirs, souhaits, angoisses, peurs, jalousies ou ambitions les plus profonds du rêveur.

La psychothérapie moderne dit que les rêves sont des expériences psychologiques intérieures qui révèlent l'état émotionnel du rêveur.

Ce Qu'une Première Edition du Nouveau Dictionnaire Biblique International Dit sur les Rêves et les Visions

Il dit: «Accepter la capacité de recevoir la connaissance ou la vérité par le biais de la perception extra-sensorielle dans les visions et les rêves est tout simplement psychotique ou névrotique au mieux.»

Mais les éditions ultérieures de ce même dictionnaire Biblique ont abouti à une conclusion différente, toutefois la citation révèle comment certains ont vu (et continuent de voir) les rêves. Ceci est un exemple de l'ignorance des Écritures, de la peur du surnaturel et du déni de la connaissance de Dieu et de ses voies.

Ce Que l'Église Dit des Rêves et des Visions

Un très grande partie de l'Église ignore les rêves ou même les traite avec mépris, tandis que notre Dieu gracieux a continué à communiquer par cet instrument exceptionnel et extraordinaire. Ci-dessous est une liste de personnes influentes de différentes églises et ce qu'elles pensent des rêves et des visions.

Polycarpe (69–155 ap. J.-C.) rêva qu'il serait martyrisé à Rome, et il l'était. Un ancien document intitulé *Le Martyre de Polycarpe* déclare que «à cause de visions, beaucoup sont venus pour faire leur demeure à Jésus».

Justin Martyr (100-165 ap. JC), théologien et apologiste chrétien, croyait aux effets spirituels positifs des rêves.

Irénée (125–200 après JC?), L'évêque de Gaule, considérait les rêves comme des moyens de contact avec Dieu.

Tertullien de Carthage (160-225 ap. J.-C.) a déclaré: «Presque la plus grande partie de l'humanité tire sa connaissance de Dieu des rêves.» Tertullien a classé les rêves en trois catégories: ceux inspirés par le démon, ceux que l'âme crée et la troisième catégorie, a-t-il dit, «toutes ces visions qui sont honnêtes, saintes, prophétiques, inspirées, instructives et invitant à la vertu doivent être considérées comme émanant de Dieu… Car Il a promis, en effet, de répandre la grâce du Saint-Esprit sur toute chair.»

L'église pentecôtiste a révélé que Dieu nous parlerait, ou se révélerait à nous, par cinq moyens: rêves, visions, prophéties, signes et prodiges.

De nombreux musulmans, hindous et bouddhistes ont témoigné qu'ils sont venus à Jésus par la foi en raison d'un rêve ou d'une vision.

Origène (185–254 ap. J.-C.) déclare: «C'est une question de croyance que dans les rêves, les impressions ont été portées devant l'esprit de beaucoup. Certains se rapportent aux choses divines; d'autres aux événements futurs de cette vie. Cela peut être fait avec lucidité ou de manière symbolique. »

Denys d'Alexandrie / Dionysius of Alexandria (mort en 265 ap.) dit: «J'ai été fortifié par une vision qui m'a été envoyée de Dieu, et une parole qui m'a été adressée m'a expressément ordonné.»

Saint Augustin (354–430 ap.), l'une des personnalités les plus influentes de l'histoire de l'Église, a fait référence aux rêves comme un moyen important pour Dieu de parler à l'humanité.

Synesius of Cyrène (décédé en 414 après JC) a écrit *De Insomniis*, un livre sur les rêves qui continue à influencer l'Église orthodoxe grecque.

Saint Jérôme (340–420 après JC) a traduit la Bible latine, connue sous le nom de Vulgate. Un rêve vif a contribué à sa conversion au christianisme.

Saint Thomas d'Aquin (1225–1274 après J.-C.), un théologien extrêmement influent a dit que les rêves pouvaient avoir une origine spirituelle: de Dieu, des anges ou des démons (Summa Theologica II-II: 95: 6). Il a également eu des visions. Il a eu une vision pendant qu'il travaillait sur son livre et l'a développé pendant vingt et un volumes. Il a terminé par ces mots: «Je ne peux plus faire. De tels secrets m'ont été révélés que tout ce que j'ai écrit maintenant semble avoir peu de valeur."

Ce que la Bible Dit sur les Rêves et les Visions

Job 33:15 (LSG) dit: « Il parle par des songes, par des visions nocturnes, Quand les hommes sont livrés à un profond sommeil, Quand ils sont endormis sur leur couche.» Dans ce seul verset, la Bible en dit long sur les rêves. Premièrement, il dit qu'un rêve est une vision de la nuit. Cela nous apprend également qu'un rêve a lieu lorsque nous dormons profondément; selon la Bible, une vision est quelque chose qui se produit lorsque nous sommes éveillés.

Les érudits du rêve disent que nous rêvons toujours quand nous dormons, mais nous ne nous souvenons des rêves que juste avant de nous réveiller. Plusieurs cas dans les Écritures montrent que nous nous souvenons de rêves qui nous ont en fait réveillés.

Les rêves semblent parfois extrêmement réels. Après votre réveil, vous pouvez même vous sentir effrayé, fou ou triste, jusqu'à ce que vous vous rendiez compte que ce n'était qu'un rêve. Esaïe 29: 8 (LSG) élabore sur cela; ça dit, «Comme celui qui a faim rêve qu'il mange, Puis s'éveille, l'estomac vide, Et comme celui qui a soif rêve qu'il boit, Puis s'éveille, épuisé et languissant.»

Parfois, vous pouvez rêver de manger ou de boire. Vous êtes convaincu que c'était réel. Cela semblait si réel, mais quand vous vous réveillez, vous avez toujours faim. Ce n'était que la réalité du rêve. Et il en est de même pour les visions. Elles peuvent apparaître très réels dans notre esprit, mais ensuite elles disparaissent. Quand cela arrive, Dieu essaie de dire quelque chose à travers cette vision; vous devez faire très attention.

Si vous vous demandez si Dieu nous parle à travers des rêves et des visions, la réponse est définitivement oui. La Bible nous dit, «Après cela, je répandrai mon esprit sur toute chair; Vos fils et vos filles prophétiseront, Vos vieillards auront des songes, Et vos jeunes gens des visions « (Joel 2:28 LSG).

Dieu nous parle intentionnellement à travers eux; la plupart du temps, ils ont des significations scripturaires.

Dieu utilise des rêves et des visions pour ouvrir nos yeux et nos oreilles. Il utilise des rêves et des visions pour contourner notre fierté. À travers les rêves et les visions, il apporte des instructions et nous ouvre les oreilles. La Bible nous dit que, «Alors il leur donne des avertissements Et met le sceau à ses instructions» (Job 33:16 LSG).

Un Autre Point de Vue Biblique des Rêves

Pendant que vous êtes ici sur terre, Dieu vous donne des rêves pour vous aider à réaliser votre but. La perspective Biblique est que les rêves sont un cadeau pour changer la vie du rêveur. En apprenant à comprendre les rêves, vous découvrirez que Dieu est intimement lié à votre vie. Vous serez profondément convaincu qu'Il vous a placé ici sur terre avec une intention délibérée, à ce moment précis, et vous a poussé à vivre exactement là où vous vivez afin de vous donner la plus grande chance d'accomplir Son dessein pour vous.

Ainsi, Il vous donne un rêve pour vous aider à être conscient des événements, des personnes, des forces obscures ou même de vos propres faiblesses. De cette manière, Sa volonté peut être accomplie sur terre comme au ciel. Le rêve est conçu pour vous aider à atteindre votre destin.

Dieu vous donne des rêves pour vous aider à atteindre le futur. L'utilisation des rêves par Dieu est mentionnée dans Job.

> Dieu parle cependant, tantôt d'une manière, Tantôt d'une autre, et l'on n'y prend point garde. Il parle par des songes, par des visions nocturnes, Quand les hommes sont livrés à un profond sommeil, Quand ils sont endormis sur leur couche. Alors il leur

donne des avertissements Et met le sceau à ses instructions, Afin de détourner l'homme du mal Et de le préserver de l'orgueil, Afin de garantir son âme de la fosse Et sa vie des coups du glaive. (Job 33:14–18 LSG)

Sachez que vous avez été créé en premier pour aider à résoudre le problème de quelqu'un; ainsi, Il vous donne des rêves qui s'appliquent à la fois à vous et à votre famille, à vous et à votre église, à votre entreprise ou à vos amis.

Les rêves sont également appelés «le langage du sommeil». Certaines personnes croient à tort que les rêves sont réservés aux personnes douées. Mais ce n'est certainement pas le cas. Les rêves ne se limitent pas aux personnes douées de prophétie. Ils sont pour tout le monde. En fait, l'église devrait revenir à la compréhension Biblique des rêves; si tel est le cas, plus de gens seraient ouverts à la voie du discernement de la voix de Dieu. Joël 2:28 (LSG) dit: «Après cela, je répandrai mon esprit sur toute chair; Vos fils et vos filles prophétiseront, Vos vieillards auront des songes, Et vos jeunes gens des visions.»

À l'époque Biblique, les rêves de Dieu étaient vifs et cohérents; ils avaient également un message précis. Dans un rêve, le prophète Daniel a vu une série de bêtes qui symbolisaient les empires politiques de Babylone (Daniel 7:1–3; Daniel 17). Par un rêve, Dieu a dit à Joseph de Nazareth, le père adoptif de Jésus, de fuir en Égypte avec sa femme et son enfant. Par conséquent, Jésus a échappé à la mort aux mains du vicieux roi Hérode. Après la mort d'Hérode, Dieu a révélé sa mort à Joseph par un rêve et, en même temps, il lui a ordonné de retourner avec sa famille dans leur patrie (Matthieu 2:13-15, 19-23).

Les visions vécues par Daniel dans l'Ancien Testament (Daniel 7) et le rêve de Pierre sur les animaux purs et impurs (Actes 10: 9–16) montrent comment les rêves et les visions peuvent fasciner les croyants aussi bien que les incroyants. Les rêves et les visions se trouvent dans presque tous les livres de la Bible. Et même dans les temps modernes, de nombreux croyants sont venus au Christ après avoir vu Jésus dans un rêve.

CHAPITRE 9

Les Rêves ont Inspiré des Personnes Qui Ont Prospéré dans Tous les Domaines de la Vie

Pendant des milliers d'années, certaines personnes ont utilisé les rêves comme un moyen intuitif pour réussir dans leur vie. Les praticiens de cette technique sont des écrivains, des artistes, des poètes et des inventeurs scientifiques talentueux ainsi que des gens ordinaires. Un écrivain a été grandement récompensé en suivant ses messages de rêve sur le stock market (marché boursier américain). Le célèbre poète français St. Paul Boux avait l'habitude de suspendre une pancarte sur la porte de sa chambre avant de se coucher; il disait «Ne pas déranger: poète au travail.» John Steinbeck, un auteur américain qui a remporté le prix Nobel de littérature, a écrit: «Il est courant qu'un problème difficile la nuit soit résolu le matin après que le comité du sommeil y ait travaillé. Et même aujourd'hui, nous utilisons fréquemment le cliché «Laissez-moi dormir dessus».»

Des Grands Scientistes Qui Avaient eu des Rêves

Certains des plus grands scientistes de l'histoire ont témoigné de l'importance des rêves.

Elias Howe Jr., un inventeur américain, est né en 1819, lorsque presque tout le monde cousait à la main; Howe a créé la machine à coudre à point noué moderne, qui a contribué à moderniser la fabrication de vêtements et à transformer totalement l'industrialisation à travers le monde. Howe a appris à construire la machine à coudre dans un rêve.

Alfred Russel Wallace a découvert, avec Charles Darwin, l'évolution des espèces par sélection naturelle. Wallace, naturaliste, explorateur, géographe, anthropologue, biologiste et illustrateur britannique, a voyagé au Brésil et au Sud-est de l'Asie pour enregistrer des espèces, essayant de comprendre les différences qu'il voyait lorsque les espèces étaient séparées par des barrières géographiques. Pendant des années, il a demandé comment de nouvelles espèces pourraient apparaître, mais il n'a trouvé aucune réponse.

En 1858, il eut un rêve extrême causé par une fièvre tropicale. Quand la fièvre fut partie, il découvrit que la théorie de l'évolution par sélection naturelle lui était venue. Il devint plus tard le principal expert du XIXe siècle sur la répartition géographique des espèces animales et est appelé le père de la biogéographie.

Albert Einstein, le jeune génie sensible qui a créé la théorie de la relativité en 1905, a déclaré que la partie essentielle qui l'a conduit à son concept de relativité restreinte lui est venu dans un rêve. Il a dit que sa carrière était une extension d'un rêve de vaches électrocutées et d'autres rêves qu'il avait eu sur le temps, la relativité et la physique.

Dimitri Mendeleev (1804–1907) a développé le tableau périodique. Mendeleev, un chimiste et inventeur russe, a formulé la loi périodique et créé une version clairvoyante du tableau périodique des éléments. Il était obsédé par la recherche d'un moyen logique d'organiser les éléments chimiques. En 1869, il écrivit les noms des éléments sur des cartes, un élément sur chaque carte. Il a ensuite écrit les propriétés de chaque élément sur sa propre carte.

Mendeleev savait d'une manière ou d'une autre que le poids atomique était important, mais il n'a pas pu trouver de modèle. Convaincu qu'il était sur le point de découvrir quelque chose d'important, il réorganisa les cartes pendant de nombreuses heures, jusqu'à ce que finalement, il s'endorme à son bureau. Quand il s'est réveillé, il a constaté que son esprit subconscient avait fait le travail pour lui, car un arrangement logique des éléments lui était venu. Et il a écrit plus tard: «Dans un rêve, j'ai vu une table où tous les éléments se mettaient en place selon les besoins. Au réveil, je l'ai immédiatement noté sur un morceau de papier. Cette table a fait de lui un expert dans de nombreuses disciplines, de la chimie à la physique.

Otto Loewi a découvert que nos nerfs transmettent des signaux chimiquement. Loewi, pharmacologue et psychobiologiste d'origine allemande, a découvert le rôle de l'acétylcholine en tant que neurotransmetteur endogène. Il a fait sa découverte à partir des informations recueillies dans un rêve. Pour sa découverte, il a reçu le prix Nobel de médecine en 1936.

Selon Loewi, l'idée de son expérience clé lui est venue dans un rêve, le poussant à se rendre directement au laboratoire au milieu de la nuit et à mener une expérience qui clarifiait deux mécanismes d'importance thérapeutique: le blocus et l'augmentation de l'action du nerf par certains médicaments.

Une nuit, il a rêvé au sujet de l'expérience. Il se réveilla, griffonna l'expérience sur un bout de papier posé sur sa table de chevet et se rendormit.

Le lendemain matin, à sa grande horreur, il découvrit qu'il ne pouvait pas lire ses gribouillis de minuit. Ce jour-là, dit-il, était le jour le plus long de sa vie, car il ne pouvait pas se souvenir du rêve. La nuit suivante, cependant, il fit le même rêve. Cette fois, il s'est immédiatement rendu dans son laboratoire pour réaliser l'expérience.

En 1936, Otto Loewi a reçu le prix Nobel de médecine pour un travail qui lui est venu dans un rêve.

Friedrich August Kekulé, chimiste organique allemand, fut le principal fondateur de la théorie des structures chimiques; il a également découvert la structure du benzène et la chimie aromatique. Kekulé était obsédé par la disposition des atomes du benzène. C'était un problème difficile, car le rapport des atomes de carbone et d'hydrogène était différent de celui observé dans d'autres composés d'hydrocarbures.

Pendant une nuit froide de 1865, il travailla sur le problème dans sa chambre. N'étant pas capable de trouver une solution, il tourna sa chaise vers le feu et s'assoupit. Il a commencé à rêver d'atomes dansant. Les atomes se sont arrangés sous la forme d'un serpent. Puis le serpent s'est retourné et s'est mordu la queue. L'image du serpent, la queue dans sa gueule, continuait de danser devant ses yeux. Quand Kekulé s'est réveillé, il a réalisé ce que signifiait le rêve: que les molécules de benzène sont constituées d'anneaux d'atomes de carbone. La compréhension de ces anneaux aromatiques a ouvert un nouveau domaine extrêmement important de chimie, de chimie aromatique et une nouvelle compréhension de la liaison chimique.

Srinivasa Ramanujan (1887–1920), un mathématicien indien, qui a découvert des milliers de nouvelles idées mathématiques, n'avait aucune éducation formelle ou formation en mathématiques. Il a apporté des contributions significatives à l'analyse mathématique, aux séries infinies, à la théorie des nombres et aux fractions continues, ainsi qu'à des solutions à des problèmes mathématiques considérés comme impossibles.

Ramanujan a affirmé que les informations sur son travail lui sont parvenues dans ses rêves à plusieurs reprises. Il a dit que tout au long de sa vie, il a toujours rêvé de formules mathématiques complexes, qu'il pourrait ensuite tester et vérifier au réveil. Il a dit que la richesse de ses idées sur les fonctions elliptiques et la théorie des nombres était en avance sur son temps et continue de motiver, d'inspirer et de diriger les recherches menées par les mathématiciens aujourd'hui.

Godfrey H.Hardy, un mathématicien de l'Université de Cambridge qui a travaillé avec Ramanujan, a déclaré que si les mathématiciens étaient évalués sur la base du talent pur sur une échelle de 0 à 100, il mériterait lui-même

25, JE Littlewood 30, David Hilbert 80, et Srinivasa Ramanujan 100.

Ramanujan a déclaré que la déesse hindoue Namagiri apparaissait souvent dans ses rêves, lui montrant des preuves mathématiques, qu'il écrirait à son réveil. Décrivant l'un de ses rêves, il a déclaré: «Pendant mon sommeil, j'ai vécu une expérience inhabituelle. Il y avait un écran rouge formé par le sang qui coule, pour ainsi dire. Je l'observais. Soudain, une main a commencé à écrire sur l'écran. Je suis devenu très attentif. Cette main a écrit un certain nombre d'intégrales elliptiques. Ils sont restés dans mon esprit. Dès que je me suis réveillé, je les ai engagés à l'écrit.»

René Descartes a été l'un des fondateurs de la méthode scientifique. Descartes était un philosophe, mathématicien et scientiste français. Il a construit une grande partie du cadre de la méthode scientifique moderne.

Descartes a écrit que le fondement de la méthode scientifique lui est venu dans les rêves qu'il a eu le 10 novembre 1619. Cette nuit-là, alors qu'il était stationné à Neuburg an der Donau, il s'est enfermé dans une pièce avec un four pour se protéger contre le froid. À l'intérieur, il a fait trois rêves. Il croyait qu'un esprit divin lui révélait une nouvelle philosophie.

Puis il a formulé la géométrie analytique et l'idée d'appliquer la méthode mathématique à la philosophie. Il a conclu de ces rêves que la poursuite de la science se révélerait être, pour lui, la poursuite de la vraie sagesse et une partie centrale de l'œuvre de sa vie. Descartes a également vu très clairement que toutes les vérités étaient liées les unes aux autres, de sorte que trouver une vérité fondamentale et procéder avec la logique ouvrirait la voie à toute science. Il a découvert cette vérité fondamentale, son fameux «je pense, donc je suis».

L'une de ses principales lignes de pensée était le scepticisme; il a affirmé que tout devait être mis en doute jusqu'à preuve du contraire.

Telles étaient ses quatre idées principales pour le progrès scientifique:

1. N'acceptez jamais rien comme vrai tant que toutes les raisons de doute ne peuvent être écartées.

2. Divisez les problèmes en autant de parties que possible pour apporter des solutions adéquates.

3. Les pensées doivent être ordonnées, en commençant par la plus simple et la plus facile à connaître, en remontant petit à petit et étape par étape, vers des connaissances plus complexes.

4. Faites des énumérations complètes et des revues générales pour que rien ne soit omis.

Jean Louis Rodolphe Agassiz, biologiste et géologue suisse, a été reconnu comme un savant novateur et prodigieux de l'histoire naturelle de la Terre; il fut professeur de zoologie et de géologie à l'Université de Harvard et fonda son Musée de Zoologie Comparée. Agassiz était le plus grand spécialiste mondial des espèces de poissons, actuelles et disparues. Il a fait un rêve qui l'a aidé à trouver un fossile. Il essayait de comprendre la structure d'un poisson fossile depuis deux semaines mais ne put faire aucun progrès.

La femme d'Agassiz a écrit que la solution est venue à son mari dans ses rêves pendant trois nuits. Elle a dit qu'il avait essayé pendant deux semaines de déchiffrer l'impression peu claire d'un poisson fossile sur la dalle de pierre dans laquelle il était conservé. Épuisé et perplexe, il mit enfin son travail de côté et essaya de le retirer de son esprit.

Mais peu de temps après, il s'est réveillé convaincu que pendant son sommeil, il avait vu son poisson avec tous les traits manquants parfaitement restaurés. Et quand il a essayé de reproduire l'image, cela lui a échappé. Puis, il est retourné au travail, avec l'impression qu'il verrait quelque chose de nouveau pour le placer sur la piste de sa vision. Mais ce fut en vain. La nuit suivante, il revit le poisson, mais cette fois sans résultat plus satisfaisant. Quand il s'est réveillé, il a disparu de sa mémoire comme avant.

La troisième nuit, dans l'espoir de vivre la même expérience, il a mis un crayon et du papier sur sa table de chevet avant de s'endormir. Cette nuit-là, le poisson refait surface dans son rêve; il fut d'abord perplexe, mais à la fin, avec une telle clarté, il ne douta plus de son caractère zoologique. Toujours à moitié réveillé, dans une obscurité idéale, il traçait les personnages qu'il voyait sur la feuille de papier sur sa table de chevet.

Le matin, à son réveil, il fut étonné de voir le fossile révélé dans son croquis nocturne. Il s'est dépêché de travailler avec son dessin comme guide; il y est arrivé et a réussi à couper la surface de la pierre. Il a découvert que des parties du poisson étaient cachées sous la pierre. Une fois complètement exposé, son travail final correspondait à son rêve et à son dessin. Aujourd'hui, le Musée de Zoologie Comparée de Harvard, fondé par Agassiz, est toujours un important musée d'histoire naturelle.

Des Médecins Qui Avaient eu des Rêves et des Visions

Au début de la civilisation de la Grèce, les gens allaient au temple d'Asclépios pour incuber un rêve pour guérir leurs maux physiques. Dans des temps plus modernes, le médecin de Yale Bernie Siegel documente le cas d'un homme qui rêvait d'avoir été torturé en plaçant des charbons ardents sous le menton. Cela a conduit à une découverte ultérieure d'un cancer de la gorge.

Le psychologue Medard Boss a rapporté un certain nombre de rêves qui ont détecté une maladie avant son apparition. Dans l'un de ces cas, une femme a eu quatre rêves répétés dans lesquels des membres de sa famille se sont transformés en pierre. Elle a rapidement développé une schizophrénie catatonique sévère et tout son corps était devenu immobile.

Les Généraux de Dieu qui Croient aux Rêves et aux Visions

William Branham était un ministre chrétien américain dans les années 1930; les gens ont dit qu'il avait l'esprit d'Elie en lui. Un jour, il baptisait des gens dans une rivière, quand une grande lumière puissante est apparue au-dessus de sa tête. Branham avait plusieurs autres rêves et visions.

Un dimanche matin de juin 1933, Branham reçut une série de sept visions qui concernaient ce qui se passerait avant la venue du Seigneur.

Dans la première vision, il a vu le dictateur de l'Italie, Benito Mussolini, envahir l'Éthiopie; dans la vision, il a entendu une voix qui lui parlait, disant que l'Éthiopie serait aux pieds de Mussolini. Puis la voix a continué et a prophétisé la mort de Mussolini, disant qu'il aurait une mort terrible pendant que son propre peuple cracherait littéralement sur lui.

La vision suivante indiquait que l'Amérique serait entraînée dans une guerre mondiale contre l'Allemagne, qui serait dirigée par Adolph Hitler, un Autrichien. La voix a prédit que cette horrible guerre renverserait Hitler et qu'il rencontrerait une fin mystérieuse. Dans cette vision, on lui a montré la ligne Siegfried, où un grand nombre de vies américaines ont été perdues, mais Hitler serait vaincu »

Dans la troisième vision, il a été montré que s'il y avait trois «-ismes» dans le monde (fascisme, nazisme et communisme), les deux premiers n'aboutiraient à rien, mais le communisme s'épanouirait. La voix l'a averti de garder les yeux sur la Russie concernant ses futures implications, et que le fascisme et le nazisme aboutiraient au communisme.

Notez que c'était en 1933; la voix ne disait pas «Surveillez l'Union soviétique», mais plutôt «Surveillez la Russie». Et en 1989, l'Union soviétique n'existait plus.

La quatrième vision prévoyait que juste après la guerre, il y aurait des évolutions technologiques remarquables. En tant que symbole dans ce rêve, il a vu une voiture en forme d'œuf avec un toit en plastique bulle, descendant sur de belles autoroutes totalement sous contrôle à distance. Dans le rêve, il n'a vu aucun volant dans la voiture; les gens assis à l'intérieur de la voiture semblaient jouer à un jeu de dames.

Aujourd'hui, ce véhicule existe, et en fait depuis de nombreuses années, n'attend que les systèmes d'autoroutes qui peuvent accueillir un tel mode de transport.

Dans le cinquième rêve, il a vu une scène de décadence morale rapide des femmes. Il vit des femmes nues simplement couvertes d'un petit tablier de la taille d'une feuille de figuier. Et puis il a vu une terrible décomposition de toute chair venir sur la terre et a vu avec elle des perversions énoncées par la Parole de Dieu.

Dans le sixième rêve, il a vu une belle femme vêtue de luxe et elle a reçu un grand pouvoir. Elle était attirante, mais il y avait une raideur en elle. Elle était belle mais cruelle, méchante et sournoise. Elle avait un pouvoir complet sur le peuple et elle dominait le pays avec son autorité. La vision indiquait que soit une telle femme surgirait littéralement, soit elle représentait une organisation qui est scripturairement caractérisée par une femme. La voix ne parlait pas et ne révélait pas qui était cette femme, mais Brahman sentait dans son cœur que cette femme représentait peut-être l'émancipation de l'Église catholique romaine.

Dans le septième rêve, la voix lui a ordonné de regarder, et alors qu'il se retournait, une grande explosion a détruit toute la terre et laissé l'Amérique en feu et vide. Il ne pouvait voir que des cratères, des tas de débris fumants et aucune humanité en vue. La vision s'est alors évanouie.

Certains érudits affirment que Branham était souvent préoccupé par cette étrange vision et qu'il cherchait sérieusement Dieu à cause de cela, mais pourtant les visions continuaient à se produire sous ses yeux et continuaient à se réaliser. Personne n'a été blessé par eux; au contraire, les gens ont prospéré grâce à eux.

Le rêve du prophète T. B. Joshua

Plus récemment, le prophète T. B. Joshua, fondateur de la Synagogue Church of All Nations (SCOAN), à Lagos, Nigeria, a eu un rêve, qu'il a décrit dans le *Documentaire Complet de TB Joshua*: *This Is My Story*.

Il a dit qu'il est allé sur une montagne pour prier; dans une vision là-bas, un message divin lui a été révélé. Il a reçu une alliance de Dieu concernant son appel; il a reçu l'onction divine de Dieu pour commencer son ministère. Le prophète T. B. Joshua a dit qu'il était en transe, puis il a vu une main qui a transpercé une Bible dans son cœur, et son cœur a absorbé la Bible instantanément. Puis il a acquis la connaissance, et il a vu les apôtres et les prophètes de la Bible, et un homme dont il ne pouvait pas voir la tête, parce que cet homme était grand jusqu'aux cieux, qu'il croit être notre Seigneur Jésus-Christ. Le prophète T. B. Joshua dit qu'il s'est également vu parmi eux.

Il dit qu'après un certain temps, il a vu la main du grand homme, avec son visage scintillant d'une lumière inimaginable. Il dit qu'il pouvait voir tous les visages des apôtres, en particulier les apôtres Pierre et Paul, les prophètes Moïse, Élie et d'autres, car leurs noms étaient écrits de couleur foncée sur leur poitrine.

Le prophète Joshua poursuit et dit qu'il a entendu une voix disant: «Je suis votre Dieu. Je vous donne une commission divine d'aller et d'accomplir l'œuvre du Père céleste.» Puis il vit la même main du grand homme lui donner une petite croix et une grande Bible, plus grande que celle qui était entrée dans son cœur, avec la promesse que tant qu'il continuerait à Le servir, il recevrait une croix plus grande. Mais sinon, le contraire se produirait. Il a également entendu la voix du même grand homme, disant: «Je suis le Seigneur votre Dieu, qui était et qui est Jésus-Christ, donnant des ordres à tous les apôtres et prophètes.»

La même voix lui a dit qu'Il lui montrerait les «voies merveilleuses», qu'Il se révélerait à travers lui, dans l'enseignement, la prédication, les miracles, les signes et les prodiges pour le salut des âmes. Chaque année depuis lors, dit le prophète Joshua, il reçoit une plus grande croix, ce qui signifie plus de responsabilités pour lui. Le Prophète croit que la Bible qui est entrée dans son cœur symbolise le Saint-Esprit.

Dieu utilise puissamment le Prophète T. B. Joshua dans les dons de miracle, de prophétie et de guérison.

Il est puissamment doué dans la guérison de maladies incurables; des gens du monde entier assistent à son service au Nigéria. Le prophète T. B. Joshua est considéré comme l'un des plus grands prophètes du monde.

Le pasteur Alph Lukau, pasteur principal et superviseur d'Alleluia Ministries International, à Johannesburg, Afrique du Sud, dit que lorsque les gens le voient dans leurs rêves, le fait qu'ils font des rêves avec lui indique qu'il a une mission donnée par Dieu dans leur la vie.

Le pasteur Alph pense que rêver est l'un des moyens les plus efficaces par lesquels Dieu communique avec nous.

Le pasteur Alph reçoit souvent des messages à travers des rêves pour les gens, même pour ceux qu'il n'a pas encore rencontrés. Dieu l'utilise fortement dans les dons de prophétie et de guérison, et possède sept autres dons. Il est considéré comme l'un des prophètes les plus précis du monde. Des gens du monde entier parcourent de très longs kilomètres pour assister à son service en Afrique du Sud.

Le pasteur Gregory Toussaint est exceptionnellement instruit en théologie, avec un degré en droit, commerce et comptabilité; il est le fondateur du Tabernacle of Glory de Miami, et d'autres Tabernacle of Glory en Haïti. Originaire de Port-au-Prince, Haïti, sa vidéo pédagogique *Riddles of the Night* (Énigmes de la nuit) explique que nous devons prendre les rêves au sérieux. Il déclare que Dieu a de nombreuses différentes façons de communiquer avec nous, selon Job 33:14, et le rêve est l'un des moyens les plus efficaces, pour trois raisons principales.

Premièrement, dit-il, Dieu parle à travers les rêves parce que nous avons une profonde tranquillité et un calme la nuit dans notre sommeil; quand nous sommes éveillés, nous avons des distractions autour de nous. Il est plus facile pour Dieu de nous parler et de nous faire comprendre lorsqu'on dort.

Deuxièmement, dit-il, Dieu parle à travers les rêves parce qu'il peut facilement communiquer avec notre esprit, puisqu'il a un contact direct avec notre esprit. En dormant, nous ne pouvons pas contrôler notre mécanisme de défense. Le pasteur Greg explique que les mécanismes de défense sont des stratégies psychologiques qui sont utilisées inconsciemment pour protéger une personne de l'anxiété résultant de pensées ou de sentiments inacceptables.

Troisièmement, ajoute-t-il, Dieu parle à travers les rêves car ce n'est que pendant le sommeil que nous sommes libres de faire des allers-retours dans le passé, le présent et le futur, par opposition au monde physique, où nous sommes emprisonnés dans le temps et l'espace.

Le pasteur Greg dit qu'il a eu deux rêves, l'un après l'autre, en sept jours. La première nuit, il a rêvé d'un âne mangeant des parties de son dos, le mordant si profondément que sa moelle épinière était devenu visible. Il dit qu'il s'est réveillé perplexe et un peu désorienté, mais il n'a pas prêté trop d'attention au rêve. Sept jours plus tard, il a rêvé d'un serpent enceinte essayant d'accoucher à l'intérieur de sa maison. Dans le rêve, sa femme et lui ont emmené le serpent à l'extérieur, l'ont tué et l'ont brûlé.

Le pasteur Greg a contacté un autre pasteur, qui se trouve être un expert en interprétation des rêves; ce pasteur a indiqué qu'un âne mangeant son propre dos et un serpent enceinte essayant d'accoucher dans sa maison ont la même signification: des problèmes aigus dans sa propre maison ou sa propre église. Et si ces problèmes ne sont pas traité rapidement, a-t-il dit, ils pourraient devenir démesurés. Comme l'explique le pasteur Greg, dans sa vie courante, il a par la suite découvert un problème assez délicat dans sa propre église qui était sur le point d'exploser, et s'il n'avait pas trouvé de solution en temps opportun, toute l'église aurait été dispersée.

Le pasteur Greg conclut que Dieu peut utiliser les rêves pour révéler une sorcellerie qui a été faite contre vous, même s'il y a longtemps, afin de la défaire. Il utilise les rêves, ajoute-t-il, pour vous montrer ce qui vous arrivera dans le futur, car si nous sommes physiquement limités par l'espace et le temps, dans les rêves, nous ne sommes pas limités par la loi de la physique.

Le pasteur Greg reçoit souvent des messages de Dieu à travers les rêves. Il a écrit de nombreux livres sur la signification et l'importance des rêves. Dieu l'utilise puissamment dans les domaines de la guérison et de la délivrance. Grâce à son enseignement, il est considéré comme un berger pour tous les Haïtiens du monde entier et enseigne aux gens d'autres pays en d'autres langues.

Le prophète Passion Java est le fondateur de Kingdom Embassy, à Beltsville, Maryland, et de KTV World Wide. Originaire du Zimbabwe, Afrique, il est nommé le 'Prophète Forensic'. Il a rêvé qu'un grand prophète, l'un des plus grands hommes de Dieu en Afrique, mourrait en décembre 2019.

Le prophète Passion a reçu beaucoup de critiques lorsqu'il a parlé de son rêve sur la mort imminente de ce grand prophète. Il a publiquement parlé de son rêve aux médias. Il a dit qu'il y a un prophète [venant de or habitant en Afrique] dont son église compte des milliers de croyants, mourrait en décembre 2019. Cela a provoqué beaucoup de tumultes parmi les croyants jusqu' à la mort de Reinhard Bonnke.

Le rêve du prophète Passion Java était d'une précision frappante; Reinhard Bonnke, un homme de Dieu en poste in Afrique, est décédé le 7 décembre 2019. Il était en effet l'un des plus grands hommes de Dieu, un prophète majeur, un exceptionnel évangéliste et missionnaire en Afrique.

Le Prophète Passion rencontre continuellement Dieu dans ses rêves. Il a écrit de nombreux livres sur les rêves. Il est unique et est considéré comme le prophète 'forensic' le plus précis de son temps.

Le pasteur Toufik Benedictus «Benny» Hinn est un télévangéliste israélien, surtout connu pour ses croisades miraculeuses régulières, ses réunions de réveil et ses sommets de guérison par la foi qui ont généralement lieu dans les stades des grandes villes et diffusés dans le monde entier sur son émission télévisée *This Is Your Day*. En janvier 2002, le pasteur Benny a écrit dans sa Lettre de Partenaire au sujet d'un rêve qu'il avait eu à propos de Jézabel.

Le pasteur Hinn a écrit: «Il y a quelques jours à peine, j'ai fait un rêve que je sais est un rêve prophétique et venant du Seigneur, et en tant que mon partenaire dans le ministère, je veux le partager avec vous!»

Dans le rêve, le pasteur Benny se voyait debout sur scène dans un grand stade, rempli de gens qui adoraient Dieu, chantant «How Great Thou Art». Alors que le rêve continuait, il remarqua une grande femme aux cheveux noirs debout sur la plate-forme à sa gauche à quelques mètres de lui, essayant de le distraire. Personne d'autre ne semblait la remarquer, mais elle faisait du bruit, parlait à haute voix et se moquait de ce qui se passait. Le pasteur Benny a dit qu'il se souvenait s'être demandé pourquoi personne ne pouvait la voir ou l'arrêter; il se tourna vers elle comme tout le monde chantait, et il la réprimanda au nom du Seigneur. Au moment où il a fait cela, avec l'autorité du Saint-Esprit sur elle, elle a semblé disparaître dans les airs.

Presque immédiatement, une autre chose remarquable s'est produite, a déclaré Pasto Benny; tout à coup, il se tenait au premier rang de l'auditoire, menant dans «How Great Thou Art», lorsque la puissance de Dieu tomba instantanément sur la première partie de l'auditoire, un tiers de la foule, tous tremblant violemment sous l'onction.

Instantanément, dit-il, il a été transporté devant la deuxième section du public, menant à nouveau dans «How Great Thou Art». Pendant qu'ils chantaient, le deuxième groupe tomba, tremblant violemment sous l'onction, avec une forte pluie tombant sur eux alors qu'ils restaient collés à leurs sièges, tremblant avec force.

La partie la plus étonnante du rêve était encore à venir, a déclaré le pasteur Benny. En un clin d'œil, il a été transporté devant la dernière section du public. Alors qu'il menait à nouveau avec «How Great Thou Art», le dernier tiers du public retomba dans leurs sièges, tremblant violemment sous une pluie de feu tombant sur eux.

Soudain, il s'est réveillé, a déclaré le pasteur Benny. Il était totalement étonné et ébranlé par ce qu'il avait vu dans le rêve, et il a demandé au Seigneur de lui révéler ce que cela signifiait. Le même jour, après l'avoir partagé avec sa femme, Suzanne, elle a immédiatement dit qu'il y a cinq semaines, le Seigneur lui avait fait un rêve similaire; elle a continué en lui disant que la femme qu'il a vue dans son rêve était l'esprit de Jézabel.

Le pasteur Benny a expliqué que Jézabel était la femme qui s'était opposée à Elie dans l'Ancienne Alliance.

La signification du rêve du pasteur Benny

Dans le rêve, le pasteur Benny se voyait debout sur scène dans un grand stade rempli de gens qui adoraient Dieu, chantant «How Great Thou Art». Alors que le rêve continuait, il remarqua une grande femme aux cheveux noirs debout sur la plate-forme à sa gauche, essayant de le distraire.

«Une grande femme» signifiait qu'elle était une influence dominante, car elle était grande. Le pasteur Benny a expliqué que la femme était Jézabel et que dans la Bible, elle était un symbole d'influence apostat, ce qui est idolâtre.

«Avec les cheveux noirs» signifiait qu'il y avait de la sorcellerie, car la couleur noire est un symbole de sorcellerie. Le pasteur Benny a précisé que les sorcières étaient habituellement considérées comme ayant les cheveux noirs, et le contrôle satanique est la caractéristique dominante de cette fausse religion. Pourtant, il est également utilisé par de faux ministres dans l'église chrétienne, a-t-il dit.

«Se tenir debout sur la plate-forme» signifiait une influence sacrée.

«À sa gauche.» La gauche représente le libéralisme.

«À quelques mètres de lui» signifiait que l'influence était très proche du pasteur Benny.

«Tenter de le distraire» signifiait que Jézabel s'opposerait à la vérité en Dieu, alors elle essaierait de distraire le pasteur Benny et de l'éloigner de la vérité que Dieu fait connaître. Fondamentalement, il est apparu dans le rêve que Dieu donnait une onction au pasteur Benny, et Jézabel essayait de le distraire, l'empêchant de la recevoir.

Il a continué, dans le rêve, personne d'autre ne semblait la remarquer alors qu'elle faisait du bruit, parlait à voix haute et se moquait de ce qui se passait. Et personne ne pouvait la voir ni l'arrêter. Alors que tout le monde continuait à chanter, il se tourna vers elle et la réprimanda au nom du Seigneur. Au moment où il a pris autorité dans le Saint-Esprit sur elle, c'était comme si elle disparaissait dans les airs.

«Personne d'autre ne semblait la remarquer» signifiait que la tromperie n'était pas remarquée; comme l'a expliqué le pasteur Benny, ceux qui sont trompés par Jézabel ne savent pas qu'ils sont trompés. Personne ne semble donc la remarquer, tout comme le rêve l'a véhiculé.

«Elle faisait du bruit, parlait à voix haute et se moquait de ce qui se passait» signifiait que le moyen de détourner l'attention de la vérité est de faire du bruit, de dissuader les gens de croire la vérité et de se moquer d'elle.

«Pourquoi personne ne pouvait la voir ou l'arrêter»: les illusions du diable sont invisibles. Le pasteur Benny a souligné qu'il se cache derrière un masque de droiture; il est également très astucieux et sait comment promouvoir l'inexactitude et la fausseté afin que les gens ne voient pas comment s'y opposer.

«Il s'est tourné vers elle comme tout le monde continuait à chanter, et l'a réprimandée au nom du Seigneur» signifiait que bien que Jézabel ait été influent, le pasteur Benny avait le pouvoir du Saint-Esprit dans le rêve de la chasser, ce qui signifiait tout ce que le pasteur Benny avait fait dans sa vie pendant ce temps, Dieu lui a donné le pouvoir de le gérer et de prendre position pour ce qui était juste. Il allait sûrement se défendre contre cette mauvaise influence.

«Au moment où il a pris autorité dans le Saint-Esprit sur elle, c'était comme si elle disparaissait dans les airs»: Quand le mal est contrarié par un tel feu, le Saint-Esprit, c'est comme si cela n'avait jamais été.

Le pasteur Benny rencontre continuellement Dieu dans ses rêves. Les gens du monde entier connaissent le pasteur Benny Hinn comme un évangéliste réputé, un enseignant et l'auteur de livres à succès sur Dieu. Il apporte l'évangile de Jésus dans le monde par tous les moyens possibles. Dieu utilise de lui les dons de miracles et de guérison.

L'évangéliste Jean Perce (J. P.) Makanzu, fondateur de l'Assemblée Chrétienne Christ Ressuscité à Lille, France, originaire de Kinshasa, Congo (RDC), dit que Dieu lui a parlé à plusieurs reprises dans des visions. Dans une interview exclusive à Genève, l'évangéliste JP Makanzu a déclaré qu'il avait rencontré Dieu et que Dieu s'était révélé à lui plusieurs fois à travers des visions.

Makanzu a dit: «Je l'ai vu plusieurs fois; Il s'est montré à moi sous plusieurs formes aussi. Je l'ai vu une fois comme un Lion. J'ai parlé au Lion et Il m'a formé. Il est monté sur un mur; Je suis monté avec lui, Il marchait, et tout à coup, Il a pris un arbre. Il est monté sur l'arbre, c'était un grand arbre. Il est allé au sommet de l'arbre et je l'ai suivi. Soudain, Il m'a dit: «Saute!» J'ai parlé avec le Lion comme si j'étais un lion. J'étais humain, Il était le Lion et nous avions les mêmes langues. Et quand Il a sauté, Il a sauté d'un autre côté. Il m'a dit: «Saute!» J'étais effrayé. J'ai dit: «Non, non, non.» Il m'a dit: «Saute!» Tout d'un coup, j'ai décidé de sauter. C'était comme si la terre s'était rapprochée de moi. Il a ri et est parti. Et là je suis revenu à moi-même. Je me suis dit, qu'est-ce que c'est? Est-ce un lion? Et je me suis souvenu de l'Écriture sur le Lion de Juda.»

L'évangéliste a continué et a dit qu'il l'avait vu une autre fois. Pendant qu'il priait, il est soudainement apparu devant lui. Il ne dormait pas. Il se promenait autour de la table du salon. Et Il est apparu devant lui. L'Homme de Dieu a dit qu'Il lui avait posé la même question qu'Il a posée à Pierre dans la Bible, «Puisque beaucoup de gens avaient quitté l'église, et vous, n'allez-vous pas partir comme eux?» J'ai répondu: «Où voulez-vous que j'aille? Tu es le pain de la vie. »

Le pasteur J. P. Makanzu croit aux rêves. Il a de fréquentes rencontres avec Dieu à travers les rêves. Les gens n'ont été délivrés qu'en le voyant dans leurs rêves. (Je n'ai jamais vu un évangéliste non haïtien se soucier autant du peuple haïtien.) Dieu utilise énormément le pasteur J. P. Makanzu dans les dons de délivrance, de guérison et de miracles.

Artistes qui Avaient eu des rêves

Les rêves sont des mines de diamants pour de nombreux artistes.

Des Musiciens

Les musiciens trouvent souvent l'inspiration et le succès grâce à leurs rêves.

Ludwig Van Beethoven (1770–1827) a rêvé les sonates de son piano. Il les rêvait sur des instruments qui n'avaient pas encore été inventés. Malcolm Bilson, pianiste et musicologue américain spécialisé dans la musique des XVIIIe et XIXe siècles, interprète de premier plan sur les pianos anciens, pensait que Beethoven avait probablement imaginer les pianos du futur et planifiait ses pièces en conséquence. Beethoven a également rapporté qu'il entendait des passages de musique alors qu'il montait dans une voiture, et a ensuite utilisé ce matériel avec seulement de légères révisions.

Sir James Paul McCartney, né le 18 juin 1942, était un chanteur, auteur-compositeur, musicien, compositeur et producteur de disques et de films anglais; il était chanteur et bassiste pour les Beatles et a composé l'une de ses chansons les plus célèbres, «Hier», après qu'elle lui ait été donnée dans un rêve en 1965. Son partenariat avec John Lennon pour l'écriture de chansons a été le plus réussi dans l'histoire.

William Martin (Billy) Joël, né le 9 mai 1949, était un pianiste, chanteur/écrivain et compositeur américain; il obtient beaucoup de ses idées de chansons dans ses rêves, mais il a souvent du mal à s'en souvenir quand il se réveille. Cependant, en 1993, il s'est réveillé avec la chanson «The River of Dreams» dans sa tête. En 2010, sur *The Howard Stern Show*, il a affirmé qu'il avait marché dans son sommeil, ce qui a inspiré les paroles. Il a dit que la chanson est une chanson très spirituelle, y compris la ligne qui dit: «À travers la vallée de la peur», qui fait référence au Psaume 23:4: «Bien que je marche à travers la vallée de l'ombre de la mort, je ne craindrai pas de mal.» Joël a fréquemment utilisé du matériel de rêve dans les chansons. Il entend généralement les arrangements musicaux dans ses rêves. Joël a interprété «River of Dreams» aux Grammy Awards en 1994, où il a été nominé pour le disque de l'année.

D'autres musiciens, comme **Igor Fyodorovich Stravinski** (1881–1972), un compositeur, pianiste et chef d'orchestre russe, rapportent avoir vu des images visuelles dans les rêves, puis composer de la musique à l'état de veille pour s'adapter à ces images. Stravinsky est largement considéré comme l'un des compositeurs les plus importants et les plus influents du XXe siècle. Il a dit qu'il rêvait régulièrement, que ses rêves étaient le fondement d'innombrables solutions dans son activité de composition, et les plus pratiques étaient celles musicales qui prescrivaient une certaine instrumentation. Il a dit qu'il rêvait souvent en couleur.

Le Sacre du printemps de Stravinsky était la pièce mélodique la plus influente composée à son époque, la seule œuvre de son siècle dont aucun compositeur ultérieur ne pouvait rester à l'écart. Il a dit que l'idée de cette chanson lui est venue dans un rêve.

John Phillips (1935–2001) **et Michelle Phillips** (4 juin 1944) étaient un couple américain et membres d'un groupe qui ont écrit «California Dreaming» pour les Mamas et les Papas. Ce morceau a été écrit en 1963, lorsque le couple vivait à New York. À New York, John a rêvé de la chanson et a réveillé Michelle pour l'aider à l'écrire. Il mentionne comment «toutes les feuilles sont brunes et le ciel est gris» et comment s'il ne le lui disait pas (Michelle), il pourrait «partir aujourd'hui». La chanson était une ballade d'amour de rêve pour la Californie et son climat plus chaud, tout en étant une plainte sarcastique contre la grisaille des «journées d'hiver» de New York. La chanson a plus de 10 millions de vues sur son téléchargement audio.

Des Cinéastes

Dans le domaine de la cinématographie, de nombreux cinéastes renommés ont intégré les rêves directement dans leur travail.

Ernst Ingmar Bergman (1918–2007) a utilisé son rêve d'un cercueil exactement comme il s'est produit dans *Wild Strawberries*. Bergman était un réalisateur, écrivain et producteur suédois qui travaillait dans le cinéma, la télévision, le théâtre et la radio. On l'appelait un maître cinéaste. Bergman a écrit: «Une fois, j'ai eu un rêve, ou une vision, et j'ai imaginé que ce rêve était important pour d'autres personnes, j'ai donc écrit le manuscrit et réalisé le film. Mais ce n'est qu'au moment où mon rêve rencontre vos émotions et vos esprits que mes ombres prennent vie. C'est votre reconnaissance qui leur donne vie. C'est votre indifférence qui les tue. J'espère que vous comprendrez; que lorsque vous quitterez le cinéma, vous emporterez avec vous une expérience ou une pensée soudaine ou peut-être une question. Les efforts de mes amis et de moi-même n'ont donc pas été en vains.»

Federico Fellini (1920–1993) était un réalisateur et scénariste italien, célèbre pour son style distinctif qui allie le rêve et les images décoratives extravagantes à la terre. Fellini est reconnu comme l'un des plus grands cinéastes de tous les temps. Il a voyagé dans le royaume des rêves pour soutenir ses créations cinématographiques renommées et distinguées.

Son film a été classé parmi les films les plus importants sans comparaison. Son rêve d'enfance le plus mémorable d'un magicien a été reproduit comme le final de son film 8½ très apprécié. D'autres cinéastes retravaillent le matériel de rêve avant le tournage. Fellini a donné de l'importance aux rêves. Il a, en fait, tenu un journal de rêve. Fellini gardait des carnets de notes remplis de croquis uniques et de commentaires de ses rêves. Son *Livre des Rêves* est une source fascinante d'écrits et de dessins jamais publiés auparavant, qui exposent la vision personnelle du maître cinéaste et son imagination sans fin.

John Thomas Sayles, né en septembre 1950, est un réalisateur, monteur, scénariste, acteur et romancier indépendant américain, nominé deux fois pour l'Oscar du Meilleur Scénario Original pour *Lone Star* et *Passion Fish*, et nominé pour le Golden Globe du meilleur Film en Langue Etrangère. Il a eu trois rêves sur une période d'une semaine qu'il a combinés pour produire sa comédie *Le Frère d'une Autre Planète*.

Des Peintres

L'inspiration artistique provient d'une variété de sources, telles que les gens, la nature, la musique et même les rêves.

Dans le domaine de l'art, **William Blake** (1757–1827), poète, peintre et graveur anglais, a peint son propre rêve sous le nom de *Young Night's Thought*, se décrivant allongé sur le sol en train de rêver. Il est considéré comme une figure influente de la poésie et des arts visuels de l'Age Romantique.

Jasper Johns, né le 15 mai 1930, est un peintre, sculpteur et graveur américain. Son travail est associé à l'expressionnisme abstrait, au néo-Dada et au pop art; Johns a peint pendant plusieurs années sans trouver de reconnaissance et de succès. En 1954, il a été inspiré par un rêve de peindre un grand drapeau américain. Sa série de peintures de drapeau l'a ensuite établi comme l'un des artistes les plus importants.

Salvador Dali i Domenech (1904–1989) est né à Figueres, en Catalogne. Dali était un artiste espagnol, un surréaliste renommé, qui était célèbre pour ses compétences techniques, sa conception précise et les images remarquablement inhabituelles et bizarres de son travail. Les rêves, les visions et les symboles ont joué un rôle majeur dans l'art de Dali. Il a affirmé que «la plus grande inspiration potentielle résidait dans le rêve». Le célèbre cinéaste Alfred Hitchcock pensait que Dali était parfait et l'utilisait pour créer la séquence de rêve de son film *Spellbound*, créant ainsi l'atmosphère parfaite pour le film. Dali a simplement utilisé les rêves comme source d'inspiration; il a exploité de manière proactive le pouvoir des rêves.

Des Écrivains

De nombreux écrivains ont également été inspirés par leurs images de rêve.

L'histoire d'horreur la plus célèbre de tous les temps, *Frankenstein*, a été inspirée par un rêve de **Mary Wollstonecraft Shelly** en 1816. Une nuit, Shelly (1797-1851) a fait un rêve, et le romancier anglais a écrit ce qu'on appelle souvent le premier vrai travail de science fiction. Le rêve était mélancolique sur la création d'un nouvel homme par un scientiste sûr de lui.

Edgar Allan Poe (1809–1849), écrivain, poète et critique littéraire américain, est surtout connu pour sa poésie et ses nouvelles. L'une des histoires de Poe était «Lady Ligea», basée sur un rêve sur le personnage principal aux grands yeux lumineux. Deux de ses poèmes étaient «Un rêve» et «Un rêve dans un rêve».

Charlotte Brontë (1816–1855), une romancière anglaise, était l'une des écrivaines victoriennes les plus célèbres et un poète prolifique dont le roman Jane Eyre est devenu un classique de la littérature anglaise. Brontë aurait incubé des expériences de rêve exotiques à utiliser dans ses écrits.

Sir Walter Scott (1771–1832) était un romancier, poète, dramaturge, historien et biographe écossais; beaucoup de ses œuvres restent des classiques de la littérature écossaise et anglaise. Il est souvent considéré à la fois comme l'inventeur et le plus grand praticien du roman historique. Il a également trouvé intentionnellement de l'aide dans ses rêves. Certains de ses livres sont dictés directement au rêveur.

Samuel Taylor Coleridge (1772–1834) était un poète, critique littéraire, philosophe et théologien anglais; il a écrit des passages de rêve en *Quotations Anglais: A Collection of the More Memorable Passages and Poems of English Literature*. Coleridge a évoqué la possibilité qu'une fleur émigre hors du royaume des rêves. Il a composé le long poème «Kubla Kahn (ou une vision dans un rêve): un fragment» une nuit après avoir vécu un rêve influent. Il s'est en fait mis à écrire des lignes de poésie qui lui venaient du rêve, mais quelqu'un l'a interrompu. Le poème n'a pu être achevé, car l'interruption lui a fait oublier les vers. Il l'a laissé non publié, l'a conservé pour des lectures privées pour ses amis, et l'a publié des années plus tard. Ce poème est considéré comme l'un des exemples les plus célèbres du romantisme dans la poésie anglaise et est inclus dans de nombreuses anthologies de poésie.

Solutions Concernant Rêver

Rêver de solutions aux problèmes de la vie n'est pas le domaine exclusif des riches et célèbres. Un professeur de sciences a clairement documenté sa propre recherche et son succès en incubant des rêves dans une salle de classe. Au total, les deux tiers des participants rêvaient de résoudre leur problème et un tiers rêvaient de solutions concrètes.

Le professeur a également fourni une méthode en sept étapes pour incuber vos propres solutions de rêve à vos problèmes spécifiques de la vie:

1. Gardez un stylo et un carnet de notes sur une table près de votre lit.

2. Écrivez le problème cible en une brève phrase et placez-le à votre chevet.

3. Passez en revue le problème juste avant de vous coucher.

4. Au lit, visualisez-vous en train de rêver du problème.

5. En vous endormant, rappelez-vous que vous voulez rêver du problème.

6. Disposez les objets associés au problème sur votre table de nuit où vous pouvez les voir facilement.

7. Au réveil, notez tous les rêves qui se sont produits. Si vous ne vous en souvenez pas, allongez-vous tranquillement dans le lit et attendez que vous vous souveniez de quelque chose, et voyez quelles solutions apparaissent dans vos propres rêves.

CHAPITRE 10

Reconnaître les Multiples Faces de Dieu dans les Rêves ou les Visions

Comment Dieu apparaît dans les rêves

Père
- père terrestre
- personnages de protection: policier, soldat
- un homme riche
- père ou chef spirituel
- gouverneur

Jésus
- époux
- sauveur / sauveteur: quelqu'un intervient pour vous mettre en sécurité
- souverain naturel: gouverneur, roi, premier ministre
- pêcheur
- charpentier

- berger
- guerrier
- leader spirituel
- lion
- chien: fidèle et toujours à vos côtés
- pasteur
- avocat: vous défendre ou agir comme avocat en votre nom
- juge
- amoureux

Esprit Saint
- vent, vin, eau, feu
- homme sans visage au visage léger
- conseiller: quelqu'un qui vous conseille
- guide, vous montrant la bonne voie à suivre
- consolateur: quelqu'un qui vous apporte paix et réconfort
- donateur de cadeaux
- entraîneur

Compréhension Avancée des Raisons Pour Lesquelles Dieu Utilise des Rêves et des Visions

Avant la Chute, les humains avaient des interactions directes et éternelles avec Dieu. Un soir fatidique, Dieu est descendu en communion avec Adam et Eve: «Alors ils entendirent la voix de l'Éternel Dieu, qui parcourait le jardin vers le soir, et l'homme et sa femme se cachèrent loin de la face de l'Éternel Dieu, au milieu des arbres du jardin» (Genèse 3:8 LSG).

Après la Chute, cependant, les humains ont été séparés de cette intimité avec Dieu. Par conséquent, il est devenu nécessaire de tendre la main à Dieu. Le Dr Joe Ibojie, dans son livre *Dream Symbols*, note que ce qui a résulté était un moyen indirect de communication comme les rêves et les visions. Il est devenu indispensable que les hommes prient Dieu, et lorsqu'ils ont besoin de quelque chose, «C'est alors que l'on commença à invoquer le nom de l'Éternel» (Genèse 4:26 LSG).

Puis les rêves et les visions sont devenus significatifs, alors que nous nous éloignions spirituellement de notre communication directe perpétuelle avec Dieu. Le Dr Ibojie affirme qu'au fil des ans, cette distance spirituelle par rapport à un état de communion perpétuelle avec Dieu s'est élargie. Il note qu'immédiatement après la Chute, les humains étaient encore assez proches spirituellement de Dieu pour expérimenter parfois son royaume de manière directe. Puis il a progressivement décliné.

Cette relation est évidente avec les épisodes fréquents de rêves lucides et interactifs et de grande conscience surnaturelle qui existaient immédiatement après la Chute. Mais, malheureusement, remarque le Dr Ibojie, la réalité et la probabilité d'expérimenter une telle vie dans le royaume de Dieu continuent de diminuer à mesure que le mal augmente dans le monde. Par conséquent, la communication directe avec Dieu est devenue progressivement moins fréquente.

La fréquence des rêves lucides et interactifs reflète la quantité de gloire de Dieu existant dans un environnement, ainsi que le talent et la qualité de vie du rêveur. À un moment indéterminé dans l'avenir, toute l'étendue de la prophétie de Joël sera véritablement appréciée sur la base de cette compréhension. Quand Dieu répand son Esprit sur toute chair, observe le Dr Ibojie, sa gloire prendra le dessus sur l'atmosphère. Par conséquent, non seulement les rêves et les visions se développeront parmi nous, mais nous aurons également la capacité d'interagir clairement avec Dieu dans les rêves, «Car la terre sera remplie de la connaissance de la gloire de l'Éternel, Comme le fond de la mer par les eaux qui le couvrent» (Habacuc 2:14 LSG).

Pourquoi Dieu Utilise-t-Il des Paraboles et des Symboles pour Communiquer avec Nous?

Une parabole est définie comme une histoire simple qui illustre une leçon morale ou spirituelle. Les paraboles, contrairement aux fables, traitent le caractère des humains. Une parabole illustre une vérité profonde racontée par Jésus dans la Bible. Raconter des paraboles était la principale méthode de Jésus pour aider les gens à comprendre les vérités spirituelles. Il structurait un lien du naturel au spirituel. Jésus a utilisé des paraboles pour révéler des idées afin que ceux à qui la vérité était destinée puissent en discerner le sens, mais ceux à qui elle n'était pas destinée ne comprendraient pas.

> Jésus leur répondit: Parce qu'il vous a été donné de connaître les mystères du royaume des cieux, et que cela ne leur a pas été donné. (Matthieu 13:10–11 LSG)

Le symbole est défini comme un caractère, un signe ou un emblème qui représente ou représente autre chose. Le langage des symboles est profond et puissant, mais c'est un langage élémentaire qui peut être déchiffré à tous les âges. Dieu utilise des symboles parce que leur signification cachée lui permet de donner des éclaircissements par étapes. Dieu les utilise pour donner une onction sur nous ou pour interpréter un message caché. À travers des rêves ou des visions, il utilise les symboles comme langage intime pour communiquer avec nous. Ainsi, il sécurise le message de l'ennemi et nous donne envie d'en rechercher le sens.

Comme l'esprit humain peut comprendre et lire en images, ceux qui ont la capacité de comprendre le formidable pouvoir des symboles peuvent acquérir des connaissances incroyables sur les mystères de Dieu parce que ses voies sont enveloppées dans un langage symbolique.

CHAPITRE 11

L'Interprétation Vient de Dieu

L'interprétation est un don de Dieu. «Nous avons eu un songe, et il n'y a personne pour l'expliquer. Joseph leur dit: N'est-ce pas à Dieu qu'appartiennent les explications?» (Genèse 40:8 LSG).

C'est un cadeau qui résulte d'une relation croissante avec Dieu. Notre relation progressive avec Dieu augmente notre soif intérieure de comprendre la signification d'un rêve.

Les vrais rêves de Dieu génèrent une curiosité qui exige une réponse à l'intrigue de la nuit passée. L'agitation dans votre homme intérieur vous conduira à rechercher un sens caché dans les symboles d'un rêve.

Dieu peut choisir de nous donner l'interprétation d'un rêve ou d'une vision de plusieurs manières:

1. Révéler instantanément la signification d'un rêve ou d'une vision à travers un ange, comme Dieu l'a fait avec Daniel (Daniel 10: 10-15).

   Je viens maintenant pour te faire connaître ce qui doit arriver à ton peuple dans la suite des temps;

car la vision concerne encore ces temps-là. (Daniel 10:14 LSG)

2. En nous parlant simultanément de l'interprétation du rêve pendant que nous dormons. Parfois, Dieu révèle la signification immédiatement après le rêve, ou donne l'interprétation pendant le rêve.

   Jérémie a eu la vision d'un amandier et d'une marmite bouillante, et Dieu lui a demandé: «Que vois-tu?» Le Seigneur a ensuite révélé la signification de chaque symbole.

3. Par le processus de l'écriture.

   C'est par un écrit de sa main, dit David, que l'Éternel m'a donné l'intelligence de tout cela, de tous les ouvrages de ce modèle. (1 Chroniques 28:19 LSG)

   La première année de Belschatsar, roi de Babylone, Daniel eut un songe et des visions de à son esprit, pendant qu'il était sur sa couche. Ensuite il écrivit le songe, et raconta les principales choses. (Daniel 7:1 LSG)

4. Déployer la signification d'un rêve à mesure que nous mûrissons dans la compréhension de ses voies.

   La gloire de Dieu, c'est de cacher les choses; La gloire des rois, c'est de sonder les choses. (Proverbes 25:2 LSG)

   Que le sage écoute, et il augmentera son savoir, Et celui qui est intelligent acquerra de l'habileté, Pour saisir le sens d'un proverbe ou d'une énigme, Des paroles des sages et de leurs sentences. (Proverbes 1:5–6 LSG)

Dieu accorde une grande valeur à notre recherche des choses qu'Il cache. Souvent, nous apprenons autant, sinon plus, dans le processus de découverte de l'interprétation d'un rêve que nous le faisons en obtenant simplement la réponse du rêve lui-même. Il y a une grande valeur spirituelle dans le processus de recherche du sens.

Daniel et Joseph sont les deux interprètes de rêve mentionnés dans les Écritures. Tous deux avaient une relation profonde avec le Seigneur.

Joseph a déclaré que Dieu est celui qui donne l'interprétation des rêves (Genèse 40:8). Par conséquent, sans l'aide de Dieu, nous ne pourrons pas comprendre les rêves.

Dans Daniel 4:18 (LSG), Nebucadnetsar dit à Daniel: «Voilà le songe que j'ai eu, moi, le roi Nebucadnetsar. Toi, [Daniel], donnes-en l'explication, puisque tous les sages de mon royaume ne peuvent me la donner; toi, tu le peux, car tu as en toi l'esprit des dieux saints.»

Daniel 2: 17–19 (LSG) rapporte que Daniel a reçu l'interprétation d'un rêve dans une «vision pendant la nuit».

Pourquoi Nous Cherchons la Signification des Rêves

Il est totalement Biblique de rechercher la signification d'un rêve ou d'une vision, car les Écritures ont de nombreux exemples de ceux qui ont cherché le sens de leurs rêves et visions. Même lorsque nous pensons avoir les interprétations du rêve ou de la vision, il est sage de rechercher le sens, comme le dit la Bible, «La gloire de Dieu, c'est de cacher les choses; La gloire des rois, c'est de sonder les choses»(Proverbes 25:2 LSG).

Quelques Exemples Bibliques d'Interprétation des Rêves

Il existe de nombreux exemples de rêves dans la Bible. Même avant que l'Écriture ne soit complète, Dieu parlait parfois à des individus à travers des rêves et des visions. Le rêve de Jacob de l'échelle atteignant le ciel était plus ou moins littéral, tandis que d'autres, comme les gerbes de blé du jeune Joseph, nécessitaient une interprétation.

• Joseph rêve qu'il exercera son autorité sur sa famille (Genèse 37: 5–11)

Joseph était le fils de Jacob et de Rachel, l'épouse préférée de Jacob. Il était aussi le fils préféré de son père et il était gâté au-dessus de ses autres frères. Joseph a raconté à ses frères deux rêves qu'il avait fait, ce qui les a fait le détester encore plus. Dans le premier rêve, ses frères et lui liaient des gerbes de blé dans le champ, mais lorsque sa gerbe se redressa, les gerbes de ses frères se prosternèrent devant les siennes. Dans un autre rêve, le soleil, la lune et onze étoiles se sont prosternés devant lui.

Ses frères et son père ont interprété les rêves comme signifiant qu'ils seraient un jour sous l'autorité de Joseph. Ce rêve a rendu ses frères encore plus jaloux de lui, mais son père, après avoir d'abord réprimandé Joseph, a tranquillement envisagé la possibilité. Des années plus tard, après que les frères de Joseph l'aient vendu comme esclave, et que Joseph soit passé d'esclave en prisonnier puis en second de Pharaon, les rêves se sont réalisés. Les frères et le père de Joseph sont devenus sous l'autorité de Joseph quand ils sont venus en Égypte pour acheter des céréales pendant une horrible famine (Genèse 45).

• L'interprétation des rêves de Joseph en prison (Genèse 40)

Joseph a passé quelque temps dans une prison égyptienne avec le chef échanson et boulanger de Pharaon. Une certaine nuit, ils ont tous deux eu des rêves vifs et ont demandé à Joseph d'interpréter leurs rêves à leur place.

L'échanson a rêvé d'une vigne sur laquelle il y avait trois branches chargées d'une vigne; il a pressé le jus de raisin dans la coupe de Pharaon et a ensuite donné la coupe à Pharaon. Joseph a expliqué que les trois branches signifiaient trois jours et qu'avant trois jours, Pharaon lui pardonnerait et lui permettrait de retourner au travail.

Le boulanger rêva qu'il avait trois paniers sur la tête, et le panier supérieur contenait toutes sortes de nourriture pour le roi; il a également vu des oiseaux manger la nourriture. Joseph a interprété que les trois paniers signifiaient également trois jours, qu'avant la fin des trois jours, Pharaon le sortirait de la prison et l'exécuterait, et les oiseaux mangeraient son corps.

Trois jours plus tard, c'était l'anniversaire de Pharaon; il organisait une fête pour tous ses serviteurs, et il permit à l'échanson et au boulanger de quitter la prison. Il a libéré l'échanson et lui a rendu son travail, mais il a exécuté le boulanger. Joseph avait interprété les rêves avec précision.

Lorsque nous examinons ce texte, nous nous rendons compte que ces rêves étaient remplis de symboles qui doivent être décodés. Par exemple, l'échanson a vu trois branches chargées de raisins poussant sur une vigne; il a récolté les raisins et les a pressés dans la coupe de Pharaon. Les arbres et les feuilles représentent la vie; c'était ainsi que Joseph savait que l'échanson vivrait et continuerait à servir Pharaon.

Dans le rêve du boulanger, il y avait des oiseaux qui mangeaient dans son panier. Les oiseaux qui volent dans le ciel peuvent faire la différence entre un être humain vivant et un mort. Les oiseaux ne mangent que de quelque chose qui ne bouge pas. Si les oiseaux du rêve pouvaient venir manger dans son assiette, cela signifiait qu'il n'était pas vivant.

• Les rêves de fête et de famine de Pharaon (Genèse 41:1–36)

Deux ans après que Joseph a interprété le rêve de l'échanson, il a été appelé à interpréter deux rêves pour Pharaon. Le souverain égyptien avait rêvé de sept vaches grasses et en bonne santé qui étaient ensuite mangées par sept vaches maigres et laides. Il rêva alors de sept épis pleins qui étaient dévorés par sept épis minces et brûlés. Joseph a interprété les rêves et a dit à Pharaon qu'ils transmettaient le même message de Dieu. Joseph l'informa que le pays d'Égypte connaîtrait sept années exceptionnellement prospères, suivies de sept années d'horrible famine. Il a également dit que Pharaon devrait stocker tout ce qu'il pouvait pendant les années d'abondance à vendre pendant les années de famine. Pharaon a confié à Joseph la responsabilité de ce plan, et c'est ainsi que Joseph a pris autorité sur son père et ses frères lorsqu'ils n'avaient plus de nourriture.

- **Le rêve de défaite de Madianite (Juges 7:13-14)**

Gédéon avait été le juge le plus réticent d'Israël. Dieu lui a ordonné de lever une armée pour vaincre les Madianites, mais le Seigneur a réduit les forces à quelques centaines d'hommes. Pour fortifier Gédéon, Dieu l'a envoyé dans le camp de l'ennemi. Là-bas, Gédéon a entendu deux soldats parler d'un rêve. L'un des soldats a dit qu'il a rêvé d'une miche de pain d'orge roulant dans le camp et aplatissant une tente. L'autre a interprété le rêve comme signifiant que l'Israélite Gédéon vaincrait les Madianites: « Dieu a livré entre ses mains Madian et tout le camp» (Juges 7:14 LSG).

Après que Gédéon eut entendu cela, il suivit le plan de Dieu et observa du haut d'une colline les soldats madianites se massacrer les uns les autres (versets 19-22).

- **Le rêve de la statue de Nebucadnetsar (Daniel 2)**

Dieu a souvent parlé aux prophètes à travers des rêves, mais il semble qu'il a parlé plus à Daniel que tout autre

(Daniel 1:17). Lorsque Nebucadnetsar, le roi de Babylone, eut un rêve qu'aucun de ses sorciers ne pouvait interpréter, il demanda à Daniel d'expliquer sa signification. Le roi avait rêvé d'une statue d'homme. La tête était en or, la poitrine et les bras en argent, le corps et les cuisses en bronze, les jambes en fer et les pieds en fer et en argile. Une pierre taillée sans mains humaines a alors frappé les pieds de la statue, et elle s'est effondrée, mais la pierre est devenue une montagne puissante. Daniel a révélé que les différentes parties de la statue étaient différents royaumes terrestres qui entreraient au pouvoir, faisant de ce rêve une prophétie influente.

Comme Daniel l'a interprété, la tête d'or était Babylone, la poitrine et les bras d'argent étaient médo-perses, les cuisses étaient la Grèce et les jambes Rome. L'identité exacte des pieds n'a pas encore été révélée, mais elle semblait liée à l'empire romain; les pieds et les jambes contiennent tous deux du fer, et les dix orteils correspondent aux dix cornes mentionnées dans Daniel 7 et Apocalypse 13. Nous savons que le royaume mondial final sera gouverné par l'Antéchrist, mais la pierre dans le rêve, celle qui détruit tous les royaumes et remplit la terre, c'est le royaume de Dieu, établi lorsque Jésus reviendra pour régner sur toute la terre pour toujours.

• Le rêve de l'arbre tombé de Nebucadnetsar (Daniel 4)

Sur le plan personnel, le deuxième rêve de Nebucadnetsar était beaucoup plus troublant que le premier. Le roi a vu un arbre dans le rêve, coupé et dépouillé de feuilles et de fruits, laissé comme une souche liée en fer et en bronze.

Daniel a révélé à contrecœur l'interprétation du rêve. Il a dit que cette partie du rêve était un avertissement que Dieu frapperait Nebucadnetsar avec une sorte de folie. Pendant sept ans, l'arrogant Nebucadnetsar a perdu la raison et a vécu comme un bœuf dans les champs. Après son humiliation, le roi a retrouvé sa santé mentale et sa position dans le palais, et il a alors décidé de louer le Dieu de Daniel.

- **Le rêve des quatre bêtes de Daniel (Daniel 7:1–8)**

Daniel avait plusieurs rêves et visions d'événements de la fin des temps qu'il ne pouvait pas comprendre. L'une était de quatre grandes bêtes: un lion avec des ailes d'aigle, un ours avec trois côtes dans ses dents, un léopard avec quatre ailes d'oiseau et quatre têtes, et un monstre avec des dents de fer et dix cornes. Un messager du ciel a interprété le rêve de Daniel; il a dit, (Daniel 7:17 LSG). Le lion était Nebucadnetsar. L'ours était l'empire médo-perse; le léopard était la Grèce; et le dernier était l'Empire romain. Bien que la bête fût Rome, les dix cornes parlent d'événements futurs. Il y aura dix dirigeants mondiaux qui feront revivre l'Empire romain et engendreront l'Antéchrist, la «petite corne» au verset 8.

- **Interprétation des rêves de Jacob**

Jacob était le fils d'Isaac, qui était le fils d'Abraham. La Bible rapporte un rêve important de Jacob dans la Genèse qui indique comment l'âme a été construite. Ce rêve nous fournit un cadre sur lequel reposent les interprétations futures des rêves.

> Jacob partit de Beer Schéba, et s'en alla à Charan. Il arriva dans un lieu où il passa la nuit; car le soleil était couché. Il y prit une pierre, dont il fit son chevet, et il se coucha dans ce lieu-là.
>
> Il eut un songe. Et voici, une échelle était appuyée sur la terre, et son sommet touchait au ciel. Et voici, les anges de Dieu montaient et descendaient par cette échelle. Et voici, l'Éternel se tenait au-dessus d'elle; et il dit: «Je suis l'Éternel, le Dieu d'Abraham, ton père, et le Dieu d'Isaac. La terre sur laquelle tu es couché, je la donnerai à toi et à ta postérité.»...
>
> Jacob s'éveilla de son sommeil et il dit: «Certainement, l'Éternel est en ce lieu, et moi, je ne le savais pas!» (Genèse 28:10–13, 16 LSG)

Dans ce passage, notez que c'était la première fois que Dieu parlait directement à Jacob. C'est pourquoi Il a dû se présenter comme le Dieu d'Isaac et d'Abraham, qui étaient le père et le grand-père de Jacob.

Ensuite, la prochaine chose que nous devrions remarquer est que Jacob voyageait à pied depuis longtemps et a décidé de dormir à la tombée de la nuit. Les savants hébreux disent que Jacob a travaillé si dur qu'il est resté plusieurs jours sans dormir. Par conséquent, il a grandi sans rêver car il dormait peu en tant que jeune homme. Le sommeil fait recharger nos âmes.

Dans ce rêve, Jacob a vu une échelle qui reposait sur la terre; son sommet atteignait le ciel. Cette échelle représente les différentes couches de l'âme. Votre âme a de nombreuses couches, avec la couche la plus basse de votre âme dans votre corps sur terre, tandis que la couche la plus élevée de votre âme est proche de Dieu. Cette couche inférieure est appelée l'âme animale, tandis que la couche la plus élevée, l'esprit humain, est dans le domaine de la vérité. Au verset 16, Jacob s'est réveillé et a dit: «Certes, le Seigneur était à cet endroit et je ne le savais même pas.» L'endroit auquel Jacob faisait référence était le royaume des rêves.

Jacob était un homme travailleur, mais aucun de ses efforts n'a amené Dieu à lui parler. Cela ressemble à la plupart des croyants aujourd'hui. Dieu vous parle, mais vous pouvez être si occupé que vous ne vous en rendez pas compte. Il a fallu un rêve à Dieu pour exposer tout le plan devant Jacob. Un seul rêve a changé toute la perspective de Jacob et a amené Dieu dans l'œuvre qu'il faisait.

CHAPITRE 12

Une Manière Générale d'Interpréter les Rêves

> Dieu parle cependant, tantôt d'une manière, Tantôt d'une autre, et l'on n'y prend point garde. Il parle par des songes, par des visions nocturnes, Quand les hommes sont livrés à un profond sommeil, Quand ils sont endormis sur leur couche. Alors il leur donne des avertissements Et met le sceau à ses instructions, Afin de détourner l'homme du mal Et de le préserver de l'orgueil, Afin de garantir son âme de la fosse Et sa vie des coups du glaive.
> —Job 33:14–18 (LSG)

1. Préparez votre cœur, un moment et un lieu pour entendre Dieu.

2. Posez les questions suivantes sur vous-même dans le rêve:

   - Où suis-je dans le rêve?

   - Qui suis-je dans le rêve: un observateur, un participant, l'objectif principal ou un sous-objectif?

     - Quelles émotions je ressens?

- Quelles sont les couleurs du rêve?

3. Le type de rêve le plus courant contient généralement plus d'une scène.

4. La première scène donne généralement le décor.

5. Un rêve peut couvrir plusieurs sujets différents.

6. Les amis et les membres de la famille sont utilisés comme symboles.

7. Posez les questions suivantes sur les personnes que vous connaissez dans le rêve:

    - Comment êtes-vous connecté avec eux (famille, travail, ami, voisin)?
    - Quel est leur nom?
    - Quels adjectifs les décrivent?
    - Les aimez-vous ou ne les aimez-vous pas (ou êtes-vous indifférent)?
    - Quel rôle jouent-ils dans le rêve?
    - Quelle qualité spirituelle ont-ils?
    - Apparaissent-ils dans d'autres rêves?
    - Le rêve était-il similaire ou différent?

8. Posez les mêmes questions même si vous ne connaissez pas la personne.

9. Quel est le contexte du rêve?

- Action: Courez-vous, êtes-vous poursuivi, êtes-vous assis, dormez-vous?
- Émotion: quel est le ton du rêve (dur, espoir, paix, amour, etc.)?
- Révélation: Quels sont les symboles du rêve?
- Confirmation: Trouvez une Écriture pour confirmer ce que Dieu vous dit.

Comment Interpréter les Rêves

L'aspect le plus important de l'interprétation des rêves est de demander à Dieu de comprendre le rêve (Genèse 41:16), tout comme Joseph s'est appuyé sur Dieu pour interpréter le rêve de Pharaon. N'oubliez jamais de compter sur le Saint-Esprit. La sagesse et l'expérience révèlent que Dieu veut que vous dépendiez de lui pour un ministère fructueux. Si vous ne le faites pas, Il vous rappellera votre dépendance.

Les rêves ont souvent une double application. Ils peuvent s'appliquer au rêveur ou simultanément à une autre personne, un groupe ou une situation. Les rêves sont pleins de symbolisme. Le symbolisme est une révélation de Dieu.

Le pasteur Gregory Toussaint du Tabernacle de la Gloire, dans son enseignement intitulé «Comment interpréter vos rêves», nous donne un guide détaillé sur la façon d'interpréter nos rêves:

1. Discutez de vos rêves.

2. Notez les principaux faits de vos rêves afin de ne pas oublier les détails. Par exemple, écrivez ce qui s'est passé dans chacune des scènes. Dans Daniel 7:1, Daniel a écrit les principaux faits du rêve.

3. Recherchez vos rêves.

4. Priez pour vos rêves.

5. Contextualisez vos rêves.

    - Pensez au contexte de votre vie.
    - Est-ce lié à quelque chose qui se passe dans votre vie?
    - Quelles ont été vos dernières pensées?

Dans Daniel 2:29, le roi Nebucadnetsar a fait un rêve sur son avenir. Il pensait à l'avenir de son royaume et Dieu lui a montré ce qui allait se passer. Actes 10:9 répond à sa situation de vie.

6. Localisez-vous dans le rêve.

    - Où êtes-vous dans le rêve (êtes-vous l'observateur ou un participant?
    - Que faites-vous dans le rêve?

Si vous êtes un observateur et que vous n'êtes pas impliqué, alors Dieu peut vous dire quelque chose sur votre niveau de responsabilité dans la situation. Si vous vous voyez simplement en train de regarder les choses, le Seigneur peut révéler quelque chose pour que vous puissiez intercéder, ou il peut vous donner des conseils.

Si vous êtes un participant, vous êtes impliqué; si vous êtes impliqué, vous prendrez des décisions. Alors faites attention à l'endroit où vous vous trouvez dans le rêve. Daniel 8:1-7 est un exemple d'observateur qui a vu beaucoup de choses.

7. Faites attention aux répétitions dans vos rêves.

- Faites attention aux répétitions du rêve.

- Faites attention aux répétitions dans le rêve.

Parfois, le Seigneur vous fera le même rêve la même nuit ou pendant une certaine période de temps. Dans ce cas, le Seigneur vous montre que quelque chose se passe. Alors faites attention à la répétition. Quand Pharaon eut ce rêve des sept vaches maigres, Joseph dit que c'était le même rêve sous deux formes différentes; c'est parce que cette question a été établie devant Dieu. Lorsque vous faites deux fois un rêve, Dieu essaie d'attirer votre attention. Il essaie en fait de vous dire: «C'est important; Faites attention.» Dieu le répétera jusqu'à ce que vous l'obteniez.

8. Faites attention à votre intuition.

- Utilisez la puissance de l'induction: observez plusieurs fois et parvenez à une conclusion.

9. Faites attention au contexte réel du rêve.

- Que se passe-t-il dans votre vie en ce moment?

- Ce qui est arrivé la nuit dernière?

- Que s'est-il passé la veille?

Demandez au Saint-Esprit de vous aider à comprendre le processus du rêve. Lorsque vous passez du temps dans l'Écriture (lisant la Bible), lorsque vous passez du temps à prier, lorsque vous passez du temps en présence de Dieu, Il vous ouvre les mystères de l'Écriture et de Sa vie.

10. Faites attention à vos émotions dans le rêve.

11. Faites attention à l'exagération (objets gigantesques, par exemple).

12. Faites attention à la fin. Si vous rêvez que vous grimpez difficilement et que la montagne continue de grandir, alors c'est un mauvais rêve. Priez à ce sujet et réprimandez-le au nom de Jésus.

Comment Interpréter la Communication de Dieu

Le pasteur Benny Hinn partage cinq clés sur la façon de communiquer avec Dieu:

- Priez pour son interprétation.

- Attendez que Dieu clarifie l'interprétation.

- Agissez quand Il donne l'interprétation.

- Faites confiance à Dieu pour réaliser le rêve ou la vision.

- Ne perdez pas la foi en cas de retard.

Conseils pour l'Interprétation des Rêves

1. Réduisez le rêve à sa forme la plus simple. Dans les longs rêves, il est préférable de les décomposer scène par scène.

2. N'oubliez pas que le contexte détermine l'interprétation.

3. Déterminez s'il s'agit de rêves répétitifs. Les rêves consécutifs dans la même nuit parlent souvent du même sujet. On nous fait parfois des rêves répétitifs pour nous aider à comprendre le message de Dieu. Dieu nous donne des rêves répétitifs pour ajouter de la clarté à nos pensées. Souvenez-vous, plus Dieu parle clairement d'une question, plus vous êtes responsable d'obéir à ce qu'il dit. Un rêve répété ou récurrent peut signifier que le problème est établi par Dieu et qu'Il le réalisera bientôt.

4. Analysez votre rêve en posant une série de questions de base:

    - Où êtes-vous dans le rêve?
    - Observez-vous ou participez-vous?
    - Êtes-vous le centre d'intérêt?
    - De qui parle ce rêve?
    - Quels sont les objets, les pensées et les émotions du rêve?
    - Quelles personnes sont dans votre rêve?
    - Quels traits de caractère représentent-ils pour vous?

- Que signifie le nom de la personne?
- Quelle est leur relation avec vous?
- Quelles sont les couleurs du rêve?
- Certains chiffres apparaissent-ils?
- Quelles sont vos premières réflexions sur le sujet du rêve?

5. Emmagasinez vos rêves.

Lorsque vous consignez vos rêves dans un journal, vous faites de votre mieux pour gérer ce que Dieu vous a donné. Gérer la révélation de Dieu est le meilleur moyen d'augmenter votre vie. La journalisation montre à Dieu que vous chérissez ce qu'il vous donne. Souvent, la simple discipline d'écrire vos rêves vous aidera à les comprendre.

Autres conseils pour l'Interprétation des Rêves

1. Datez votre rêve en haut de votre page et notez où vous en étiez lorsque vous l'avez reçu.
2. Enregistrez votre rêve, en incluant autant de détails que vous vous en souvenez.
3. Écrivez les interprétations possibles.
4. Écrivez des questions sur le rêve. Des questions telles que: Pourquoi la voiture était-elle de cette couleur? Pourquoi ma mère ou mon grand-père était-il dans ce rêve?
5. Donnez un titre à votre rêve.

Condenser votre rêve dans sa forme la plus simple. Laissez toujours votre titre refléter la signification la plus simple du rêve. Souvent, trouver un titre approprié vous aidera à interpréter votre rêve.

N'oubliez pas, obtenez des conseils avisés d'interprètes de rêves talentueux. Tout le monde n'a pas ce don, comme Daniel ou Joseph. Gardez à l'esprit qu'il n'est pas sage de demander des explications à des personnes qui n'ont pas le don d'interpréter les rêves.

Quelques Principes Fondamentaux pour Interpréter les Rêves

1. La plupart des rêves sont symboliques.
2. Les symboles proviennent de la vie du rêveur.
3. Le rêve parle souvent des préoccupations auxquelles votre cœur est actuellement confronté.
4. La signification du rêve doit être tirée du rêveur.
5. Les rêves révèlent mais ne condamnent pas.
6. Ne prenez jamais de décision majeure dans votre vie en vous fondant uniquement sur un rêve.
7. Restez flexible quant à la signification d'un rêve spécifique.
8. Le contexte du rêve vous donnera normalement la signification du symbole.
9. Réduisez le rêve à sa forme la plus simple.

10. Cherchez à découvrir le point essentiel du rêve.

11. Déterminez où vous êtes dans le rêve; cela vous aidera à déterminer de qui il s'agit.

12. Dans le rêve:

    - Êtes-vous l'observateur, qui regarde l'action mais ne participe pas?
    - Lors de l'observation, il s'agit généralement d'une position légèrement surélevée.
    - Les autres dans le rêve peuvent ne pas être conscients de votre présence.
    - Si vous observez, le rêve ne vous concerne pas.
    - Si vous vous observez vous-même, il s'agit de vous.
    - Êtes-vous le participant, comme vous êtes dans le rêve, mais pas le centre d'attention?
    - D'autres sont également ou plus impliqués dans le rêve.
    - C'est similaire à être membre d'une activité de groupe.
    - Êtes-vous le principal objectif? Est-ce que tout tourne autour de vous? Alors le rêve est pour vous.

13. Déterminez la mise au point. Pour trouver l'objectif, posez-vous les questions suivantes:

    - De qui parle ce rêve?
    - Qui ou quel est le centre d'attention?

L'accent est mis sur cet élément d'un rêve qui, s'il est supprimé, s'effondre. Si vous vous observez vous-même, vous pouvez toujours être le centre d'intérêt. Si vous observez, faites attention à la chose observée.

14. Établissez le sous-focus.

Un sous-focus est un élément d'un rêve qui est nécessaire pour trouver le thème ou l'intrigue et lui donner un sens. Les sous-axes sont importants pour compléter ou compléter l'histoire. Ils se rapportent directement à l'objectif. Il y a généralement deux à quatre sous-focus.

Pour trouver le sous-focus, tenez compte de ce qui suit: Si vous supprimez le détail ou le remplissage dans le rêve, la signification peut devenir claire. Les «détails» font référence à des éléments qui ne sont pas importants pour la signification du rêve. S'il était supprimé, le rêve serait toujours debout et vous pourriez comprendre sa signification. Ces éléments sont là pour réaliser le rêve. Ils ont peu ou pas d'importance en eux-mêmes.

15. Déterminez le contexte du rêve.

- Déterminez si un symbole est positif ou négatif.
- Déterminez l'attitude de ceux qui rêvent.
- Quelles étaient les émotions des personnes dans le rêve?
- Quelles émotions ou réactions le rêve a-t-il suscitées chez vous?

- Reconnaissez ce à quoi Dieu a affaire actuellement dans votre vie.
- Notez les objectifs que Dieu vous a donnés.

16. Faites attention aux couleurs dans le rêve.
    - La couleur aide à déterminer le contexte du rêve.
    - Les rêves en couleur viennent de Dieu.
    - Les rêves en noir et blanc ou en couleurs sourdes proviennent de l'ennemi.
    - La couleur d'un symbole révèle sa signification ou son but.

17. Déterminez le ton du rêve.
    - Le rêve a-t-il produit de la peur?
    - Le rêve a-t-il produit le désespoir?
    - Le rêve a-t-il produit de l'inquiétude?
    - Le rêve a-t-il produit la paix, l'anticipation, etc.?
    - L'atmosphère du rêve était-elle dure ou inquiétante?
    - L'atmosphère du rêve était-elle excitante, légère ou neutre?

Parfois, Dieu nous donnera un rêve des années plus tôt afin que nous puissions savoir jusqu'où nous avons progressé, ou pour révéler comment il a été à l'œuvre dans nos vies. Il peut également insister sur le fait que l'interprétation ne nous appartient pas. Nous devons toujours être dépendants de lui.

18. Notez les principaux faits du rêve.

Daniel 7: 1 NIV dit: «J'ai compris le sens, et moi Daniel a fait un rêve et j'ai noté les faits principaux.» Cela garantit que vous n'oublierez pas le rêve. Cela vous permet de revenir au rêve à une date ultérieure lorsque vous aurez peut-être une nouvelle perspective. C'est une façon d'honorer ce que Dieu vous a donné.

19. Notez l'objet ou la pensée qui survient le plus souvent.

- Quel objet ou quelle pensée vous reste à la fin du rêve?

20. Considérez l'ordre naturel. Il y a des problèmes qui affligent le Saint-Esprit et qui peuvent affecter votre rêve.

Lorsque le Saint-Esprit est affligé, il se retire. «N'attristez pas le Saint-Esprit de Dieu» (Éphésiens 4:30 NIV).

Que toute amertume, toute animosité, toute colère, toute clameur, toute calomnie, et toute espèce de méchanceté, disparaissent du milieu de vous. [car l'amertume, la colère, la clameur, les mauvaises paroles et la méchanceté affligent le Saint-Esprit] (Éphésiens 4:31 LSG).

Il en va de même pour se coucher avec une colère profonde: «Ne laissez pas le soleil se coucher sur votre colère, et ne cédez pas la place au diable» (Éphésiens 4: 26-27 NIV).

Évitez la fierté. «Car Dieu peut parler d'une manière ou d'une autre… Dans un rêve… Afin de détourner l'homme de son acte et de dissimuler l'orgueil de l'homme, il empêche son âme de la fosse et sa vie de périr par l'épée» (Job 33:14–18 NIV).

L'alcool déprime le sommeil [MOR], où la plupart des rêves sont rappelés. C'est la période de sommeil la plus profonde et celle où les rêves se produisent.

L'alcool ne doit pas être utilisé pour vous aider à dormir si vous voulez vous souvenir de vos rêves.

La Méthode la Plus Simple pour Interpréter un Rêve sur Vous-même

La meilleure façon d'interpréter un rêve sur vous-même est de commencer à interpréter le premier symbole, puis de passer au symbole suivant, et ainsi de suite. Et au fur et à mesure que vous avancez, demandez-vous continuellement comment vous vivez ce symbole particulier dans votre vie en ce moment.

Réflexions Supplémentaires sur le Fonctionnement les Rêves

1. Les rêves sont des messagers fiables. Ils révèlent des mystères (Daniel 2:30), ainsi que la voix de Dieu dans le cœur (Actes 2:17). Ils peuvent révéler des attaques directes de Satan ou de démons. Job 4:12–21 est un exemple d'accusations prononcées par un démon conduisant au désespoir et à la mort; c'est le seul exemple Biblique d'un démon parlant à travers un rêve.

2. Prenez action de vos rêves. Dans la Bible, lorsque les gens se réveillent, ils agissent selon leurs rêves.

3. Ne vous faites pas passer pour un expert de l'interprétation des rêves des autres tant que vous n'avez pas réussi à interpréter les vôtres pendant un moment.

4. Comme pour la prophétie, les messages et les avertissements dans les rêves sont conditionnés par notre réponse (Ézéchiel 33: 13–16). Le rêve est un appel pour que vous agissiez ou que vous changiez quelque chose, pour éviter une calamité. Si vous répondez de manière appropriée, la calamité ne se produira pas.

5. Les rêves sexuels ne doivent pas être pris à la légère.

6. Les rêves répétés se produisent parce que vous n'avez pas saisi le message de Dieu et n'agissez pas en conséquence la première fois.

7. Les cauchemars sont le cri d'une âme non guérie, vous demandant d'appliquer des prières.

8. Les rêves successifs de la même nuit traitent généralement du même problème, présentant diverses approches.

9. Le rêve appelle le rêveur à l'action.

10. La religion essaie de se tenir entre nous et Dieu en développant des théologies, en suscitant des émotions et en établissant sa volonté. Dieu vient à nous directement, rencontrant notre cœur et notre esprit avec sa voix, son rêve, sa vision, sa prophétie et son onction.

11. Les rêves libèrent la créativité divine. De nombreuses découvertes et inventions, telles que la machine à coudre et la découverte de la structure moléculaire du benzène, sont le fruit d'un rêve.

Étapes avancées de l'Interprétation des Rêves

Les interprétations des rêves peuvent prendre plus de temps que prévu. Même Daniel a réfléchi au rêve de Nebucadnetsar pendant une heure avant de se risquer à une interprétation (Daniel 4:18–19). La ressource suivante vous guidera étape par étape à travers les symboles, les émotions et les couleurs lors de l'interprétation des rêves.

De nombreux rêves sont mal interprétés parce que le rêveur ou l'interprète suppose que le rêve ne concerne que les personnages du rêve; en fait, le rêve pourrait concerner le rêveur. Pour les interpréter correctement, répondez à ces questions:

Tout d'abord, identifiez l'orientation: est-ce passé, présent ou futur?

Deuxièmement, est-ce un rêve de guérison ou un rêve prophétique ou un rêve spirituel? Voici comment savoir si le rêve s'inscrit dans la guérison, la prophétie ou l'âme. Posez les questions suivantes:

1. Quelle est la différence entre faire du vélo et conduire une voiture?

Un rêve avec un vélo dénote l'indépendance; les vélos sont pour les particuliers. Cela demande plus d'efforts et d'endurance, par opposition à une voiture. Les voitures peuvent transporter un groupe avec confort, vitesse et puissance.

2. Pourquoi gravir une montagne à vélo et ne pas simplement rouler sur une route plate?

Une montagne peut représenter une rencontre avec Dieu, ou un lieu de révélation claire, ou un effort pour atteindre quelque chose. Cela pourrait signifier un objectif spirituel à atteindre. Cependant, bien que l'escalade ou le vélo sur une montagne puisse être difficile, cela dénote généralement de bon augure, car cela indique que vous avancez dans votre vie.

3. Et si le rêve vous montrait à vélo sur la montagne plutôt que sur la montée?

Descendre est beaucoup plus facile et plus rapide. Cependant, cela pourrait signifier un avertissement de quelque chose qui est en déclin.

4. Comment le rêve change-t-il si personne n'abandonne le trajet?

Cela semble révéler l'importance de l'effort d'équipe et comment nous pouvons nous encourager les uns les autres.

5. Quelle différence cela ferait-il si les personnes dans le rêve étaient âgées et non jeunes?

Les personnes âgées ont plus de sagesse et de patience.

6. Et si aucune couleur n'est mentionnée? Cela pourrait-il signifier que c'était un rêve de guerre spirituelle?

C'est généralement le cas; cependant, les couleurs ne sont pas toujours significatives.

7. Quelle face de la pièce le symbole représente-t-il?

Le contexte serait évidemment important dans ce cas. Le contraste est une façon de discerner si le symbole représente le côté obscur (attention ou avertissement) ou le côté clair (un dessein divin). Il faut plus de détails.

Règles d'Interprétation des Rêves dans un Groupe

1. Demandez à chaque personne du groupe de garder un cahier à côté de son lit et demandez à Dieu de leur donner des rêves. Lorsqu'ils se réveillent, ils doivent immédiatement enregistrer le rêve dans le cahier. Les rêveurs devraient écrire les problèmes dans leur cœur lorsqu'ils se couchent. Les rêveurs doivent noter chaque détail remarqué dans le rêve.

2. Dans un contexte de groupe, n'allez pas plus loin dans l'interprétation des rêves des gens que les rêveurs ne sont prêts à aller pour éviter la gêne, car la signification du rêve peut révéler quelque chose dont ils ne sont pas prêts à discuter ouvertement devant le groupe. Les rêveurs se réservent donc toujours le droit de dire: «C'est tout ce que je veux aller dans l'interprétation de ce rêve.»

Une Méthode pour Interpréter les Rêves en Groupe

1. Le chef du groupe doit présider l'interaction, en prenant des notes sur un carnet de notes ou un tableau noir.

2. Tous les membres du groupe doivent avoir leur propre carnet de notes pour prendre des notes et écrire leur propre interprétation.

3. Notez le nom du rêveur dans le coin supérieur droit du carnet de notes ou du tableau noir pour que chacun puisse s'adresser à lui par son nom.

4. Demandez au rêveur de se lever ou de s'asseoir à l'avant de la pièce pour répondre aux questions du groupe.

5. Demandez au rêveur de lire le rêve à haute voix deux fois. Pendant la lecture du rêve, le leader doit écrire sur le carnet de notes ou le tableau noir les éléments clés et les événements du rêve, en laissant un espace entre chacun.

6. Écrivez les titres suivants sur deux colonnes du carnet de notes ou du tableau noir:

    - Sentiments clés
    - Actions clés

7. Posez au rêveur les questions suivantes:

    - Quel était le sentiment clé du rêve?
    - Quelle a été l'action clé du rêve?
    - Dans quel domaine de votre vie vivez-vous cela?

8. Listez les réponses à ces questions sur le carnet de notes ou le tableau noir sous «Sentiments clés» et «Actions clés». Cela donnera au rêveur et au groupe un point de référence quant au cadre du rêve et aux questions discutées.

9. En commençant par le premier événement / élément du rêve, les auditeurs doivent poser au rêveur les questions suivantes:

    - Quel est le trait dominant de cette personne?
    - Quelle émotion cet animal représente-t-il pour vous?
    - De quelle manière vivez-vous l'événement décrit dans le rêve?

10. Consultez un dictionnaire de rêve chrétien pour voir des suggestions de ce que les symboles dans le rêve pourraient signifier; listez-les sur le carnet de notes ou le tableau noir.

11. Suivez les «Règles d'interprétation des rêves en groupe» ci-dessus.

12. Consultez la Sainte Bible pour trouver l'interprétation de ce que Dieu révèle.

Gardez L'Interprétation Simple

Comprendre et interpréter la révélation que Dieu donne dans les rêves peut être un processus complexe et souvent déroutant. Mais vous devez garder l'interprétation du rêve simple.

- Les rêves doivent d'abord être interprétés sur une base personnelle, puis considérés autrement (Jean 10:3).

- Tous les rêves ne doivent pas être pris à la lettre. La plupart des rêves contiennent des symboles qui nécessitent une interprétation (Daniel 1:17; Genèse 30:8).

- Dieu utilisera des termes familiers que vous connaissez (Matthieu 4:19).

- Méditez sur le songe ou la révélation et demandez au Saint-Esprit de vous éclairer (Daniel 7:8, 8:15–16; Luc 2:19; 1 Corinthiens 2:10–12).

- Demandez au Saint-Esprit quelle est la pensée, la parole ou le problème central de la révélation.

- Réduisez le rêve à sa forme la plus simple. Trouvez la pensée principale.

- Recherchez-le dans Word. Les rêves du Seigneur n'iront jamais à l'encontre de sa Parole écrite (Proverbes 25:2).

- Trouvez les émotions dans le rêve; demandez-vous, qu'avez-vous ressenti et ressenti du rêve? Quelle a été l'émotion principale?

- Trouvez s'il y avait une présence bonne ou mauvaise.
  • Reliez le rêve à votre situation et à vos sphères d'influence.

- Les rêves consécutifs ont souvent des significations similaires (Genèse 41: 1–7, 25–31).

- Dieu prononcera le même message plus d'une fois de plus d'une manière.

- Quelles sont les couleurs ou tout est-il en noir et blanc?

- Les interprétations peuvent se situer à de nombreux niveaux différents, tels que personnel, religieux, national ou international.

Notez que certains rêves ne peuvent être compris que dans le futur, car ils se déroulent au fil du temps. Les détails auront du sens sur la route. Notez chaque détail dans un journal; datez-le; notez l'heure à laquelle vous vous en êtes réveillé. Notez les émotions et une interprétation possible.

CHAPITRE 13

Conseils pour se Souvenir des Rêves

1. Réveillez-vous naturellement. N'utilisez pas un réveil bruyant pour vous réveiller. Réglez plutôt un radio-réveil pour vous réveiller avec une musique douce et apaisante. Les alarmes peuvent briser le rappel des rêves. La musique classique contribue généralement à créer une atmosphère apaisante propice à la rétention des rêves. La musique douce d'adoration est la même manière. Ou mieux encore, demandez au Saint-Esprit de vous réveiller.

2. Essayez de prendre l'habitude de vous lever à une heure fixe.

3. De nombreux rêves surviennent entre quatre et cinq heures du matin. Chaque fois que vous vous réveillez, apprenez à rester quelques minutes dans un lieu de repos. Ne restez pas trop longtemps avant d'écrire dans un journal de rêve. Écrivez tout ce dont vous vous souvenez dans le rêve. N'attendez pas trop longtemps avant d'écrire votre rêve; si vous le faites, vous risquez d'oublier des parties du rêve.

4. Pendant que vous vous attardez le matin, essayez de vous rappeler d'un ou de deux détails de votre rêve;

cela activera votre mémoire et le reste du rêve viendra souvent.

5. Tenez un journal de vos rêves ou un carnet de notes à votre chevet afin d'écrire vos rêves. Si vous vous réveillez au milieu de la nuit, notez-le immédiatement; un magnétophone fonctionnera également.

6. Développez la compétence du rêve lucide.

    a. Le rêve lucide est l'endroit où, même si vous êtes dans un rêve, vous avez la capacité d'interagir dans le rêve, de changer les paramètres ou de poser des questions, comme demander l'interprétation pendant que vous rêvez.

    b. Lorsque vous participez à vos rêves de cette manière, vous vous souviendrez probablement davantage des détails. Parfois, le Seigneur vous donnera l'interprétation du rêve lorsque vous lui posez des questions sur les détails du rêve pendant que vous rêvez.

7. Dormez huit heures, car toute la dernière heure sera du rêve.

Conseils pour Recevoir et Conserver les Rêves

1. Demandez au Seigneur de vous parler avant de vous coucher.

2. Développez une routine du soir au coucher qui comprend la lecture de votre Bible ou l'écoute de la Parole ou de la musique d'adoration.

3. La télévision est un tueur de rêves. Évitez de vous coucher directement après avoir regardé la télévision.

4. Réveillez-vous doucement et lentement. Évitez les réveils bruyants et hurlants. Il est prouvé que se réveiller avec de la musique classique ou de culte aide à la rétention des rêves.

5. Prenez quelques instants avant de sortir du lit pour parler au Seigneur. Pensez ensuite au rêve pendant quelques instants, en vous le rappelant pleinement avant de sortir du lit. Écrivez-le ou enregistrez-le dès que possible.

Conseils pour Discerner vos Rêves sur Vous-même

Plus de la moitié de vos rêves vous concerneront. Vos rêves viennent de votre cœur. Les problèmes émotionnels, les problèmes cardiaques, les problèmes corporels et les problèmes de santé seront exprimés symboliquement à travers vos rêves. Vos rêves mettront également en évidence des problèmes relationnels, des circonstances et des événements ainsi que des situations de ministère et de vocation.

Puisque la grande majorité des rêves vous concernent, commencez le processus d'interprétation en supposant qu'il s'agit de quelque chose dont vous êtes (ou devriez) faire face dans votre propre vie.

Trouvez d'abord la sensation du rêve.

Puis regardez l'action du rêve. Les personnes dans vos rêves représentent souvent des caractéristiques vous concernant. Et les animaux représentent souvent vos émotions. Les chiffres dans vos rêves représentent généralement le même chiffre dans la vraie vie. Répondez aux questions suivantes à propos de vous-même:

- Comment vous êtes-vous senti lorsque vous vous êtes réveillé pour la première fois?
- Votre cœur battait-il de peur?
- Étiez-vous confus, en colère, menacé, rejeté ou frustré?
- Vous êtes-vous senti heureux, aimé, satisfait ou excité?
- Vous êtes-vous senti déçu, exposé ou mal préparé?
- Quelle est l'émotion générale que le rêve vous a apportée?
- Dans quel aspect de votre vie ressentez-vous également cette émotion?
- Si ce n'est pas immédiatement évident pour vous, demandez au Seigneur de vous le révéler.

Regardez ensuite l'action du rêve. Si vous ne pouvez pas le voir, demandez au Saint-Esprit de vous montrer le symbolisme de l'action.

Par exemple, si vous voyez dans votre rêve que votre voiture recule et que vous ne pouvez pas voir dans quel domaine de votre vie vous n'avancez pas, alors demandez au Saint-Esprit comment vous reculez.

Si vous voyez quelqu'un d'autre conduire votre voiture dans le rêve, demandez au Saint-Esprit comment cette personne qui conduit contrôle ma vie en ce moment.

Si vous vous voyez tomber, demandez au Saint-Esprit de quelle manière vous sentez-vous en train de tomber ou de perdre le contrôle de votre vie en ce moment.

Si vous vous voyez en plein essor, demandez au Saint-Esprit de quelle manière vous sentez-vous voler ou vous élever au-dessus de vos problèmes.

Si vous voyez que vous êtes pourchassé, demandez au Saint-Esprit pourquoi vous vous sentez poursuivi.

Si vous voyez que vous êtes nu, demandez au Saint-Esprit pourquoi vous vous sentez exposé et vulnérable.

Si vous rêvez que vous êtes en train de mourir, demandez au Saint-Esprit ce qui dans votre vie est en train de mourir à ce stade. Cela peut être une bonne chose, car cela signifie peut-être la fin d'un épisode indésirable de votre vie.

N'oubliez pas que les actions du rêve doivent d'abord être vues symboliquement. Si votre rêve voulait vraiment vous montrer que vous alliez mourir, il représenterait cet événement symboliquement, pas littéralement. Par exemple, quelques jours seulement avant son assassinat, le président Lincoln rêvait d'un cercueil.

Une fois que vous avez identifié les sentiments et les actions du rêve, le reste des symboles sera beaucoup plus facile à reconnaître. Et après avoir découvert la vraie signification du rêve, vous pouvez toujours prier à ce sujet, le réprimander ou simplement demander à Dieu de changer le plan.

Rêves sur les Autres

Peut-être que moins de la moitié de nos rêves concernent les autres. Ces rêves parlent en fait de situations réelles. On découvre que les personnes au cerveau droit (c'est-à-dire les penseurs visionnaires, émotifs, intuitifs, holistiques) sont plus susceptibles de rêver plus loin de chez eux (loin de chez eux), ce qui signifie que les personnes au cerveau droit peuvent avoir un plus grand nombre de rêve des autres.

Les chercheurs travaillant sur un test de préférence cérébrale ont noté que trois femmes différentes qui avaient un très bon score de cerveau droit avaient des rêves vifs sur d'autres dans lesquels elles ont vu des meurtres, des viols et des vols se dérouler dans leurs communautés cette nuit-là, et qui ont en effet été signalés dans le journal le lendemain. C'étaient des rêves littéraux d'événements de la vie réelle.

Les rêves sur les autres sont communément partagés publiquement plus souvent que les rêves sur soi, ce qui peut expliquer pourquoi la plupart des rêves de la Bible entrent dans la catégorie des rêves sur les autres.

Indices pour Indiquer que Votre Rêve Concerne les Autres

1. Vous êtes un observateur de l'action. Si vous jouez un rôle actif dans le rêve, il s'agit probablement d'un rêve sur vous. Si vous n'êtes qu'un observateur de

l'activité du rêve, il s'agit probablement d'un rêve sur les autres.

2. Le rêve ne correspond tout simplement pas à votre vie. Vous devriez toujours demander à Dieu de vous montrer exactement les événements du rêve qui se rapportent actuellement à votre vie. Si vous ne voyez pas que le rêve parle d'un problème auquel vous êtes confronté, vous pouvez supposer que le rêve ne vous concerne pas.

Les Rêves d'Autres Personnes

Les rêves peuvent sembler imprévisibles et totalement incroyables, mais même vos pires cauchemars concernent généralement quelque chose ou quelqu'un dans votre vraie vie. C'est ce que pensent certains scientistes. Ils affirment que les rêves sont une façon dont notre cerveau traite les émotions; ces émotions sont liées à une relation ou à une connexion avec quelque chose ou quelqu'un qui peut les faire apparaître dans vos rêves. Ils disent en fait que vous rêvez d'une personne ou d'une chose, parce qu'il y a un lien entre vous et cette personne ou cette chose.

Et en ce qui concerne les raisons pour lesquelles vous allez probablement apparaître dans le rêve de quelqu'un d'autre, même si vous ne l'avez pas vu depuis des lustres, le Dr LeslieBeth Wish, psychothérapeute clinique agréée, dit au journal Elite Daily, une plate-forme d'information en ligne américaine, que si quelqu'un vous voit ou une photo qui vous ressemble, parle avec des gens qui vous connaissent, ou tombe sur un personnage d'un livre ou d'un film qui les a fait penser à vous, il y a de fortes chances qu'ils vous verront dans leur rêve. En d'autres termes, il doit y avoir une connexion ou une relation pour que cela se produise, selon le Dr Wish.

D'autres chercheurs disent que plus vous êtes impliqué dans la vie de quelqu'un, plus il est probable que vous serez dans ses rêves à un moment ou à un autre. Et «impliqué» ne signifie pas nécessairement être proche de; vous pourriez voir quelqu'un sur le chemin du travail tous les jours, ne jamais lui dire un mot, mais devenir l'attraction principale de son rêve, car les rêves sont le reflet des émotions de notre vie éveillée, donc si quelqu'un vous a fait la moindre impression, quelque chose à leur sujet vous intéresse, ils peuvent apparaître dans votre rêve.

Pas du tout. La Bible leur prouve qu'ils ont tort. Les principes divins révèlent que ce n'est pas du tout vrai. Parce que parfois, vous pouvez rêver de quelqu'un sans savoir qui est cette personne.

Gédéon se trouva dans le campement ennemi; tandis que là, il a entendu deux personnes, il ne sait pas, parler d'un rêve: «Un gâteau de pain d'orge roulait dans le camp de Madian; il est venu heurter jusqu'à la tente, et elle est tombée.» C'était un rêve codé, mais son interprétation concernait Gédéon. Après avoir entendu le rêve, il a suivi le plan en conséquence, qui a travaillé en sa faveur (Juges 7:13-15 LSG).

Mieux encore, vous pouvez voir dans votre rêve quelqu'un que vous n'avez jamais rencontré, et soudainement, après le rêve, vous rencontrez cette personne comme vous l'avez vu dans le rêve.

Le pasteur Alph Lukau de l'AMI voit toujours des personnes qu'il n'a pas encore rencontrées dans ses rêves. Et quand il les rencontre, il leur dit sûrement qu'il les a vus dans son rêve et leur a ensuite donné le message. Celles-ci se sont avérées exactes, selon les récepteurs.

Dans un service à l'église *Kindom Embassy*, Le prophète Passion Java a dit à une jeune fille dont la mère avait disparu depuis des années d'arrêter de pleurer, car il avait vu sa mère dans un rêve; il a vu exactement où elle était et a dit qu'en fait, sa mère reviendrait à la maison dans sept jours. Le prophète Passion n'a jamais vu ces gens auparavant. Et voici, cela s'est passé exactement de la même manière qu'il a dit que cela allait arriver; sept jours après, la mère est revenue chez elle.

Je rêve souvent de personnes que je ne connais pas, et le lendemain ou quelques jours après, je les rencontre de la même manière dont je les ai vues dans le rêve.

Comment? Parce que Dieu est Dieu. Il peut faire ce qu'aucun homme ne peut faire ou comprendre. Il peut permettre aux choses de se produire mystérieusement. Il me faudra écrire un autre livre pour vous expliquer comment vous avez également la capacité de faire de tels rêves; vous en avez peut-être eu mais ne vous en êtes pas rendu compte.

Des Rêves qui Annoncent l'Avenir

De nombreux rêves prédisent l'avenir. Certains rêves montrent ce qui se passera dans un proche avenir, tandis que d'autres parlent d'un avenir très lointain, comme le font certains des rêves Bibliques; et aux chrétiens, lorsque cela se produit, c'est le don de la prophétie.

John William Dunne, un ingénieur aéronautique britannique, a développé des méthodes pour tracer et analyser les rêves; il a identifié des liens entre ses expériences futures et ses rêves enregistrés. Dans son livre *An Experiment with Time*, il illustre ses découvertes et affirme que 10% de ses rêves semblaient inclure un élément d'expérience future. Il a conclu que les éléments précognitifs sont courants dans les rêves et que de nombreuses personnes en ont.

La précognition, également appelée prescience, vision future, est la capacité de percevoir ou de voir un événement futur avant qu'il ne se produise. Le dictionnaire le définit comme «la connaissance d'une situation future». Le terme est en fait dérivé du latin pre, qui signifie «avant» et *cognitio*, qui signifie «pour acquérir des connaissances». C'est la connaissance de quelque chose avant son apparition.

On dit qu'**Abraham Lincoln** avait des capacités précognitives. Les historiens disent que Lincoln a prédit sa mort, en rêvant à ce sujet deux semaines avant son assassinat. On raconte qu'avant sa mort, il rêvait d'aller à des funérailles à la Maison Blanche.

Les neuroscientifiques pensent que les rêves peuvent prédire l'avenir. La neuroscientifique Dr. Julia Mossbridge dit que la précognition et les rêves précognitifs sont très réels; elle prédit qu'ils deviendront une partie acceptée de la société du XXIe siècle.

La différence entre la prophétie et la précognition est que la prophétie est une prédiction, en particulier celle qui est faite par un prophète ou sous l'inspiration divine, tandis que la précognition est la capacité psychologique de prévoir l'avenir.

CHAPITRE 14

Comment Interpréter les Symboles des Rêves

Dieu parle beaucoup à travers les chiffres. Les chiffres sont une forme de symbolisme de haut niveau. La signification spirituelle des chiffres est basée sur la Parole de Dieu: «Car il n'est rien de caché qui ne doive être découvert, rien de secret qui ne doive être mis au jour» (Mark 4:22 KJV).

L'une des meilleures façons de commencer à interpréter les symboles d'un rêve est de tenir un journal des rêves. Écrire un rêve vous aide à vous souvenir de ses détails. Il fournit également un dossier écrit sur lequel revenir. Lorsque vous consignez vos rêves dans un journal, assurez-vous d'inclure la date, l'heure (si possible), le lieu et les sentiments que vous avez ressentis en rêvant.

Les points suivants vous aideront à découvrir ce que Dieu veut dire et pourquoi il vous a donné le rêve.

1. Avant d'essayer d'interpréter le rêve, priez et demandez à Dieu de préparer votre cœur à recevoir son message. Demandez-lui de vous donner la sagesse et la compréhension, les conseils et la puissance, la connaissance et la crainte du Seigneur. Vous pouvez avoir une compréhension des symboles de rêve,

mais même lorsque vous connaissez le contexte de la personne concernée par le rêve, soyez prudent lorsque vous appliquez la signification des symboles. Les interprétations hâtives des rêves doivent être évitées (Daniel 4:18–19).

2. Un rêve capture généralement un bref instant d'une vie. Il ne peut pas être pleinement compris sans connaître quelque chose sur la vie de la personne concernée.

3. La plupart des rêves contiennent plus d'une scène. Différentes scènes vous donnent un point de vue différent sur le même sujet ou expriment la même idée de différentes manières. La première scène donne généralement le décor. Les scènes suivantes agrandissent l'intrigue et la font avancer.

4. Les rêves peuvent couvrir plusieurs sujets différents; il est important de discerner correctement le sujet du rêve. Si vous ne le faites pas, vous pourriez penser que le rêve s'applique au mauvais domaine de votre vie ou l'appliquer à une autre personne.

5. Les amis et les membres de la famille sont souvent utilisés comme symboles.

6. Questions à vous poser sur les personnes dans le rêve que vous connaissez:

- Comment sont-ils liés à vous: famille, travail, ami?

- Quel est leur nom?

- Décrivez-les avec trois adjectifs.

- Les aimez-vous ou ne les aimez-vous pas?

- Les admirez-vous?
- Quelles sont les caractéristiques qui ressortent?
- Quel rôle jouent-ils pour soutenir ou changer un rêve?
- Quelle qualité spirituelle ont-ils?
- Ont-ils été dans un autre rêve? Similaire ou différent?

7. Questions à poser si vous ne connaissez pas la personne:
   - D'après leur activité, comment les connaîtriez-vous?
   - Apparaissent-ils dans d'autres rêves?
   - Quel pourcentage du rêve est impacté par la personne?

8. Considérez la profession ou la relation comme un symbole:
   - «Bébé» signifie nouveau, nouveau travail, impuissant, innocent, péché, bébé naturel.
   - «Boulanger» signifie instigateur, celui qui invente des idées, créateur.
   - «Épouse» signifie alliance (bonne ou mauvaise).
   - «Frère» signifie frère spirituel ou naturel ou quelqu'un dont il vous rappelle.
   - «Charpentier» signifie bâtisseur, prédicateur, évangéliste, ouvrier (bon ou mauvais).

- «Personnage de dessin animé» signifie celui qui agit comme le personnage de dessin animé.

- «Clown» signifie le travail insensé et insensé de la chair; puéril.

- «Docteur» signifie guérisseur, autorité, Christ; prédicateur, médecin.

- «Pilote» (soi) signifie contrôle: Christ, pasteur, enseignant.

- «Nature des conducteurs» sont-ils prudents, insouciants, frénétiques, confiants, égoïstes? Sont-ils impolis, gentils et ainsi de suite?

- «Passager» (soi-même) signifie membre de l'église; membre de la famille.

- «Employé» signifie serviteur, collègue, héritage.

- «Beau-père» signifie la loi, le légalisme; relation de problème.

- «Ami» signifie révélation en soi ou en personne.

- «Mari» signifie autorité, Dieu ou Christ, mari naturel.

- «Homme» (étranger) signifie ange ou démon.

- «Mère» signifie source, église ou mère naturelle; l'amour; la gentillesse.

- «Belle-mère» signifie l'église légaliste; ingérence, ennui.

- «Les enfants» (soi-même ou eux-mêmes) signifient caractère ou comportement.

- «Sorcière» signifie sorcellerie, contrôle, mauvaise influence, séduction.

- «Femme» (étranger) signifie esprit, esprit séduisant; tentation, tromperie.

9. Un rêve terrifiant d'être poignardé ou tué révèle un esprit de peur. Étudiez vos émotions pour comprendre pourquoi vous vous sentez d'une certaine manière.

10. Rêver de blesser ou de tuer personnellement quelqu'un peut vous alerter d'un esprit de jalousie ou de haine. Vous pouvez demander: «Les rêves viennent-ils de Dieu ou sont-ils scripturaires?» « Mais c'est ici ce qui a été dit par le prophète Joël: Dans les derniers jours, dit Dieu, je répandrai de mon Esprit sur toute chair; Vos fils et vos filles prophétiseront, Vos jeunes gens auront des visions, Et vos vieillards auront des songes» (Actes 2:16–17 LSG).

Autres Conseils pour Interpréter les Symboles

Depuis Abraham, Dieu nous a parlé à travers des rêves et des visions. Dans la Bible, il y a plus de deux cents références à des rêves ou des visions, et un tiers des Écritures raconte ou se rapporte à un rêve ou à une vision.

1. Émotions: Les émotions ressenties par vous ou par d'autres personnes dans votre rêve, telles que la colère, la peur, la honte, l'anticipation, la contrariété et le désir,

sont importantes. Par exemple, si vous rêvez de la mort de quelqu'un, cela ne signifie pas que cette personne mourra. Si vous rêvez que votre enfant meurt, cela peut être l'un des rêves de mort les plus troublants que quiconque puisse avoir, mais c'est beaucoup moins effrayant qu'il n'y paraît. Le rêve peut simplement signifier que votre enfant a atteint une sorte de jalon, et c'est la fin de cette phase de la vie. Rappelez-vous que les enfants rampent d'abord, puis commencent à marcher, puis commencent à se nourrir. Chacune de ces phases de la vie se termine et une autre commence.

Un rêve de mort peut sembler un sinistre présage pour l'avenir. Même après votre réveil, cela peut rester dans votre esprit, vous inquiéter et vous déranger, mais en réalité, ce n'est pas si sinistre. La mort dans les rêves est en fait une sorte de changement ou une fin dans la vie réelle. N'oubliez pas que la clé pour comprendre ce que dit un rêve se trouve dans les émotions que vous ressentez dans le rêve. Notez les sentiments dans votre journal d'interprétation.

2. Couleurs: les rêves peuvent être en couleur ou en noir et blanc; parfois certains objets colorés apparaissent dans un rêve en noir et blanc. Les couleurs sont symboliques; ils fournissent des informations supplémentaires sur un objet. Chaque couleur est comme une pièce de monnaie, ce qui signifie qu'elle a deux faces. Vous déterminez la signification de la couleur en regardant le sentiment, le contexte et le message. Notez dans votre journal d'interprétation les couleurs que vous avez vues dans le rêve.

3. Thème: trouvez le thème du rêve. Vous trouverez le thème en décrivant ce qui se passe dans votre rêve. Par exemple, vous avez rêvé que vous étiez dans la cour de votre maison d'enfance, qui était traversée par une source. La source était remplie de sable. Les bateaux accéléraient dessus. Le thème ici est: «Les bateaux roulaient sur une source remplie de sable dans l'arrière-cour de votre maison d'enfance.» Notez dans le journal la grande idée révélée dans votre rêve.

4. Discerner si le rêve est littéral ou symbolique. Si c'est une parabole, par exemple, c'est symbolique; c'est l'image exacte, elle est littérale. En règle générale, s'il y a un objet ou une personne dans un rêve qui ne peut pas être pris à la lettre, alors le rêve entier doit être considéré comme symbolique. Notez les symboles dans votre journal.

Symboles qui apparaissent dans votre rêve et ce que vous leur associez:

- cour arrière: expérience précédente
- domicile: résidence de la vie
- printemps: Esprit de Dieu
- sable: fondation incorrecte
- bateaux: votre objectif
- excès de vitesse du bateau: déplacement rapide

5. Compréhension préliminaire: les personnes dans le rêve pourraient représenter la personne réelle que vous

voyez dans le rêve, ou elles pourraient vous représenter, ou un ami, ou un membre de la famille.

6. Questions à poser sur les personnes que vous voyez dans le rêve:

- Comment sont-ils liés à vous: famille, travail, amis?
- Quel est leur nom? Leur nom a-t-il une signification?
- Pouvez-vous les décrire?
- Les aimez-vous ou ne les aimez-vous pas?
- Sont-ils dans d'autres rêves?

Notez tous les détails dans votre journal d'interprétation.

7. Application du rêve: Répondez aux questions suivantes:

Êtes-vous activement impliqué dans le rêve? Si c'est le cas, alors le rêve est pour vous.

- Qu'avez-vous spécifiquement demandé à Dieu?
- Êtes-vous en train de prendre une décision?
- Y a-t-il un observateur dans le rêve? Si oui, vous êtes appelé à prier.
- Y a-t-il une histoire dans la Bible semblable au rêve?
- Y a-t-il un personnage de la Bible auquel vous pourriez vous identifier?
- Le rêve peut-il être appliqué littéralement à une préoccupation de la vie actuelle?

Comprendre les Rêves, les Visions et les Prophéties

Points Finaux

1. Devenez un «connaisseur» de la Parole de Dieu. Car lorsque Dieu veut communiquer avec vous, il vous sera plus facile de reconnaître son désir et d'interpréter son message.

2. Ecrivez vos rêves. «La première année de Belschatsar, roi de Babylone, Daniel eut un songe et des visions de à son esprit, pendant qu'il était sur sa couche. Ensuite il écrivit le songe, et raconta les principales choses» (Daniel 7:1 LSG).

3. Enregistrez vos émotions. Vos émotions peuvent déterminer la signification des symboles.

4. Datez les rêves. Affichez une liste des événements et datez-les au fur et à mesure qu'ils se produisaient.

5. Demandez à Dieu l'interprétation du rêve.

    Demandez-lui: «Seigneur, que dis-tu exactement?» «Moi, Daniel, j'eus l'esprit troublé au dedans de moi, et les visions de ma tête m'effrayèrent. Je m'approchai de l'un de ceux qui étaient là, et je lui demandai ce qu'il y avait de vrai dans toutes ces choses» (Daniel 7:15–16 LSG).

6. Cherchez la révélation. «Tandis que moi, Daniel, j'avais cette vision et que je cherchais à la comprendre, voici, quelqu'un qui avait l'apparence d'un homme se tenait devant moi» (Daniel 8:15 LSG).

Signification des Symboles Communs

Les personnes dans vos rêves symbolisent souvent des caractéristiques en vous. Lorsque vous rêvez de gens, vous pouvez déterminer quel aspect de vous-même ils représentent en identifiant leurs caractéristiques. Par exemple, vous trouverez ce qu'il y a en vous dans votre rêve grâce à l'apparition d'un individu qui symbolise ce genre de personne pour vous. Votre pasteur peut être la partie spirituelle en vous; un président ou un roi peut symboliser les qualités de leadership en vous; un policier, un juge ou un dictateur peut être la figure d'autorité en vous; les personnes en uniforme, comme les infirmières, les serveurs ou les membres de la chorale, peuvent représenter d'autres qualités.

Il est également possible que le nom de la personne soit le point du rêve, surtout si ce nom est prononcé dans le rêve. Rêver d'un ami nommé 'Joy' ou 'Grace' ou 'Charité' ou 'Josué' ou 'David' peut signifier que Dieu attire votre attention sur les qualités qui sont vues dans la signification du nom. Ou le nom peut en fait ressembler au message que le rêve essaie d'exprimer. Par exemple, rêver de «Sharon» pourrait être la manière de Dieu d'indiquer un domaine de votre vie dans lequel vous devriez «partager» quelque chose que vous n'avez pas partagé, ou ne devriez pas partager ce que vous êtes en train de partager [le mot anglais 'to share' veut dire 'partager'. Une personne a témoigné avoir rêvé d'une amie nommée «Anita Cook» et avoir trouvé que l'interprétation était «j'ai besoin de cuisiner».

Les animaux représentent souvent vos émotions.

Lorsque vous rêvez d'animaux, déterminez quelle émotion cet animal symbolise pour vous. Prenez en considération votre connaissance de la Bible, vos expériences personnelles, votre domicile géographique et votre propre culture. Voici quelques exemples:

- Un taureau peut représenter la colère (un «taureau en colère»).
- Un renard peut symboliser la ruse.
- Un chat peut symboliser la curiosité.
- Une colombe peut représenter la paix.
- Un aigle peut représenter la liberté.
- Un serpent peut symboliser la subtilité.
- Un lion pourrait symboliser la royauté.

Gardez à l'esprit que dans la Bible, un lion est utilisé pour représenter à la fois le Christ («le Lion de la tribu de Juda») et Satan («comme un lion rugissant cherchant qui il peut dévorer»). Gardez également à l'esprit que si vous maintenez votre relation avec le Saint-Esprit, Il révélera ce que l'animal représente dans votre rêve spécifique.

Les chiffres dans les rêves représentent généralement le même chiffre dans la vraie vie. Le chiffre peut être lié à quelque chose que vous devez interpréter symboliquement. Par exemple, lorsque Joseph rêvait de onze étoiles, les onze étaient littérales, mais les étoiles étaient symboliques et représentaient en fait ses frères. Joseph rêvait de ses onze frères (Genèse 37:1–11). De même, dans le rêve de l'échanson, trois branches se tenaient pendant trois jours (Genèse 40:12), et pour le boulanger, les trois paniers représentaient trois jours (Genèse 40:18). Dans le rêve de

Pharaon, les sept vaches symbolisaient sept ans (Genèse 41:26).

Si vous comptez sur le Saint-Esprit, vous pourrez déterminer ce que signifie le nombre que vous avez vu dans votre rêve. La prière, le discernement et sa révélation vous donneront la bonne interprétation.

Quelques Rêves Bibliques Qui Démontrent le principe des Symboles

Il y avait treize rêves sur le rêveur et quatre rêves sur les autres.

- Abraham en interaction avec Dieu (rêve de lui-même) (Genèse 15:1–21).

- Abimélec et Dieu en interaction (rêve de lui-même) (Genèse 20:1–18).

- Jacob à qui Dieu parle (rêve de lui-même) (Genèse 28:10–22).

- Jacob et Dieu en interaction (rêve de lui-même) (Genèse 31:10–29).

- Joseph et ses frères en interaction (rêver de lui-même) (Genèse 37:1–11).

- Échangeur et boulanger (rêvent d'eux-mêmes) (Genèse 40:1–23).

- Le rêve de Pharaon de sept vaches (rêve d'autres) (Genèse 41:1–49).

- Israël en dialogue avec Dieu (rêve de lui-même) (Genèse 46:1–7).

- Miche de pain frappant le camp (rêve de lui-même) (Juges 7:9–18).

- Dieu et Salomon interagissent (rêve de lui-même) (1 Rois 3:5–28).

- Statue frappée par la pierre (rêve des autres) (Daniel 2:1–49).

- Quatre bêtes (rêver des autres) (Daniel 7:1–28).

- Bélier et bouc (rêver des autres) (Daniel 8:1–27).

- Vision terrifiante (rêve des autres) (Daniel 10:1, 12:13).

- Dieu a parlé à Joseph (rêve de lui-même) (Matthieu 1:20-25).

- Dieu a parlé à Joseph (rêve de lui-même) (Matthieu 2:3–15).

- Dieu a parlé à Joseph (rêve de lui-même) (Matthieu 2:19-23).

Il y a deux observations importantes à partir de ces exemples Bibliques:

1. Les rêves sur d'autres personnes étaient pour la plupart prophétiques, et ils étaient donnés aux rois ou aux conseillers royaux concernant l'avenir de leurs royaumes.

2. Les rêves sur soi peuvent concerner la famille du rêveur ou d'autres. La révélation des rêves n'a pas été donnée à un individu au hasard, mais à quelqu'un avec autorité et influence. La révélation des rêves sur les autres peut être donnée aux gens comme des intercesseurs, avec l'intention de prier pour eux.

Les rêves peuvent contenir un langage symbolique, un langage littéral ou une combinaison des deux. Lorsque vous interprétez des rêves, recherchez des comparaisons, des métaphores et des métonymies (figures de style) de votre langue.

Par exemple, rêver de ketchup peut vous appeler à «rattraper» dans certains domaines. Un feu tente peut-être de vous avertir que vous «jouez avec le feu». Être étouffé, étouffé ou noyé peut indiquer que vous êtes au-dessus de votre tête. Un lac gelé, une coulée de glace ou des glaçons peuvent être un avertissement que vous ne voyez que la pointe de l'iceberg. Le fait de casser vos lunettes peut indiquer que vous ne voyez pas clairement la situation. Une femme a déclaré qu'elle rêvait d'un feu dans sa cuisine; il a été interprété comme un avertissement qu'elle avait une inflammation dans son tube digestif.

Dans son livre *Hearing God through Your Dreams*, le Dr Mark Virkler, fondateur de la Christian Leadership University, propose des exemples de jeux de mots qui peuvent apparaître dans vos rêves:

- «à vol d'oiseau»

- «marcher un mile dans la peau de quelqu'un d'autre»

- «jeter une clé dans les travaux»

- «être né dans une grange»
- «à la onzième heure»
- «jeter le bébé avec l'eau du bain»
- «sur un pied d'égalité»
- «remonter le ruisseau sans pagaie»
- «parler avec une langue fourchue»

Soyez prêt pour des utilisations inattendues et intelligentes des termes et soyez ouvert aux connexions latérales. Mais surtout, rappelez-vous que Dieu attend toujours que vous l'invoquiez pour vous aider à comprendre le message qu'Il vous donne.

CHAPITRE 15

Différentes Catégories de Rêves

Rêves pour Atteindre Votre Destin

Rêves Prophétiques et Rêves de Révélations

Les rêves prophétiques et révélateurs révèlent l'avenir. Dans un rêve prophétique, vous voyez l'avenir. Un rêve prophétique peut se réaliser rapidement, par exemple en quelques heures, ou cela peut prendre des années, et même des décennies. Les rêves prophétiques peuvent même prédire des événements qui se produiront des milliers d'années dans le futur.

Dans Genèse 37:5–11, Joseph avait deux rêves prophétiques. Dans la première, les tiges de blé de ses frères se prosternent devant les siennes, et dans la seconde, onze étoiles, interprétées comme ses frères, et le soleil et la lune, interprétés comme ses parents, s'inclinent devant lui. Ces deux rêves sont principalement des rêves prophétiques; ils ont prédit des événements survenus vingt ans plus tard.

Signes et Détails Communs pour les Rêves Prophétiques et Rêves de Révélations

Ces rêves ont souvent lieu dans un temps ou un lieu futur. Ces rêves révèlent votre avenir, d'un autre individu, d'une nation, etc. Dans l'Écriture, Joseph avait dix-sept ans lorsqu'il rêvait de sa future place d'honneur et de son service gouvernemental élevé (Genèse 37:5–8).

- Ils influencent généralement un grand nombre de personnes, pas seulement vous et votre famille.

- Ils montrent généralement une figure prophétique qui vous apparaît et vous transmet un message.

- Ils impliquent souvent l'église; événements géographiques; événements économiques; ou des changements politiques à venir.

- Ils révèlent des choses dans le futur.

Les rêves prophétiques se produisent plusieurs fois dans la Bible et sont expérimentés par toutes sortes de personnes, y compris les prophètes (Daniel 7:1), les rois impies (Daniel 2) et les hommes ordinaires (Genèse 31:24). Parfois, les rêves nécessitaient une interprétation, comme avec le rêve de Nebucadnetsar dans Daniel 2. D'autres fois, aucune interprétation n'était nécessaire, car Dieu parlait clairement au rêveur, comme dans l'histoire d'Abimélec et de la tromperie d'Abraham à propos de Sarah (Genèse 20:1-6).

La définition d'un rêve prophétique pourrait être quelque chose comme une vision nocturne surnaturelle qui contient de la prévoyance. Daniel a pris soin de rendre hommage à Dieu, qui seul donne la sagesse d'interpréter de tels rêves (Daniel 2:20-23).

Dieu peut parfois utiliser des rêves pour guider les gens vers des endroits où ils peuvent entendre l'Évangile et être sauvés. Pourtant, il existe de nombreux rapports de rêves prophétiques, même dans des régions où l'accès à la Bible et à l'Évangile est limité. Les rêves spirituels et prophétiques sont rapportés par une grande variété de chrétiens dans de nombreux pays. Par conséquent, nous pouvons conclure que Dieu parle certainement largement aux chrétiens.

Si vous croyez avoir eu un rêve prophétique, la première question à se poser est: «Ce rêve vient-il de Dieu?» Comparez le contenu du rêve et son message aux Écritures; si quelque chose semble contredire les paroles de Dieu ou sa nature, alors cela ne vient peut-être pas de lui. Dieu n'ira jamais contre Sa Parole. La Bible est notre norme pour la vérité; Dieu nous a donné accès à Sa Parole. Chaque fois que nous examinons un rêve, nous devons toujours demander à Dieu la sagesse (Jacques 1:5).

Les rêves spirituels sont la prérogative de Dieu. Quand ils viennent, après que nous les avons enregistrés, nous devrions commencer à prier pour l'interprétation; il est toujours utile d'être guidé par un conseil divin. Dieu nous connaît intimement; Il prend le temps de parler individuellement à ses enfants, pour notre propre sécurité et attention.

Les scientistes rationalisent que les rêves qui semblent se réaliser peuvent en réalité être un guide à suivre, donnant ainsi l'impression que le rêve se réalise. Vous voulez vraiment que ce soit vrai.

Un autre argument suggère que vous avez peut-être tendance à modifier vous-même votre rêve pour qu'il corresponde au résultat. Parce que les rêves sont si facilement oubliés, votre souvenir du rêve peut ne pas être exact.

Pourtant, une autre théorie suggère que votre esprit de rêve est capable de rassembler des informations plus rapidement que votre esprit conscient. Votre esprit est capable de voir ce qui va se passer sur la base des informations qu'il a déjà collectées. Indépendamment de ce que pensent ces scientifiques, les gens ont des rêves qui prédisent effectivement l'avenir.

Les rêves prophétiques sont souvent liés à des catastrophes majeures, des assassinats, des guerres, des accidents, des numéros de loterie et même des courses de chevaux. De tels rêves ont aidé à résoudre des crimes. Abraham Lincoln aurait rêvé de son propre corps couché dans un cercueil deux semaines avant son assassinat. En mai 1902, l'ingénieur britannique John Dunne a rêvé qu'un volcan exploserait; quelques jours plus tard, il a vu un article de journal sur l'éruption du mont. Pelée dans les Caraïbes.

Avoir des rêves prophétiques vous donne confiance en l'avenir. Ils peuvent vous aider à prendre des décisions et vous confirmer que vous êtes sur la bonne voie.

Rêves d'appels

Les rêves d'appels révèlent une vocation ou une onction. Un rêve d'appel est un cadeau que Dieu vous a donné uniquement pour influencer les autres. Ils peuvent révéler des événements qui se produiront à l'avenir ou vous montrer en train de faire quelque chose dans un cadre spécifique. Ils peuvent être des expériences spirituelles puissantes qui façonnent et clarifient le but de votre vie; ils peuvent aussi être Dieu confirmant ce qu'il a déjà placé dans votre cœur à faire.

Dans le rêve de Jacob, le Seigneur lui est apparu et a confirmé toutes ses promesses et s'est engagé à rester avec Jacob et à voir ces promesses se réaliser.

Genèse 28:11-18 montre que lorsque Jacob fuyait son frère, il atteignit un certain endroit, il s'arrêta pour la nuit alors que le soleil s'était couché, il prit une des pierres là-bas, la mit sous sa tête et se coucha. dormir. Cette nuit-là, il eut un rêve dans lequel il vit une échelle s'étendant du ciel à la terre, sur laquelle les anges de Dieu montaient et descendaient.

«Quand Jacob se réveilla de son sommeil, il pensa: «Sûrement, le Seigneur est dans cet endroit, et je n'en étais pas conscient.» Il eut peur et dit: «Comme cet endroit est génial! Ce n'est autre que la maison de Dieu; c'est la porte du ciel.»

«Tôt le lendemain matin, Jacob prit la pierre qu'il avait placée sous sa tête et la dressa comme un pilier et versa de l'huile dessus. Il a appelé cet endroit Bethel.

Bien que ce rêve soit avant tout un rêve d'appel, c'est aussi un rêve de courage. Cela arriva à un moment où Jacob fuyait son frère, Ésaü, et quittait la seule famille qu'il ait jamais connue.

Signes et Détails Communs pour les Rêves d'Appels

- Recherchez les signes métaphoriques d'être appelé ou envoyé à un endroit ou à un poste plus élevé.

- Vous pouvez vous voir entouré de personnes d'un certain âge, race ou statut social ou économique; vous pouvez continuer à avoir des rêves impliquant ces personnes.

- Vous sentez un poids spirituel sur le rêve longtemps après votre réveil.

- Vous serez actif dans de nombreux rêves d'appel en prenant les devants, en accomplissant un acte de service ou en accomplissant une tâche que vous n'avez jamais accomplie auparavant.

- Vous pouvez avoir des rêves d'appel similaires et récurrents jusqu'à ce que vous agissiez enfin en conséquence.

- Vous vous souviendrez généralement de votre rêve d'appel le plus important.

- Ces rêves montrent que vous faites quelque chose qui révèle une vocation ou une onction.

- Vous pouvez rêver d'une expérience qui se produira dans le futur.

Rêves de Courage et de Force

Des rêves de courage sont donnés pour vous édifier et renforcer votre foi. Ces rêves sont souvent remplis de couleurs vibrantes; ils vous laissent le sentiment que

Dieu est près de vous et que vous pouvez surmonter vos circonstances.

Jacob a servi son beau-père, Laban, pendant quatorze ans, période pendant laquelle il a été constamment miné et trompé. Laban a saisi toutes les occasions de tromper Jacob de son salaire légitime et du fruit de son travail, mais il a quand même prospéré. Dans un rêve, Dieu dit à Jacob qu'il est temps de quitter Laban; le Seigneur lui montre une stratégie pour récupérer le bétail que Laban lui a volé.

Alors Dieu a pris le bétail de votre père et me l'a donné.

> Dieu a pris à votre père son troupeau, et me l'a donné. Au temps où les brebis entraient en chaleur, je levai les yeux, et je vis en songe que les boucs qui couvraient les brebis étaient rayés, tachetés et marquetés. Et l'ange de Dieu me dit en songe: Jacob! Je répondis: Me voici! Il dit: Lève les yeux, et regarde: tous les boucs qui couvrent les brebis sont rayés, tachetés et marquetés; car j'ai vu tout ce que te fait Laban. Je suis le Dieu de Béthel, où tu as oint un monument, où tu m'as fait un vœu. Maintenant, lève-toi, sors de ce pays, et retourne au pays de ta naissance. (Genèse 31:9–13 LSG)

Ce rêve est un rêve de courage car il a donné à Jacob la force d'aller à l'encontre des vues de sa culture sur l'élevage. Dieu a montré à Jacob que c'étaient les mâles tachetés et mouchetés qui augmenteraient son troupeau. Le rêve a donné à Jacob le courage d'accepter le bétail tacheté et tacheté comme son salaire.

Signes et Détails Courants pour les Rêves de Courage et de Force

- Une zone de faiblesse est mise en évidence dans le rêve et se révèle forte.

- Ils surviennent généralement après que vous ayez appelé le Seigneur au sujet d'une décision.

- Dans le rêve, quelque chose qui provoque la peur dans votre vie éveillée est affronté sans peur.

- Dans le rêve, vous avez des pouvoirs ou des capacités surnaturels pour accomplir une tâche ou surmonter un obstacle.

- Après le réveil, vous pouvez ressentir une confirmation dans votre esprit de prendre une chance sur quelque chose pour lequel vous avez prié.

- Ces rêves sont envoyés pour vous édifier et renforcer votre foi.

Dans Genèse 31, Jacob a reçu un rêve lui demandant de choisir les animaux tachetés et mouchetés, et s'il le faisait, Dieu le bénirait. Il avait besoin de courage pour faire cela parce que cela allait à l'encontre de sa théologie et de sa compréhension de l'élevage. Les gens de l'époque de Jacob considéraient les animaux tachetés et mouchetés comme indésirables et impurs.

Rêve de Direction

Les rêves de direction contiennent des instructions spécifiques de Dieu pour vous aider, vous guider ou vous protéger. Ces rêves sont similaires aux rêves d'avertissement, mais avec une distinction claire: Dieu donne des rêves de direction pour révéler un nouveau chemin ou pour contrecarrer les plans de l'ennemi. En d'autres termes, vous êtes sur la bonne voie et Dieu vous offre un raccourci ou, dans le cas de Joseph et Marie, un détour. Un rêve de direction donne des conseils sages et aimants du Père céleste.

Dans Matthieu 1:18-25 (LSG), Dieu a envoyé l'ange Gabriel à Joseph avec quelques conseils célestes:

> Voici de quelle manière arriva la naissance de Jésus Christ. Marie, sa mère, ayant été fiancée à Joseph, se trouva enceinte, par la vertu du Saint Esprit, avant qu'ils eussent habité ensemble. Joseph, son époux, qui était un homme de bien et qui ne voulait pas la diffamer, se proposa de rompre secrètement avec elle. Comme il y pensait, voici, un ange du Seigneur lui apparut en songe, et dit: Joseph, fils de David, ne crains pas de prendre avec toi Marie, ta femme, car l'enfant qu'elle a conçu vient du Saint Esprit; elle enfantera un fils, et tu lui donneras le nom de Jésus; c'est lui qui sauvera son peuple de ses péchés.
>
> Tout cela arriva afin que s'accomplît ce que le Seigneur avait annoncé par le prophète:

Voici, la vierge sera enceinte, elle enfantera un fils, et on lui donnera le nom d'Emmanuel, ce qui signifie Dieu avec nous. Joseph s'étant réveillé fit ce que l'ange du Seigneur lui avait ordonné, et il prit sa femme avec lui. Mais il ne la connut point jusqu'à ce qu'elle eût enfanté un fils, auquel il donna le nom de Jésus.

Quand Joseph s'est réveillé, il a fait ce que l'ange du Seigneur lui avait ordonné et a ramené Marie à la maison comme épouse.

Dans Matthieu 2:12, les mages, ayant été avertis dans un rêve de ne pas retourner à Hérode, retournèrent dans leur pays par une autre route plutôt que de dire au roi qu'ils avaient trouvé le Messie.

Signes et Détails Communs pour les Rêves de Direction:

- Les rêves de direction impliquent parfois un être sans visage ou spirituel qui vous guide ou vous instruit.

- Ils impliquent souvent une solution qui vous laisse un sentiment de paix.

- Ils sont généralement brillants et pleins de couleurs vives pour confirmer la présence de l'Esprit de Dieu.

- Après le réveil, vous pouvez avoir un nouveau sentiment d'urgence et de conviction au sujet d'une décision en suspens.

Dans Matthieu 2:13, on dit à Joseph d'emmener Marie et Jésus en sécurité en Égypte.

Rêves d'invention

Les rêves d'invention sont un moyen par lequel Dieu libère la créativité et l'innovation. Les rêves d'invention peuvent inclure un élément clé manquant d'une conception ou d'une pensée, ou la conception complète et la naissance d'une nouvelle œuvre créative.

Elias Howe (1819–1867) a rêvé que des cannibales le capturaient et utilisaient des lances pour le garder dans une casserole d'eau bouillante. Quand il s'est réveillé, il a commencé à trier les éléments émotionnels du rêve et s'est rapidement fixé sur les lances, qui avaient des «trous dans la pointe». Il a réalisé que c'était la réponse qu'il cherchait. La clé pour faire fonctionner une machine à coudre est de déplacer le trou de transport de fil jusqu'à la pointe de l'aiguille. De ce rêve est née l'invention de la machine à coudre moderne.

Paul McCartney, né le 18 juin 1942, a reçu une chanson entièrement composée dans un rêve qui a continué à jouer dans sa tête quand il s'est réveillé. Puisqu'il savait qu'il n'avait pas écrit la chanson, il a supposé qu'il s'agissait d'un vieux morceau de jazz de la collection de son père. Il a commencé à jouer ce qu'il avait entendu dans le rêve sur le piano, mais pensait toujours que c'était un air entraînant qu'il avait entendu ailleurs. Il a partagé la mélodie avec ses amis de l'industrie du disque, mais personne n'a reconnu la chanson originale. Plusieurs années plus tard, McCartney a mis les paroles au diapason et l'a appelé «Hier». À ce jour, «Hier» est la chanson pop la plus couverte de tous les temps et la deuxième chanson la plus jouée à la radio.

Signes et Détails Courants pour les Rêves d'Invention

Les rêves d'invention les plus célèbres se sont produits lorsque le rêveur cherchait avec diligence des solutions aux problèmes.

- Au réveil, vous avez le sentiment: «D'accord, c'est ça. Voilà comment cela fonctionne. Ceci explique cela.»

- Une partie du rêve vous rappelle le problème réel que vous essayez de résoudre.

- Vous ressentez de l'émerveillement ou de l'excitation face à une solution possible.

- Recherchez des personnes qui accomplissent des tâches par des méthodes non conventionnelles.

- Quelqu'un dans le rêve utilise peut-être quelque chose ou vous demande quelque chose, et lorsque vous vous réveillez, vous réalisez que l'objet ou le service n'existe pas.

- Vous avez généralement la capacité de comprendre comment le rêve résout votre problème.

- La créativité est libérée dans les rêves.

Rêve de 'Parole de Connaissance'

'Une parole de connaissance' est définie comme la révélation surnaturelle d'une information jusque-là inconnue du destinataire. Un rêve de mot de connaissance apporte une solution à un problème ou à un problème dans votre vie, votre lieu de travail ou votre ministère. Le rêve pourrait aussi être une solution pour quelqu'un que vous connaissez.

«Lorsqu'ils furent partis, voici, un ange du Seigneur apparut en songe à Joseph, et dit: Lève-toi, prends le petit enfant et sa mère, fuis en Égypte, et restes-y jusqu'à ce que je te parle; car Hérode cherchera le petit enfant pour le faire périr.» (Mathieu 2:13 LSG).

Signes et Détails Courants pour les Rêves de 'Parole de Connaissance'

Ces rêves ont généralement moins de symbolisme et peuvent ressembler davantage à une vision.

- Quelqu'un dans le rêve, peut-être un être spirituel, vous apporte un message spécifique ou un ensemble spécial d'instructions.

- Vous pourriez vous retrouver à résoudre un problème ou à gérer un problème d'une manière unique.

- Lorsque vous vous réveillez, une certaine phrase ou un détail dans le rêve apparaît comme étant indépendamment important.

- Ils apportent des solutions et des réponses aux problèmes et aux problèmes de notre vie.

- L'idée ou la solution semble souvent familière, comme si elle avait du sens dans le rêve. Au réveil, vous le trouverez évident; vous pourriez penser à quelque chose comme: Pourquoi n'ai-je pas vu ça avant? Bien sûr, c'est ainsi.

- Ils peuvent concerner des problèmes personnels, des relations, un travail ou un ministère.

Rêves pour Changer votre Chemin ou Destin

Rêves de correction

Les rêves de correction concernent les attitudes ou les opinions du rêveur. Ils confrontent des pensées, des actions ou des habitudes qui, si elles ne sont pas traitées, empêcheront le rêveur de grandir en maturité spirituelle et de développer un caractère pieux (Actes 10).

Pierre n'était pas du genre à être persuadé avec des mots, alors Dieu a utilisé une expérience surnaturelle pour corriger sa théologie. Dans la vision, il vit ce qui semblait être un grand drap, un récipient, descendant devant lui avec des animaux impurs dessus, descendu du ciel, et une voix lui dit: « Ce que Dieu a déclaré pur, ne le regarde pas comme souillé» (Actes 10:15 LSG).

Toute la théologie de Peter a changé en raison de sa vision des animaux impurs. Il leur dit: « Vous savez, leur dit-il, qu'il est défendu à un Juif de se lier avec un étranger ou d'entrer chez lui; mais Dieu m'a appris à ne regarder aucun homme comme souillé et impur. C'est pourquoi je n'ai pas eu d'objection à venir, puisque vous m'avez appelé; je vous demande donc pour quel motif vous m'avez envoyé chercher (Actes 10:28–29 LSG).

Signes et Détails Courants des Rêves de Correction

Les rêves de correction se concentrent généralement sur un sujet sur lequel vous avez une forte opinion.

- Ils argumentent ou débattent d'une question qui semblait logique jusqu'à ce que vous vous réveilliez.

- Ils impliquent parfois une confrontation avec une figure d'autorité.

- Dieu utilise souvent une personne ou une relation personnelle spécifique pour souligner le problème qu'il veut aborder.

- Il y a une peur du Seigneur dans les rêves de correction et vous ressentez souvent de la repentance.

- Vous pouvez hésiter à partager un rêve de correction avec quelqu'un d'autre.

- Ces rêves semblent lourds; vous ressentirez un sentiment émotionnel de leur importance.

- Ces rêves concernent les attitudes et les opinions.

- Vos opinions peuvent être changées dans un rêve ou une vision (Pierre dans Actes 10).

Rêves d'avertissement

Les rêves d'avertissement peuvent avertir le rêveur de ne pas faire ou de continuer à faire certaines choses. Vous pouvez avoir des rêves d'avertissement répétitifs qui semblent différents mais qui concernent le même problème. Les rêves d'avertissement sont la manière gracieuse de

Dieu de vous dire que quelque chose dans votre vie est sur le point de libérer le jugement ou d'attaquer (Genèse 31).

Grâce à la faveur de Dieu, Jacob a fui Laban avec ses femmes, ses enfants et son bétail. Trois jours plus tard, Laban enragé découvrit que la famille de Jacob avait emmené certaines de ses idoles domestiques avec eux et les poursuivait. La nuit avant qu'il affronte Jacob, Dieu lui a envoyé un rêve d'avertissement:

> On the third day Laban was told that Jacob had fled. Taking his relatives with him, he pursued Jacob for seven days and caught up with him in the hill country of Gilead. Then God came to Laban the Aramean in a dream at night and said to him, "Be careful not to say anything to Jacob, either good or bad." (Genèse 31:22–24 LSG)

Ce rêve d'avertissement a empêché Laban de faire une énorme erreur. Combattre Jacob aurait provoqué une guerre entre le père de Jacob, Isaac, et sa mère, Rebekah. Au lieu de cela, les deux familles ont conclu une trêve, et Rachel et Leah ont chacune reçu une bénédiction de leur père.

Signes et Détails Courants des Rêves d'Avertissement

Ils impliquent des actions qui au départ sont inoffensives mais qui dégénèrent rapidement.

Ils recherchent des détails importants comme les ponts, les portes et les routes. Celles-ci symbolisent généralement les périodes de transition où des choix, bons ou mauvais, sont en cours ou sont sur le point de l'être.

Les rêves d'avertissement peuvent impliquer quelqu'un pour lequel le Seigneur a mis sur votre cœur pour prier.

- Ils peuvent impliquer des événements ou des problèmes interpersonnels qui ne se sont pas encore produits.
- Ils avertissent le rêveur de ne pas faire certaines choses.
- Certains rêves d'avertissement sont des avertissements répétitifs; ils peuvent sembler différents mais sont à peu près la même chose.

La grâce de Dieu vous dit que quelque chose dans votre vie est sur le point de libérer le jugement ou d'attaquer. Notez l'exemple de Laban dans Genèse 31.

Dieu vous donnera parfois un rêve d'avertissement pour quelqu'un d'autre. Cela peut signifier que vous êtes censé avertir cette personne, ou que Dieu vous demande de prier pour cette personne.

Dans Matthieu 27:19 (LSG), l'épouse de Ponce Pilate a reçu un rêve d'avertissement au sujet de Jésus, mais il n'en a pas tenu compte. Alors que Pilate était assis sur le siège du juge, sa femme lui a envoyé ce message: «Pendant qu'il était assis sur le tribunal, sa femme lui fit dire: Qu'il n'y ait rien entre toi et ce juste; car aujourd'hui j'ai beaucoup souffert en songe à cause de lui.»

Ce type de rêve est destiné à nous avertir d'une attaque future de l'ennemi ou d'une période difficile à venir. Cela pourrait être un avertissement pour un ami, un conjoint ou un enfant. Ceux-ci sont donnés afin que nous puissions prier et intercéder pour la personne. Souvent, la calamité n'est pas décrétée d'en haut; par conséquent, par la prière, les difficultés peuvent être évitées. Par exemple, Abimélec a été averti de ne pas coucher avec Sarah, qui était la femme d'Abraham, bien que ce dernier ait menti et ait dit qu'elle était sa sœur (Genèse 20: 3-7).

Rêves d'Auto-Condition

Les rêves d'auto-condition vous indiquent où vous vous situez par rapport à Dieu. Ils révèlent comment vous voyez Dieu et comment vous vous voyez; ils traitent généralement de questions plus abstraites, comme vos pensées et vos points de vue sur le bien et le mal. Là où les rêves de correction et d'avertissement traitent des modèles de comportement et de leurs conséquences potentielles, un rêve de condition personnelle est comme un rapport de situation qui vous aide à vous aligner spirituellement avec Dieu.

Signes et Détails Courants des Rêves d'Auto-Condition

Les rêves d'auto-condition seront toujours intrinsèques (ce qui signifie que vous êtes le centre d'intérêt ou que vous participez aux actions du rêve).

- Ils sont généralement centrés sur votre réaction ou réponse à quelqu'un d'autre.

- Ils peuvent impliquer votre père terrestre, un père spirituel ou un être spirituel sans visage.

- Ils peuvent parfois mettre en évidence une barrière (symbolique ou littérale) qui empêche la communication ou l'intimité avec Dieu.

- Ils révèlent des choses (bonnes ou mauvaises) que vous ne pouvez pas voir en vous-même.

- Ils peuvent impliquer une confrontation ou une dispute sur un sujet religieux.

- Ces rêves pourraient aborder d'autres problèmes, par exemple si vous faites confiance à Dieu pour vous pourvoir et vous protéger, ou votre foi en sa puissance et son autorité pour accomplir des miracles dans votre vie.

- Ils vous disent où vous en êtes avec Dieu; par exemple, les domaines problématiques qui doivent être résolus, ceux dont vous êtes conscient et ceux dont vous n'êtes pas conscient.

Rêves de guérison et de transformation

Guérison dans les Rêves

Les rêves de guérison résolvent les problèmes émotionnels et physiques. La guérison des rêves guérit les relations brisées et change votre opinion sur les autres. Vous recevez la guérison, émotionnelle et physique, en pardonnant aux autres et en les voyant du point de vue de Dieu.

Vous pouvez également être physiquement guéri dans un rêve. Cela se produit souvent lorsqu'un être spirituel (envoyé par Dieu) vous touche dans le rêve.

> Joseph, son époux, qui était un homme de bien et qui ne voulait pas la diffamer, se proposa de rompre secrètement avec elle. Comme il y pensait, voici, un ange du Seigneur lui apparut en songe, et dit: Joseph, fils de David, ne crains pas de prendre avec toi Marie, ta femme, car l'enfant qu'elle a conçu vient du Saint Esprit; elle enfantera un fils, et tu lui donneras le nom de Jésus; c'est lui qui sauvera son peuple de ses péchés. (Matthieu 1:19–21 LSG)

Le rêve a apporté courage et direction. C'était évidemment un rêve prophétique, mais l'impact immédiat pour Joseph était qu'il a guéri sa relation avec Mary et a transformé une tragédie potentielle en une plus grande histoire jamais racontée.

Signes et détails Communs pour la Guérison dans les Rêves:

Dans les rêves envoyés pour guérir les relations, parfois vous n'observez que l'action (généralement à partir d'un plan ou d'une position plus élevé).

- Votre rêve pourrait inclure une personne à laquelle vous n'avez pas pensé depuis des années et qui vous présente des excuses pour quelque chose qu'elle a fait dans le passé.

- On vous dit quelque chose ou vous savez simplement quelque chose dans le rêve sur la personne qui vous a blessé.

- Ces rêves guérissent les relations brisées.

- Au réveil, vous ressentez généralement de l'empathie pour une personne ou une situation que vous n'aviez pas ressentie avant le rêve.

- Vos opinions sur les autres peuvent être modifiées.

- Dans ce type de rêve, vous pouvez être libéré pour pardonner aux autres et les voir du point de vue de Dieu.

Rêves de délivrance

Les rêves de délivrance éliminent la diabolisation et l'oppression spirituelle de votre vie. Certains l'appellent «être libéré» ou «être délivré» dans un rêve.

Les chrétiens nés de nouveau ne peuvent pas être possédés par des esprits démoniaques, mais ils peuvent être opprimés. L'oppression est souvent le résultat d'une forteresse mentale et peut être favorisée par des décisions et des habitudes néfastes, qui ouvrent des portes et invitent à l'attaque spirituelle et à l'influence démoniaque.

Dans Actes 10, Pierre a fait l'expérience d'un rêve de descente d'une feuille d'animaux impurs, c'était un rêve de correction, mais aussi un rêve de délivrance, car ce rêve a enlevé un esprit religieux et une forteresse dans la vie de Pierre sur qui était digne de l'évangile (Actes 10) .

Signes et Détails Communs pour les Rêves de Délivrance

- Les rêves de délivrance impliquent parfois une rencontre spirituelle qui semble physique.

- Ils enlèvent littéralement la diabolisation et les attaques spirituelles de nos vies.

- Ils peuvent impliquer un être spirituel (ange) priant pour vous.

- Ils peuvent impliquer une expérience de percée ou de victoire sur une entité démoniaque dans le rêve.

- Ils impliquent souvent le retrait de quelque chose de votre corps ou de votre vie.

- Nous pouvons nous référer à cela comme étant livré dans un rêve.

Rêves de Rinçage / Rêve de Nettoyage

Les rêves de rinçage vous purifient au jour le jour des rencontres qui vous souillent ou vous corrompent spirituellement. Cette souillure peut provenir d'une interaction occasionnelle et momentanée avec une personne influencée par un esprit démoniaque; ou cela peut être déclenché par quelque chose que vous avez vu par inadvertance ou peut-être que vous avez volontairement laissé passer votre «porte des yeux». Dieu peut éliminer le résidu nocif de cette expérience à travers un rêve étrange et parfois graphique.

Si vous êtes un observateur dans le rêve et que vous ne participez pas à l'action du rêve, ce n'est pas un rêve qui bouge. Ce serait plus probablement un appel à prier pour la personne que vous voyez dans le rêve ou les personnes impliquées.

Certains types courants de rêves de bouffée de chaleur peuvent être d'embrasser un membre de la famille comme un frère ou une sœur ou d'être témoin d'un comportement offensant similaire. Ou cela pourrait être un rêve plein de violence ou un comportement obscène auquel le rêveur ne serait jamais partie dans la vie normale.

Signes et Détails Courants des Rêves de Rinçage
- Les rêves éclatants impliquent généralement des expériences graphiques.
- Le type de perversion dans le rêve reflète le type d'esprit en cours de rinçage.
- Les rêves bouffisants ne sont pas toujours de nature sexuelle; ils peuvent concerner toute activité à laquelle vous ne participeriez pas normalement, comme l'abus de drogues et d'alcool ou la violence.
- Vous pourriez faire des choix immoraux dans le rêve que vous n'auriez jamais fait dans la vraie vie.
- Vous éprouvez généralement une forte aversion pour ce qui s'est passé en rêve au réveil.
- Ces rêves nous purifient des rencontres quotidiennes qui nous souillent spirituellement.
- Une purification de ces choses qui sont passées par la «porte des yeux».
- Si vous observez, ce n'est pas un rêve bouffant.

… *Dr. Deborah Manoushka Paul Figaro*

Rêves de l'ennemi / Royaume Démoniaque

Rêves sombres

Les rêves sombres révèlent ce que l'ennemi envisage de faire. Ils sont souvent en noir et blanc, mais peuvent également contenir des couleurs sombres et sourdes.

Les rêves sombres ne sont pas toujours clairement mauvais. En fait, ils peuvent même sembler inoffensifs à la surface, mais comme le rêve manque de lumière et de couleur, vous pouvez être assuré qu'il vient de l'ennemi et qu'il révèle les plans des coups pour vous.

Dans Job 4: 12–19, Eliphaz a partagé un rêve de l'ennemi avec Job. «Un mot m'est venu en secret - un simple murmure d'un mot, mais je l'ai entendu clairement. C'est venu dans un rêve effrayant une nuit, après que je sois tombé dans un sommeil profond et profond. L'effroi m'a regardé en face, et la terreur. J'étais mort de peur - je tremblais de la tête aux pieds. Un esprit glissa juste devant moi - les cheveux sur ma tête se dressaient. Je ne pouvais pas dire ce qui était apparu là-bas, un flou... et puis j'ai entendu une voix étouffée: «Comment de simples mortels peuvent-ils être plus justes que Dieu? Comment les humains peuvent-ils être plus purs que leur Créateur? Pourquoi, Dieu ne fait même pas confiance à ses propres serviteurs, n'encourage même pas ses anges, alors combien moins ces corps composés de boue, fragiles comme des mites?

L'ennemi voulait décourager Job en donnant à Eliphaz un rêve qui déformait le caractère de Dieu, mais Job a vu à travers ce plan et a refusé de maudire le Seigneur.

Signes et détails communs pour les rêves sombres

- Le cadre est sombre; si vous êtes à l'extérieur, c'est le crépuscule ou la nuit.

- Le rêve implique généralement une activité qui pourrait vous causer du tort.

- Vous êtes parfaitement conscient que le rêve est en noir et blanc ou a des couleurs sombres.

- Dans les rêves sombres, vous observerez souvent l'activité des autres (plans de l'ennemi).

- Si vous participez au rêve, vous serez souvent conduit à un danger.

- En Dieu existe toute couleur et toute lumière, mais dans les ténèbres il n'y a pas de couleur.

- Dieu nous permet de voir ce que fait ou planifie l'ennemi.

- Les rêves dépourvus de couleur, donc, en noir et blanc ou en niveaux de gris, viennent de l'ennemi, révélant ce qu'il veut faire.

- Même si le point du rêve semble bon, ne vous y trompez pas s'il est en noir et blanc; la couleur représente ce que Dieu veut faire.

- Le noir et blanc, ou niveaux de gris, représente ce que Satan veut faire.

La couleur représente ce que Dieu veut faire ou vous communiquer, et les niveaux de gris (noir et blanc) représentent ce que l'ennemi veut faire.

Faux rêves

Dans les faux rêves, l'ennemi vous pousse à vous induire en erreur en faisant quelque chose de contraire à la volonté de Dieu. Les faux rêves dissimulent les plans de l'ennemi pour vous convaincre que le tort est juste et qu'un mensonge est la vérité.

Zacharie 10:2 LSG dit: «Car les théraphim ont des paroles de néant, Les devins prophétisent des faussetés, Les songes mentent et consolent par la vanité. C'est pourquoi ils sont errants comme un troupeau, Ils sont malheureux parce qu'il n'y a point de pasteur.»

Il n'y a pas d'exemples de faux rêves dans la Bible, mais le prophète Jérémie les a mentionnés.

Signes et Détails Courants des Faux Rêves

Comme pour tous les rêves de l'ennemi, les faux rêves sont sombres, sont généralement dépourvus de couleur (ou ont des couleurs atténuées) et ont souvent lieu la nuit.

- Ils sont pleins d'accusations ou quelqu'un vous trompe.
- Les faux rêves impliquent généralement une accusation contre vous ou un de vos proches.
- Une partie du rêve ne correspond pas aux Écritures.
- L'action dans le rêve renforce une infraction ou une faiblesse déjà existante en fournissant une preuve supplémentaire de ce que vous voulez croire.
- Les faux rêves s'attaquent généralement à des problèmes de fierté chez le rêveur.

- Ce sont des rêves que l'ennemi provoque.
- Ils mentent pour vous amener à faire quelque chose.
- Ils viennent à travers nos âmes et travaillent souvent, inaperçus, avec fierté.
- Ils révèlent les plans de l'ennemi. Nous pouvons alors nous opposer à ces plans et déclarer que Dieu sera fait à la place.

Les faux rêves sont des rêves reçus d'informations envoyées par votre corps. Ces rêves surviennent parce que vous êtes inquiet, fatigué ou sous traitement médicamenteux. Il existe certains médicaments qui font rêver les gens. Votre corps peut être fatigué et fatigué, ce qui peut conduire à de faux rêves.

En règle générale, les faux rêves se produisent toujours dans les deux premières heures de notre sommeil. Nos âmes n'ont peut-être pas complètement quitté notre corps. En cas de faux rêve, la meilleure chose à faire est de l'ignorer. Les faux rêves ne sont généralement pas clairs et les événements sont étouffés. Ceux qui rêvent de faux rêves ont du mal à s'en souvenir. Alors ne perdez pas votre temps ou votre énergie à essayer de vous en souvenir.

Rêves de peur
Ces rêves, souvent appelés cauchemars, sont orchestrés par l'ennemi pour vous intimider et vous maintenir lié dans un cycle de peur. L'ennemi utilise la peur déjà présente dans votre vie comme une porte ouverte pour vous attaquer et vous faire sentir impuissant.

Dans Juges 7:13–14 (LSG), Gédéon surprend un soldat ennemi raconter son rêve à un ami madianite. «Gédéon arriva; et voici, un homme racontait à son camarade un songe. Il disait: J'ai eu un songe; et voici, un gâteau de pain d'orge roulait dans le camp de Madian; il est venu heurter jusqu'à la tente, et elle est tombée; il l'a retournée sens dessus dessous, et elle a été renversée. Son camarade répondit, et dit: Ce n'est pas autre chose que l'épée de Gédéon, fils de Joas, homme d'Israël; Dieu a livré entre ses mains Madian et tout le camp.»

Signes et Détails Courants des Rêves de Peur
- À un moment donné du rêve, vous ressentez la peur et la présence du mal.

- Nos peurs nous ouvrent à des rêves sur ce que nous craignons ou ce que nous craignons de se produire.

- La source de peur dans le rêve correspond généralement à une peur que vous avez dans votre vie éveillée.

- Les cauchemars sont le résultat de laisser trop de peur dans votre vie.

- Vous ressentez un sentiment de terreur, d'impuissance ou de manque de contrôle sur votre situation.

- Ce que nous craignons, nous donnons du pouvoir; ce sur quoi nous nous concentrons, nous faisons de la place.

- La peur est comme une porte ouverte sur l'ennemi.

- Les rêves de peur pourraient se reproduire, avec des scénarios et des résultats similaires.

Job 3:25 LSG dit, «Ce que je crains, c'est ce qui m'arrive; Ce que je redoute, c'est ce qui m'atteint.»

Rêves Que Nous Causons

Rêves d'âme

Les rêves d'âme sont des désirs personnels de l'esprit manifestés dans un rêve. De nombreux rêves d'âme semblent évidents dans la manière dont ils montrent leur source (l'âme). Ils sont clairement centrés sur eux-mêmes et donnent vie à vos désirs et aux questions matérielles auxquelles vous avez pensé.

> Car ainsi parle l'Eternel des armées, le Dieu d'Israël: Ne vous laissez pas tromper par vos prophètes qui sont au milieu de vous, et par vos devins, n'écoutez pas vos songeurs dont vous provoquez les songes! (Jérémie 29:8 LSG)

L'avertissement de Dieu a été donné par le prophète Jérémie; tandis que Jérémie prophétisait sur le péché d'Israël et la captivité en attente, les soi-disant «prophètes de Dieu» à Jérusalem rêvaient de la victoire d'Israël. Ils n'écoutaient pas Dieu mais les gens et les dirigeants, et les gens et les dirigeants ne voulaient pas entendre parler des conséquences de leur péché ou apprendre le chemin du retour au Seigneur. Ainsi, par leurs propres désirs charnels de plaire au peuple, les prophètes se sont amenés à avoir des rêves qui plaisent à l'âme. Ce passage pourrait tout aussi bien servir de référence pour les faux rêves.

Signes et Détails Communs pour les Rêves d'âme

- Les rêves d'âme ont généralement des couleurs douces.

- Ils sont une expression de l'âme.

- Ils sont généralement égocentriques et vous laissent vous sentir justifié.

- Ils peuvent être une version beaucoup plus élaborée de quelque chose dont vous rêvez couramment.

- Ce sont nos désirs personnels manifestés dans un rêve.

- Les rêves d'âme peuvent être des rêves que vous avez fait rêver (Jérémie 29:8). Les rêves d'âme incluent Abimélec (Genèse 20:1–7), le majordome (Genèse 40:9–13) et Pharaon (Genèse 41:17–24).

Rêves pour vous entraîner à l'obéissance spirituelle

Rêves de guerre spirituelle

Les rêves de guerre spirituelle impliquent des attaques contre vous ou des personnes que vous connaissez et dégénèrent généralement en une sorte de problème de vie ou de mort. Ces rêves sont des batailles spirituelles, mais l'action dans le rêve impliquera presque toujours des rencontres physiques entre le rêveur et l'ennemi.

Après que Dieu ait confirmé son alliance, Abram tombe dans un sommeil profond et fait un rêve inquiétant: «Au coucher du soleil, un profond sommeil tomba sur Abram; et voici, une frayeur et une grande obscurité vinrent l'assaillir» (Genèse 15:12 LSG).

> Alors que le soleil se couchait, Abram tomba dans un sommeil profond, et une obscurité épaisse et terrible l'envahit. Et l'Éternel lui dit: Au coucher du soleil, un profond sommeil tomba sur Abram; et voici, une frayeur et une grande obscurité vinrent l'assaillir. Et l'Éternel dit à Abram: Sache que tes descendants seront étrangers dans un pays qui ne sera point à eux; ils y seront asservis, et on les opprimera pendant quatre cents ans. Mais je jugerai la nation à laquelle ils seront asservis, et ils sortiront ensuite avec de grandes richesses. Toi, tu iras en paix vers tes pères, tu seras enterré après une heureuse vieillesse. A la quatrième génération, ils reviendront ici; car l'iniquité des Amoréens n'est pas encore à son comble.
>
> Quand le soleil fut couché, il y eut une obscurité profonde; et voici, ce fut une fournaise fumante, et des flammes passèrent entre les animaux partagés. En ce jour-là, l'Éternel fit alliance avec Abram, et dit: Je donne ce pays à ta postérité, depuis le fleuve d'Égypte jusqu'au grand fleuve, au fleuve d'Euphrate, le pays des Kéniens, des Keniziens, des Kadmoniens, des Héthiens, des Phéréziens,

des Rephaïm, des Amoréens, des Cananéens, des Guirgasiens et des Jébusiens. (Genèse 15:12–21 LSG)

Signes et détails communs pour les rêves de guerre spirituelle

- Vous avez un sentiment d'urgence dans le rêve.
- Votre vie est en péril.
- Vous n'êtes pas seulement attaqué, mais vous êtes pressé de riposter.
- Le réglage est généralement nocturne ou avec un éclairage limité.
- Les rêves en guerre sont des attaques contre nous ou les autres.
- Ces rêves peuvent se reproduire encore et encore.
- Ils impliqueront généralement une sorte de problème de vie ou de mort; il y aura un sentiment d'urgence. Votre vie est en danger.
- Ils sont en noir et blanc.
- Vous vous battez souvent dans un rêve.

Rêves d'intercession

Les rêves d'intercession sont des rêves que Dieu vous donne pour vous amener à prier avec diligence pour quelqu'un d'autre ou pour une situation spécifique. Si vous vous réveillez avec un profond sentiment d'urgence, cela signifie généralement que l'intercession est pour un besoin immédiat.

Le besoin révélé dans le rêve pourrait également nécessiter une prière continue pendant une période prolongée.

Daniel a reçu une révélation qui l'a profondément troublé. «Il me dit: Daniel, ne crains rien; car dès le premier jour où tu as eu à cœur de comprendre, et de t'humilier devant ton Dieu, tes paroles ont été entendues, et c'est à cause de tes paroles que je viens. Le chef du royaume de Perse m'a résisté vingt et un jours; mais voici, Micaël, l'un des principaux chefs, est venu à mon secours, et je suis demeuré là auprès des rois de Perse. Je viens maintenant pour te faire connaître ce qui doit arriver à ton peuple dans la suite des temps; car la vision concerne encore ces temps-là» (Daniel 10:12–14 LSG).

Signes et détails courants des rêves d'intercession
- Vous pouvez vous réveiller avec un profond sentiment d'urgence et penser que le rêve concerne maintenant. C'est pour ce moment.

- Les rêves d'intercession sont souvent extrinsèques, ce qui signifie que vous observez simplement l'action, pas que vous y participez.

- Cela peut être pour des résultats immédiats ou pour un avenir lointain.

- Ils révèlent les plans de l'ennemi contre une personne ou une cause.

- Ils peuvent inclure le symbolisme et l'imagerie d'obstacles, de pièges ou de danger imminent.

Priez pour que la volonté et le but de Dieu aient lieu et pour éviter les retards ou les détours.

Priez et demandez à Dieu d'arrêter les plans de Satan.

Rêves causés par des changements dans votre corps

Rêves chimiques

Les rêves chimiques sont influencés par les interactions chimiques et hormonales qui se produisent dans votre corps en raison de l'alcool, des drogues (sur ordonnance, à base de plantes ou récréatives) ou de la nourriture que vous mangez avant le coucher.

Signes et détails courants des rêves chimiques

Les rêves chimiques surviennent après l'ingestion de drogues ou d'alcool ou après un repas tardif.

- Il n'existe pas d'interprétation qui puisse indiquer la révélation de Dieu.
- Il n'y a pas de cohésion dans le scénario, et il est généralement très fragmenté, aléatoire et saccadé.
- Ils sont induits par les drogues, y compris l'alcool et la nourriture.
- Il n'y a pas de témoignage du Saint-Esprit au rêve ayant une signification ou un but donné par Dieu.

- Les médicaments peuvent être sur ordonnance, en vente libre ou à base de plantes.

Rêves corporels

Les rêves corporels sont des rêves qui sont influencés par des réactions chimiques naturelles dans le corps dues à la maladie ou par les rêves partagés de la mère et du bébé pendant les derniers stades de la grossesse.

Signes et détails courants des rêves corporels

Ces rêves traitent souvent de concepts abstraits et semblent souvent incomplets ou inachevés lorsque vous vous réveillez.

- À sept mois, les bébés commencent à rêver.
- Vous pouvez vous sentir affaibli dans le rêve et incapable de vous concentrer sur une tâche.
- La même scène de rêve pourrait jouer encore et encore.
- Vous pouvez entendre des pensées qui ne vous semblent pas les vôtres.
- Dans le rêve, vous pouvez oublier ce que vous faisiez ou comment vous êtes arrivé quelque part après le changement de scène.
- Ceux-ci peuvent résulter d'une maladie physique.
- Ils peuvent également survenir au cours du dernier trimestre de la grossesse.

- Il n'y a pas de barrière spirituelle entre la mère et le bébé.

Rêves spirituels

Dieu communique avec nous de manière créative dont la portée est plus étendue que nous ne pouvons le comprendre. Il peut atteindre chaque partie de notre vie à travers un rêve, s'Il le désire.

Différents types de rêves

Rêves de confirmation

Ce rêve confirme simplement que ce que vous croyez être vrai à propos d'une personne ou d'une situation est en fait vrai. Ce genre de rêve est utilisé pour vous donner la motivation émotionnelle de faire quelque chose. Matthieu 27:17–19 raconte comment la femme de Pilate a un rêve confirmant que son mari devrait libérer Jésus de sa garde.

Vrais rêves

Les rêves qui se terminent tôt le matin sont généralement de vrais rêves. Dans un tel rêve, vous vous levez dès que le rêve est terminé et votre mémoire sur le rêve est très vivante.

- Les rêves qui se répètent dans différentes variantes montrent que Dieu a établi que cela se réalise.

- Ces types de rêves sont donnés aux personnes qui peuvent aider à le changer ou à l'inverser. Ce sont de vrais rêves.

- Les rêves d'événements ou de personnes auxquels vous ne pensiez pas au cours de la journée sont généralement de vrais rêves et doivent être pris au sérieux.

Les rêves qui font partie d'un autre rêve sont généralement de vrais rêves, qui doivent être interprétés avec soin. Si vous rêviez de rêver de quelque chose, prenez ce rêve au sérieux. Si cela vous arrive, cela signifie que votre âme a plus de perspicacités et de révélations que votre esprit habituel. Dans un rêve d'un autre rêve, l'interprétation du rêve vous est généralement donnée dans vos rêves. Lorsque cela se produit, votre âme apprend à interpréter les rêves.

Les Cauchemars

Chaque fois que vous dormez, une partie de votre âme saute hors de votre corps et commence à voyager dans le royaume des âmes, le royaume spirituel. Ce processus est facilement réalisé lorsque nous sommes au repos.

Si votre esprit est préoccupé et que vous ne pouvez pas vous reposer, l'âme a du mal à sauter hors du corps; cela entraîne des cauchemars.

Les cauchemars arrivent aussi à ceux qui ont été oints pour interpréter les rêves. Si vous avez un don spécial de Dieu, les démons attaquent votre âme lorsque vous dormez, ce qui conduit à des cauchemars et vous fait parfois parler pendant votre sommeil. La bonne nouvelle est que vous avez le pouvoir de le changer.

Rêves Lucides

Lucide signifie avoir une pensée claire et utiliser pleinement ses facultés. Les rêves lucides sont les rêves les plus mémorables que nous ayons. Ils peuvent en fait être plus proches d'une vision que d'un rêve, en raison de leur éclat et de leur clarté. Une autre raison est qu'ils peuvent changer les événements dans cette dimension. Les rêves lucides de Dieu sont remplis de couleurs et d'émotions plus vives que les autres rêves.

Les rêveurs lucides ont une mesure d'activité consciente et de contrôle dans leurs rêves. Dans le rêve lucide, vous prenez conscience que vous rêvez. La réalité du rêve est si intense et réaliste que vous vous rendez compte que vous pouvez avoir un impact sur la direction et les conséquences du rêve. Une expérience courante dans le rêve lucide est lorsque vous vous réveillez avant la fin d'un rêve et décidez de vous rendormir pour pouvoir terminer le rêve.

Dans un rêve lucide, vous avez la capacité de changer un rêve que vous n'aimez pas. Vous pouvez changer le résultat du rêve.

Vous avez également la possibilité de changer un rêve que vous aimez. Pourquoi changeriez-vous un rêve que vous aimiez? Vous le changeriez lorsque vous reconnaissiez que vous l'aimiez pour les mauvaises raisons. Par exemple, vous pourriez faire quelque chose qui plaisait à la chair mais qui nuisait à l'esprit.

Si le rêve est en couleur (et donc donné par Dieu), vous n'avez pas la capacité de le changer. Vous pouvez être appelé à y répondre ou à en tirer des leçons, mais pas à le changer. C'est dans l'état de sommeil lucide que nous quittons cette dimension terrestre actuelle et entrons dans le royaume de l'Esprit, un grand royaume pour la créativité.

1. Samuel Taylor Coleridge a écrit le poème «Kubla Khan» après un rêve dans lequel il disait avoir entendu les deux cents vers du poème.

2. Sir Walter Scott a écrit: «J'aurais dû perdre beaucoup de bons tubes, si je n'avais pas posé tout de suite des choses qui m'arrivaient dans les rêves.»

3. Rembrandt a peint plusieurs de ses peintures à partir d'éléments qu'il a vus dans ses rêves.

4. George Frideric Haendel a écrit Le Messie après l'avoir entendu pour la première fois dans un rêve.

5. De nombreuses personnes qui réussissent utilisent le rêve lucide pour répéter pour réussir dans leur vie éveillée, comme la prise de parole en public, les arts de la scène, les événements sportifs et d'autres tâches difficiles.

6. Le rêve lucide est une forme d'imagerie mentale extraordinairement vivante. Dans le rêve lucide, les rêveurs sont conscients que tout ce qu'ils vivent est en fait un rêve et non réel. Cette prise de conscience grandit au fur et à mesure qu'ils se développent dans la compréhension et l'utilisation des rêves lucides.

7. Les rêves volants sont une forme de rêve lucide, en particulier ceux où le rêveur contrôle le vol. C'est aussi un exemple de la façon dont nous pouvons expérimenter la suppression des restrictions normales dans un rêve.

Terminer un rêve incomplet

1. Les rêves peuvent vous laisser avec un sentiment de travail inachevé, surtout lorsque vous vous réveillez avant la fin du rêve.

2. Résoudre: Vous devez avoir un désir intérieur de connaître l'interprétation du rêve.

3. Répondez: Priez et demandez au Seigneur de ramener à votre esprit ce qu'il voulait vous communiquer. Demandez-lui de vous permettre de vous rendormir pour que vous puissiez terminer le rêve. Ou demandez au Seigneur de vous donner un rêve parallèle.

4. N'oubliez pas: essayez de vous souvenir de vos rêves, car les problèmes de concentration, les thèmes ou les intrigues de rêves se répètent souvent pendant plusieurs nuits.

5. Rejouez: Répétez le rêve dans votre esprit.

Mettez en surbrillance le titre, le thème, le focus et le sous-focus du rêve. Faites-le encore et encore jusqu'à ce que vous vous endormiez.

Le Monde Spirituel Est Souvent Changé dans Nos Rêves

1. Parfois, un rêve révélera le plan de Satan ou portera sur une question de guerre spirituelle. Les rêves qui sont en noir et blanc sont les plans de l'ennemi pour votre vie. Nous appelons généralement ces rêves des cauchemars.

Remarque: ne pas se souvenir de la couleur dans un rêve n'en fait pas un rêve en noir et blanc ou en niveaux de gris. Cela peut signifier que la couleur n'est pas importante pour l'interprétation.

2. Nous pouvons dialoguer avec les autres dans nos rêves. Dans les rêves de couleur, ces autres sont souvent des anges. Dans les rêves sombres ou les rêves de guerre spirituelle, les autres peuvent souvent être des êtres démoniaques, même s'ils semblent assez attrayants; ils peuvent également ressembler à des insectes ou à des animaux.

3. Au fur et à mesure que nous devenons plus habiles à discerner les gens dans nos rêves, nous serons en fait capables de lutter contre les forces démoniaques. Nous utilisons les écritures, la prière et les déclarations au nom de Jésus pour contrecarrer l'intention du mal et voir exactement le contraire se produire. En d'autres termes, nous pouvons inverser les plans de l'ennemi.

4. Au fur et à mesure que nous apprenons à changer les rêves sombres et les rêves de guerre spirituelle, nous remarquerons que lorsqu'ils sont changés pour les desseins de Dieu, les rêves se transformeront également de rêves sombres ou en noir et blanc en couleurs à part entière.

Le But Entier Est de Faire Progresser Le Royaume de Dieu et D'atteindre Votre But

1. Les rêves d'âme lucides nous révèlent souvent une faiblesse que nous avons. Le Seigneur les permet

afin que nous puissions répondre par la repentance. Vous pouvez résoudre le problème et vous repentir dans le rêve.

2. En nous attaquant à ces faiblesses, nous devenons spirituellement plus forts et plus sensibles à la puissance de conviction du Saint-Esprit. Si nous ne parvenons pas à répondre à ce que le rêve appelle, un résultat est d'obtenir moins de rêves.

3. Nous devons nous repentir et demander à Dieu de supprimer les problèmes de notre cœur et les habitudes qui nous poussent à répondre ou à penser de cette manière. La pire chose que nous puissions faire est de ne pas répondre à un rêve.

Préparez-vous à des rêves lucides: voulez-vous vraiment vous souvenir de votre rêve?

1. Demandez au Saint-Esprit d'augmenter le niveau, l'intensité et la clarté de vos rêves.

2. Soyez cohérent en allant au lit avec l'intention de reconnaître quand vous rêvez.

3. Au début, nous nous réveillons souvent lorsque nous reconnaissons que nous rêvons.

4. Avant de vous endormir, demandez au Saint-Esprit de vous aider à rester dans le rêve jusqu'à ce que vous appreniez et répondiez correctement à Son dessein pour le rêve.

5. Essayez de prendre l'habitude de ne jamais dormir anxieux.

6. Méditez sur un attribut de Dieu. Considérez l'un de ses noms et ce que cela signifie.

7. Imaginez le Saint-Esprit planant au-dessus de vous, enlevant le chaos de votre vie et y apportant de l'ordre, comme Il a mis de l'ordre dans le chaos de la terre, car vous étiez fait de poussière.

Genèse 2: 7 (LSG) dit, «L'Éternel Dieu forma l'homme de la poussière de la terre, il souffla dans ses narines un souffle de vie et l'homme devint un être vivant.»

8. Sentez le Saint-Esprit respirer sur vous, soufflant toute la poussière de votre vie. Souvenez-vous, Dieu veut que vous marchiez dans l'esprit et que vous viviez dans l'esprit.

9. Rappelez-vous que Dieu veut que son Esprit vous recouvre et vous dise les choses cachées au plus profond de son cœur.

1 Corinthiens 2:10 (LSG) dit: «Dieu nous les a révélées par l'Esprit. Car l'Esprit sonde tout, même les profondeurs de Dieu.»

Comment Saurez-Vous Que Vous Amplifiez un Rêve Lucide?

1. Vous commencerez à vous souvenir d'anciens rêves dans le rêve actuel que vous faites.

2. Vous pouvez vous retrouver dans le rêve en disant: «J'ai déjà rêvé cette partie.»

3. Vous commencerez à reconnaître des modèles de personnes, d'endroits et de choses, et qui ou ce qu'ils représentent, pendant que vous rêvez.

4. Vous commencerez à influencer les événements du rêve plutôt que de rester un répondeur passif.

Une façon de comprendre comment interpréter les rêves est d'étudier tous les rêves, visions et paraboles de la Bible, en particulier ceux qui sont interprétés. Vous apprendrez par l'Esprit le principe d'interprétation que Dieu utilise pour faire une communication parabolique.

Rêves classés R

Avoir le rêve est une chose; le comprendre est une autre chose, et l'interpréter en est une autre. La plupart des gens sont mal à l'aise de parler de rêves qui incluent de la nudité ou du contenu sexuel. Beaucoup de gens craignent que s'ils ont de tels occasionnels rêves, cela signifie qu'ils ont un esprit sale. Souvent, cependant, les rêves à contenu sexuel n'ont rien à voir avec les rapports sexuels.

Une nouvelle étude a révélé que les personnes qui dorment sur le ventre sont plus susceptibles de faire des rêves 'sexy'. Le *New Zealand Herald* rapporte que les participants à l'étude qui ont passé la nuit sur le ventre étaient beaucoup plus susceptibles de rapporter des sensations sexuelles (ou, étrangement, des «persécutions») que ceux qui dorment dans d'autres positions.

Le *Journal Dreaming* a publié une étude réalisée par deux scientistes de Hong Kong qui ont interrogé 670 étudiants sur leurs positions de sommeil et le contenu de leurs rêves. Leurs recherches suggèrent que la cause des rêves 'sexy' pourrait être parce que ceux qui dorment sur le ventre ont moins d'oxygène circulant dans leur cerveau. L'esprit interprète alors les messages d'être contracté en rêves érotiques.

Kai-Ching Yu, professeur au Département de conseil et de psychologie de l'Université Shue Yan de Hong Kong, rapporte dans le *Herald* australien qu'il pense que le cerveau n'est pas entièrement séparé du monde extérieur pendant son sommeil. Il dit que les stimuli, y compris ceux qui proviennent de l'environnement, sont incorporés dans le contenu des rêves plus fréquemment que les gens ne l'observent ou ne sont alertés. Il dit que les parties inconscientes du cerveau du rêveur essaient de donner un sens, et même d'utiliser, les stimuli externes.

Le *Daily Mail* rapporte également que les personnes qui dorment sur l'abdomen sont plus susceptibles de vivre une «érotomanie», qui est une illusion dans laquelle les gens croient avoir un admirateur secret, souvent une célébrité.

James W. Goll note dans son livre, *Dream Language*, qu'il existe plusieurs écoles de pensée différentes sur la manière dont ces rêves doivent être interprétés. Goll en nomme au moins quatre. Il déclare que selon son point de vue, les rêves sexuels peuvent être un appel spirituel, un avertissement, un appel ou un rêve corporel naturel:

- un appel spirituel à une plus grande intimité
- un avertissement du besoin de quelqu'un de nettoyer les attitudes de l'esprit, les motivations du cœur ou même les actes d'immoralité

- un appel ou une union avec une autre personne
- les rêves corporels naturels contiennent les désirs biologiques et physiques communs à la plupart des gens

Mais pourtant, les rêves sexuels ne peuvent pas être limités à ces quatre catégories. Évidemment, tous peuvent être valables à un moment ou à un autre, en fonction du rêve spécifique. Lorsqu'il s'agit de ce genre de rêve, cela pourrait simplement signifier un rêve corporel. Ce n'est peut-être pas nécessaire un rêve spirituel; parfois, il n'y a pas de contenu spirituel dedans.

Le Dr Joe Ibojie propose un angle légèrement différent dans son guide Biblique. Il dit que le sexe dans un rêve peut suggérer que vous êtes sur le point de prendre une décision en fonction de votre nature charnelle.

Dans les Écritures, Dieu utilise à plusieurs reprises l'immoralité sexuelle comme une parabole pour l'infidélité ou une déviation de la vérité spirituelle. Des expériences sexuelles récurrentes dans les rêves parlent de charnel, mais cela peut aussi indiquer un bastion secrètement ininterrompu de la luxure. Le viol dans un rêve indique une violation de l'intégrité du rêveur. Ces types de rêves peuvent être évités avec des prières.

CHAPITRE 16

Interactions Angéliques dans les Rêves et les Visions

La Bible est remplie de rêves et de visions impliquant des anges. La plupart des rêveurs ont rencontré des anges dans leurs rêves sans s'en rendre compte. La majorité des personnes inconnues dans nos rêves qui étaient dignes de confiance, utiles et protectrices, et qui ne sont pas contraires aux principes divins, sont généralement des anges dissimulés sous forme humaine.

Plus généralement, une personne sans visage qui apparaît dans les rêves est une indication de la présence du Saint-Esprit ou peut-être des anges. Les gens rêvent parfois d'une personne sans visage conduisant une voiture ou un bus, mais ils ne savent pas qui est cette personne; cela représente souvent la conduite du Saint-Esprit, vous guidant dans votre mission de vie.

Cependant, une personne inconnue qui n'est pas digne de confiance, trompeuse et peu fiable, et qui cause un obstacle dans un rêve, indique le mal et est le symbole d'un esprit démoniaque; cela indique une situation à venir à laquelle vous ne devriez pas faire confiance. La Bible dit, «Mais, quand nous-mêmes, quand un ange du ciel annoncerait un autre Évangile que celui que nous vous avons prêché, qu'il soit anathème!» (Galatiens 1:8 LSG). Voir quelqu'un dans un rêve qui est associé à une trahison peut être un avertissement du Saint-Esprit. Ce sont des appels à la prière pour couper la mauvaise situation.

Les anges sont communs dans les rêves du soir; ils apparaissent dans des rêves clairs qui donnent des instructions claires. Ils apportent souvent une interprétation dans les rêves; bien que leurs interprétations se présentent sous de nombreuses formes, elles sont généralement littérales et ne nécessitent pas de décodage supplémentaire.

Daniel priait au sujet de la prophétie de Jérémie lorsque Dieu a envoyé un ange pour révéler son accomplissement dans une vision.

La Prière De Daniel

> La première année de Darius, fils d'Assuérus, de la race des Mèdes, lequel était devenu roi du royaume des Chaldéens, la première année de son règne, moi, Daniel, je vis par les livres qu'il devait s'écouler soixante-dix ans pour les ruines de Jérusalem, d'après le nombre des années dont l'Éternel avait parlé à Jérémie, le prophète. Je tournai ma face vers le Seigneur Dieu, afin de recourir à la prière et aux supplications, en jeûnant et en prenant le sac et la cendre.

> Je priai l'Éternel, mon Dieu, et je lui fis cette confession:
>
> Seigneur, Dieu grand et redoutable, toi qui gardes ton alliance et qui fais miséricorde à ceux qui t'aiment et qui observent tes commandements! (Daniel 9:1–4 LSG)

Les Soixante-dix «Sept»

> Je parlais encore, je priais, je confessais mon péché et le péché de mon peuple d'Israël, et je présentais mes supplications à l'Éternel, mon Dieu, en faveur de la sainte montagne de mon Dieu; je parlais encore dans ma prière, quand l'homme, Gabriel, que j'avais vu précédemment dans une vision, s'approcha de moi d'un vol rapide, au moment de l'offrande du soir. Il m'instruisit, et s'entretint avec moi. Il me dit: Daniel, je suis venu maintenant pour ouvrir ton intelligence. Lorsque tu as commencé à prier, la parole est sortie, et je viens pour te l'annoncer; car tu es un bien-aimé. Sois attentif à la parole, et comprends la vision! (Daniel 9:20–23 LSG)

Les anges nous apportent l'interprétation dans les rêves la plupart du temps; par exemple, Daniel 7:15–16, 8:15–16 et Zacharie 1:9–10, 2: 2–6.

Les anges peuvent nous réveiller pour nous rappeler et enregistrer nos rêves; par exemple, Zacharie 4:1–3 et Daniel 10:7–11.

Les anges apportent la communication dans les rêves; par exemple, Apocalypse 10:8–11 et Luc 1:26–35.

Les anges apportent la connaissance dans les rêves ou les visions, comme dans Daniel 10:12–14.

Le Dr Kevin Zadai, dans son livre *Agenda of Angels*, décrit sa rencontre avec un ange; il a écrit qu'un ange lui a parlé et s'est adressé à lui avec une telle autorité. L'ange a dit qu'il était venu au nom du Dieu Très-Haut. L'ange lui dit: «J'ai été envoyé de la présence du Très-Haut pour vous dire que vous devez vous séparer de Dieu. Il y a des personnes avec qui vous vous êtes lié d'amitié et dont vous devez vous séparer. Ne passez plus de temps avec ces gens, car non seulement ils ne sont pas dans la volonté de Dieu, mais ces gens sont sur le point d'être jugés.»

Le Dr Zadai a dit que pendant que l'ange lui parlait, il a vu les personnes dont l'ange parlait, une douzaine de personnes qui s'étaient liées d'amitié avec lui.

Le Dr Zadai a dit que l'ange se tenait à côté de lui, et il le regarda et étudia son armure, qui était très complexe et belle. Le pouvoir qui venait de cet être était si incroyable, dit-il; c'était une réaction naturelle pour lui de vouloir qu'il complète son message parce que personne n'aurait voulu qu'il parte, a-t-il affirmé. Le Dr Zadai a déclaré: «Je me sentais en sécurité à cause de l'autorité que je ressentais au sein de cet ange. Il marchait avec une telle autorité divine, et la conscience de son autorité intérieure me rendait hardiment confiant dans la protection de Dieu. Puis, l'ange marcha rapidement dans le couloir. En s'éloignant, il a disparu dans les airs!»

Puis six mois après cette expérience avec l'ange, explique le Dr Zadai, ces douze individus ont tous été expulsés de l'université pour inconduite; il a ensuite écrit: «Si je n'avais pas écouté l'avertissement de l'ange de ce soir-là, j'aurais été impliqué comme faisant partie de leur groupe, et j'aurais été expulsé aussi. L'ange a été envoyé pour m'aider à comprendre une situation que je n'aurais pas pu prévoir personnellement au moment où l'ange me l'a révélée. L'ange savait aussi parfaitement ce qui arriverait à ces individus dans les six prochains mois. La prescience de Dieu m'avait été révélée et cet ange avait été envoyé pour me prévenir. Cette situation révèle un des buts des anges, à savoir qu'ils sont envoyés pour aider les chrétiens à faire la volonté de Dieu.»

Il est important de se rappeler que nous sommes enfants de Dieu; par conséquent, nous devons réaliser qu'être conduit par l'Esprit de Dieu va de pair avec le fait que les anges sont envoyés pour servir pour nous, enfants de Dieu, afin que nous puissions mener à bien notre destinée pour le Seigneur sur cette terre.

> Tiens-toi sur tes gardes en sa présence, et écoute sa voix; ne lui résiste point, parce qu'il ne pardonnera pas vos péchés, car mon nom est en lui. Mais si tu écoutes sa voix, et si tu fais tout ce que je te dirai, je serai l'ennemi de tes ennemis et l'adversaire de tes adversaires. Mon ange marchera devant toi, et te conduira chez les Amoréens, les Héthiens, les Phéréziens, les Cananéens, les Héviens et les Jébusiens, et je les exterminerai. Tu ne te prosterneras point devant leurs dieux, et

tu ne les serviras point; tu n'imiteras point ces peuples dans leur conduite, mais tu les détruiras, et tu briseras leurs statues. (Exode 23:20–24 LSG)

Nous devons être conscients que les anges parlent pour Dieu. Ce que disent les anges est constant. Parce qu'ils parlent au nom de Dieu, leur parole est la parole de Dieu, et par conséquent, elle doit être prise très au sérieux. Si les chrétiens veulent qu'un ange les serve, et s'ils veulent être inclus dans les plans et les desseins de Dieu avec les anges, ils doivent prendre la parole des anges au sérieux. La visite des anges ne doit pas être prise à la légère. Leur participation avec les humains à l'avancement de l'Évangile et du royaume de Dieu sur terre est une question très sérieuse pour Dieu ainsi que pour ses anges.

De plus, il y a toujours une possibilité que les anges qui vous sont assignés en ce moment dans le royaume angélique soient les anges mêmes sous votre rôle dans le prochain règne de Jésus-Christ, dans son royaume millénaire. Par conséquent, il est important de développer dès maintenant une relation saine avec les anges qui viennent vous aider. Il est essentiel de respecter leur parole et leurs actions, car cela assurera votre future relation avec eux. Il est fort possible que ces mêmes anges exercent leur ministère avec vous pour toute l'éternité.

Le Dr Zadai souligne que la Bible dit clairement dans Hébreux 2:2–3 (LSG) que «si toute transgression et toute désobéissance a reçu une juste rétribution, comment échapperons-nous en négligeant un si grand salut»? Il est donc tout à fait clair que nous devons prêter attention à notre propre salut, ainsi qu'à la récolte des autres qui entrent dans le royaume. Nous devons travailler avec les anges afin que d'autres puissent entrer et jouir également du salut.

Selon les Écritures, nous devons savoir à quel point il est important d'obéir aux anges. Dans le livre des Actes, on nous dit, «Vous qui avez reçu la loi d'après des commandements d'anges, et qui ne l'avez point gardée!» (Actes 7:53 LSG).

Avertissements sur les Rêves et les Visions

1. Il n'y a aucun avertissement dans la Bible pour se méfier de ses propres rêves, à l'exception peut-être d'Ecclésiaste 5:3, 7, qui est probablement mieux compris comme une référence aux «rêveries» puisque toutes les autres références dans la Bible aux rêves sont positif. Lorsqu'un verset contredit beaucoup d'autres, vous devez chercher à comprendre ce verset à la lumière du volume de références de l'autre côté du sujet.

2. La seule mise en garde Biblique concernant les rêves est donc lorsque vous écoutez le rêve d'un autre. Ils essaient peut-être de vous induire en erreur, d'aller après d'autres dieux (Jérémie 14:14, 23:16, 23:25–27, 23:32, 27:9–11; Ézéchiel 12:24, 13:1, 13:7; Deutéronome 13:1–5; Zacharie 10:2).

En conclusion, souvenez-vous toujours, Jérémie le prophète avertit que Dieu «en veux à ceux qui prophétisent des songes faux, Qui les racontent, et qui égarent mon peuple Par leurs mensonges et par leur témérité; Je ne les ai point envoyés, je ne leur ai point donné d'ordre, Et ils ne sont d'aucune utilité à ce peuple, dit l'Eternel» (Jérémie 23:32 LSG).

Aujourd'hui, certains soi-disant prophètes «prophétisent [au nom de Dieu]; [Il] ne les [a] point envoyés, [Il] ne leur [a] point donné d'ordre, [Il] ne leur [a] point parlé; Ce sont des visions mensongères, de vaines prédictions, Des tromperies de leur cœur, qu'ils vous prophétisent. (Jeremiah 14:14 ESV).

Beaucoup d'hommes dans la Bible ont eu des rêves et des visions comme Ezéchiel, Daniel, l'apôtre Jean (dans l'Apocalypse), mais ceux-ci sont enregistrés dans les Écritures, et Dieu a toujours été la source de leurs écrits, y compris leurs visions ou leurs rêves. Par conséquent, nous devons toujours faire attention aux faux prophètes ou aux prophéties de rêve mensongères. À moins que ce soit scripturaire, ce n'est qu'un rêve. Faites toujours confiance à la Parole, et vous n'aurez aucun doute ni ne serez déçu (Jean 14: 6).

CHAPITRE 17

Une Introduction sur la Prophétie

En préparation pour les jours à venir, le Saint-Esprit éveille notre conscience des enseignements de la prophétie. Le Saint-Esprit sonde les choses profondes de Dieu et nous les révèle.

Ce sont les choses que Dieu nous a révélées par Son Esprit. Le Saint-Esprit sonde toutes choses, même les choses profondes de Dieu. Vous seul connaissez vos pensées, votre propre esprit en vous. De la même manière, personne ne connaît les pensées de Dieu sauf l'Esprit de Dieu. Ce que nous avons reçu n'est pas l'esprit du monde, mais l'Esprit de Dieu, afin que nous puissions comprendre ce que Dieu nous a donné gratuitement (1 Corinthiens 2:10–12).

Nous sommes tous appelés à des modes de vie prophétiques et à vivre le surnaturel dans nos vies naturelles. Moïse a dit qu'il espérait que nous prophétiserions tous. Il a dit, «Puisse tout le peuple de l'Éternel être composé de prophètes; et veuille l'Éternel mettre son esprit sur eux!» (Nombres 11:29 LSG)

Concernant ceux qu'Il appelle à l'office prophétique, Il dit: «Ecoutez bien mes paroles! Lorsqu'il y aura parmi vous un prophète, c'est dans une vision que moi, l'Eternel, je me révélerai à lui, c'est dans un songe que je lui parlerai» (Nombres 12:6 LSG).

> Mais c'est ici ce qui a été dit par le prophète Joël: Dans les derniers jours, dit Dieu, je répandrai de mon Esprit sur toute chair; Vos fils et vos filles prophétiseront, Vos jeunes gens auront des visions, Et vos vieillards auront des songes. Oui, sur mes serviteurs et sur mes servantes, Dans ces jours-là, je répandrai de mon Esprit; et ils prophétiseront. (Actes 2:16–18 LSG)

La Signification de la Prophétie

Le dictionnaire définit la prophétie comme une prédiction de ce qui est à venir. C'est quelque chose qui a été déclaré par un prophète, en particulier une prédiction, une instruction, un enseignement ou une exhortation d'inspiration divine. C'est une déclaration ou une révélation inspirée par Dieu, comme les prophéties oraculaires.

La prophétie est l'action, la fonction ou la faculté d'un prophète.

Une prophétie est un message qui est déclaré par un prophète comme lui ayant été communiqué par Dieu. Ces messages impliquent généralement l'inspiration, l'interprétation ou la révélation d'événements à venir.

Révélation ou interprétation divinement inspirée, bien que le plus souvent associée au judaïsme et au christianisme, la prophétie se retrouve dans toutes les religions du monde, anciennes et modernes.

Dans son sens le plus étroit, un prophète est une personne inspirée qui a été envoyée par Dieu avec un message à dire; en d'autres termes, le porte-parole du Seigneur. Dans un sens plus large, le mot prophète, qui vient du mot grec prophētēs qui signifie «gueux» ou «enseignant inspiré», se réfère à quiconque exprime la volonté de Dieu, souvent établie par des visions, des rêves ou d'autres moyens. La volonté de Dieu peut également être exprimée dans un cadre liturgique, rituel ou religieux.

Ce Que la Bible Dit A Propos de la Prophétie

Une prophétie se compose de paroles ou d'écrits inspirés par Dieu, qu'une personne reçoit par révélation du Saint-Esprit.»-Car le témoignage de Jésus est l'esprit de la prophétie» (Apocalypse 19:10 LSG).

Une prophétie peut se rapporter au passé, au présent ou à l'avenir. Quand les gens prophétisent, ils disent ou écrivent ce que Dieu veut qu'ils sachent, pour leur propre bien ou celui des autres. Les individus peuvent recevoir des prophéties ou des révélations pour leur propre vie, ainsi que pour les autres.

> Puisse tout le peuple de l'Éternel être composé de prophètes. (Nombres 11:29 LSG)

Vos fils et vos filles prophétiseront. (Joël 2:28 LSG; Actes 2:17 LSG)

> L'Éternel, ne fait rien Sans avoir révélé son secret à ses serviteurs les prophètes. (Amos 3:7 LSG)

> Aucune prophétie de l'Écriture ne peut être un objet d'interprétation particulière. (2 Pierre 1:20 LSG)

Ce Que Disent les Philosophes au sujet de la Prophétie

Contrairement aux apologistes, les philosophes ne se disputent presque jamais au sujet des prophètes ou des prophéties, ou qui ont réellement prophétisé ou qu'est ce qu'ils ont prophétisé, ou si les prophéties sont vraies ou non. Au lieu de cela, ils préfèrent se disputer sur des questions théoriques ou hypothétiques qui peuvent être clairement identifiées. Ils éludent fermement la question de savoir si une prophétie apparente s'est réellement accomplie, et ils évitent également la question de l'existence de Dieu, car, selon eux, ce sujet est déjà abordé par un certain nombre d'autres entrées dans l'encyclopédie, par conséquent, ils considèrent plutôt que ce sujet ne les concerne pas.

CHAPITRE 18

Qui Est un Prophète?

Un prophète est une personne qui sert d'intermédiaire dans la relation entre d'autres personnes et un être divin.

La Bible définit un prophète comme un individu qui est considéré comme étant en contact avec Dieu et qui parle en son nom, servant de médiateur en transmettant des messages ou des enseignements du Seigneur à d'autres personnes. Ce que tout cela veut dire, c'est qu'un prophète est quelqu'un qui a été oint et désigné par Dieu pour parler au peuple à travers des prophéties.

La prophétie est que Dieu communique, par l'intermédiaire d'un prophète, à d'autres, des informations importantes qui n'auraient pas pu être connues du prophète d'une manière ordinaire mais par Dieu. Et le travail principal du prophète est d'aider les gens à voir et à entendre Dieu par eux-mêmes, car la grâce que les prophètes portent peut amener les gens à être capables d'entendre la voix de l'Esprit de Dieu. Les prophètes ont le pouvoir de le faire parce qu'ils font partie du gouvernement de Dieu.

La Bible n'explique pas exactement comment la Parole du Seigneur est venue à un prophète, bien qu'en plus de la voix audible et intérieure de Dieu, il y a un certain nombre de cas où le Seigneur a révélé sa volonté à travers des visions (1 Samuel 3:1, 15; 2 Samuel 7:17; Ésaïe 1:1; Ézéchiel 11:24) ou des rêves (Nombres 12:6).

De plus, il y avait beaucoup de femmes qui étaient prophètes dans l'Ancien Testament; La sœur de Moïse, Myriam, est appelée «prophète» (Exode 15:20), tout comme Débora (Juges 4:4) et Huldah (2 Rois 22:14–20).

Et par ailleurs, nous lisons occasionnellement des groupes de prophètes exerçant leur ministère en Israël (1 Samuel 10:5; 1 Rois 18:4), appelés «la compagnie des prophètes» (2 Rois 2:3, 2:5, 2:7, 4:38).

L'inspiration divine et l'autorité de la voix prophétique de l'Ancien Testament ne sont nulle part plus clairement affirmées que dans 2 Pierre 1:20–21 LSG: «aucune prophétie de l'Écriture ne peut être un objet d'interprétation particulière, car ce n'est pas par une volonté d'homme qu'une prophétie a jamais été apportée, mais c'est poussés par le Saint Esprit que des hommes ont parlé de la part de Dieu.»

Le prophète est «l'enseignant inspiré», comme le traduit la langue grecque. En ce sens, ceux que nous soutenons en tant que prophètes servent d'enseignants inspirés de la justice. Ainsi, à travers les âges, les prophètes ont été inspirés pour prédire les événements futurs. Mais le plus souvent, leur travail a consisté à *prévoir* et *prédire*, c'est-à-dire à enseigner la vraie doctrine, à agir comme témoins du Sauveur, à mettre en garde contre le péché et à conduire le peuple du Seigneur par la puissance de l'Esprit.

De plus, le Seigneur enseigne que les prophètes sont indispensables à l'œuvre du ministère. Il déclare que leur responsabilité est d'équiper les gens pour faire Son œuvre et édifier l'église (Éphésiens 4:12). Et que «tout ce qu'ils diront lorsqu'ils seront poussés par le Saint-Esprit sera une Écriture, sera la volonté du Seigneur et la puissance de Dieu pour le salut» (D&A 68:4). En d'autres termes, quand un prophète parle, animé par l'Esprit, ses paroles sont l'Écriture; ainsi nous savons qu'il a parlé par l'Esprit si les paroles prononcées étaient scripturaires.

L'Art de la Communication Prophétique

Les prophètes reçoivent généralement le baptême du Saint-Esprit; ils ont le don de prophétie. Le but du don de prophétie est de corriger, de diriger et de faire ressortir le meilleur des gens. C'est pourquoi, lorsqu'ils prophétisent, ils prophétisent la réponse, pas le problème. Lorsqu'ils prophétisent, ils doivent déclarer et publier les solutions, pas les problèmes. De cette façon, la personne à qui ils prophétisent recevra la grâce pour résoudre le problème.

Quand les gens parlent négativement et condamnent les autres, puis appellent cela prophétie, tout ce qu'ils ont fait est de les rendre plus conscients de leurs problèmes ou problèmes sans leur donner une solution surnaturelle. En ce sens, ils n'ont ni dirigé la personne ni corrigé le problème.

Quiconque est sauvé et reçoit le baptême du Saint-Esprit peut administrer les dons de l'esprit (1 Corinthiens 14:31; Actes 2:17–18).

Certaines personnes ont une dimension prophétique plus élevée de la prophétie dans laquelle il est naturel de prophétiser et de recevoir une parole prophétique de Dieu.

Les Capacités Prophétiques du Prophète

Un prophète a la capacité de voir la cause ou la source de votre douleur et de vous sortir de cette lutte en une fraction de seconde.

Le prophète Alph Lukau, apôtre d'Alleluia Ministry International (AMI), à Johannesburg, en Afrique du Sud, a des capacités indescriptibles. Il voit littéralement tout. En une fraction de seconde, par la grâce de Dieu, il est capable de creuser et d'obtenir cinquante ans d'informations sur les gens, jusque dans les moindres détails de leur passé, présent et futur. Il peut reconnaître leurs problèmes et leurs causes. Il dit dans son livre, *The Rise of the Prophetic Voice*, «Vous ne pouvez pas être vaincu si vous avez un vrai prophète qui vous guide. C'est pourquoi chaque grand roi qui dirigeait Israël avait un prophète de Dieu près de lui. Par le conseil du prophète, le roi a dirigé le peuple de Dieu.»

Le Prophète Passion Java est originaire du Zimbabwe; ce fondateur de Kingdom Embassy, une église prophétique à Beltsville, Maryland, a le don de la prophétie 'médico-légale'. Il peut localiser votre douleur ou votre problème le plus pressant avec une précision incroyable. Il est capable de déterrer de minuscules détails relatifs aux noms des personnes, aux adresses résidentielles, aux numéros de téléphone, aux dates de naissance et à d'autres faits cachés avec une précision inégalée. Prophète Passion possède l'art de prophétiser de manière 'forensic', précise et articulée.

Le prophète Témitope Balogun (T. B.) Joshua, pasteur, télévangéliste et philanthrope nigérian, est le chef et le fondateur de la Synagogue, Église de toutes les nations (SCOAN), une organisation chrétienne qui dirige la chaîne Emmanuel TV de Lagos.

Ce prophète exceptionnel a prédit avec précision les événements mondiaux, y compris la mort de Michael Jackson et les victoires de la Zambie et du Nigéria en Coupe d'Afrique des nations. Il est bien connu en Afrique comme un prophète célèbre.

Sa prophétie précise sur la mort d'un président africain a été largement rapportée dans la presse. La prophétie concernait l'ancien président du Malawi, Bingu wa Mutharika, décédé en 2012 à l'âge de soixante-dix-huit ans.

Lorsque Hamza Al-Mustapha, le chef de la sécurité de l'ancien président nigérian Sani Abacha, a été libéré après onze ans d'incarcération, son premier arrêt a été à l'église du prophète TB Joshua, en concession d'une prophétie qu'il lui a donnée alors que le président Abacha était encore au pouvoir.

Le prophète T. B. Joshua a prédit le crash du MH370 de Malaysian Airlines. Le vol 370 de Malaysia Airlines a disparu le 8 mars 2014 alors qu'il volait de l'aéroport international de Kuala Lumpur à Pékin.

L'équipage de l'avion a échangé quelques mots pour la dernière fois avec le contrôle de la circulation aérienne

(ATC) environ une demi-heure après le décollage. L'avion a été perdu des moniteurs radar ATC peu de temps après, mais a été suivi par le radar militaire pendant une autre heure; il avait dévié vers l'ouest de sa trajectoire de vol prévue. La recherche de l'avion manquant a été la plus coûteuse de l'histoire de l'aviation. Il s'était écrasé avec 227 passagers et douze membres d'équipage à bord. Cette prophétie a reçu beaucoup d'attention sur les réseaux sociaux du monde entier.

Le prophète T.B. Joshua a prédit plusieurs attaques terroristes commises par l'Etat islamique, Al-Qaïda et les militants d'Al-Shabaab, y compris les attentats de Paris de novembre 2015, l'attaque du Garissa University College au Kenya, le siège de l'hôtel Ouagadougou au Burkina Faso et les attentats de 2016 à Bruxelles. Il a également prédit l'attentat du marathon de Boston en Amérique.

La prophétie du prophète T. B. Joshua en avril 2016 selon laquelle une attaque terroriste imminente aurait lieu au Ghana a fait la une des journaux nationaux dans la nation ouest-africaine et a conduit la police à faire une déclaration publique, disant à la communauté d'être calme et vigilante. Des centaines d'étrangers ont annulé leurs visites au Ghana à la suite de cette déclaration. Quelques jours plus tard, un terroriste malien a été capturé et a admis que son groupe avait l'intention de cibler le Ghana.

Le prophète a prophétisé sur l'armée d'une nation d'Afrique australe non divulguée tuant ou capturant son président, son vice-président ou sa première dame; cela a été interprété comme une prophétie du coup d'État de

2017 contre le dirigeant de longue date du Zimbabwe, Robert Mugabe.

À la SCOAN, grâce à son don de prophétie, T. B. Joshua non seulement prophétise, mais il conduit également des prières et guérit des maladies incurables telles que le VIH / SIDA, la cécité et les plaies ouvertes. Les Nigérians recherchent généralement une aide spirituelle à la SCOAN en raison de l'insuffisance des installations médicales, ce qui a fait l'objet de plusieurs reportages dans les médias, notamment dans le *Magazine Time*, *l'Associated Press* et *Foreign Policy*.

L'eau d'onction venant de la SCOAN

Beaucoup de gens ont été guéris grâce à l'eau qui a été priée dessus par le prophète T. B. Joshua et donnée à ceux qui sont physiquement incapables de fréquenter son église à Lagos, au Nigeria. D'autres personnes ont témoigné avoir été protégées d'incidents mortels parce qu'elles avaient cette eau avec elles.

En 2014, le prophète T. B. Joshua a prophétisé que son eau d'onction pourrait guérir le virus mortel Ebola; il a envoyé quatre mille bouteilles d'eau à la nation de la Sierra Leone touchée par Ebola. Un politicien sierra léonais a témoigné plus tard que l'eau avait guéri plusieurs victimes d'Ebola et avait aidé à arrêter la propagation de la maladie.

Ce Que la Bible Enseigne sur le Don de Prophétie

Prophétie dans l'Ancien Testament

La principale occupation du prophète dans l'Ancien Testament était de parler au nom de Dieu ou de servir d'ambassadeur ou d'agent en transmettant son message à son peuple. Les prophètes ne parlaient pas de leur propre autorité ni ne partageaient leurs opinions personnelles; au lieu de cela, ils ont transmis le message que Dieu leur a donné.

Dieu a promis à Moïse, «Va donc, je serai avec ta bouche, et je t'enseignerai ce que tu auras à dire» (Exode 4:12 LSG).

Le Seigneur a assuré à Moïse, «Je leur susciterai du milieu de leurs frères un prophète comme toi, je mettrai mes paroles dans sa bouche, et il leur dira tout ce que je lui commanderai» (Deutéronome 18:18 LSG).

Le Seigneur a dit à Jérémie, «Voici, je mets mes paroles dans ta bouche» (Jérémie 1:9 LSG).

Dieu a commandé Ezéchiel en disant: «Tu leur diras mes paroles» (Ezéchiel 2:7 LSG).

Et beaucoup de livres prophétiques de l'Ancien Testament commencent par les paroles: «La parole de l'Éternel qui fut adressée a» (Osée 1:2; Joël 1:1; Michée 1:1; Sophonie 1:1; Jonas 1:1).

Amos a affirmé, «Ainsi parle l'Éternel» (Amos 1:3 LSG).

Dieu ne parle pas qu'à un seul groupe de personnes. Par exemple, il a donné au prophète Jonas un message pour les Assyriens, ennemi d'Israël à l'époque (Jonas 4:6-9). Le prophète Daniel a transmis un message aux Babyloniens au sujet de leur échec imminent via la main des Mèdes et des Perses (Daniel 5:25-28).

Cependant, Dieu utilise souvent des prophètes pour parler à son propre peuple. Dans Jérémie 7, il a ordonné au prophète Jérémie de parler contre les voies idolâtres d'Israël, et s'ils tenaient compte de l'avertissement, il les laisserait rester dans leur pays.

Prophétie dans le Nouveau Testament

La prophétie semblait avoir cessé dans la vie d'Israël vers 400 avant JC, pour réapparaître en conjonction avec l'incarnation du Christ. La voix du Seigneur a rarement été entendue pendant ce que nous appelons la période «intertestamentale». La voix prophétique la plus importante dans le Nouveau Testament, à part Jésus lui-même, était Jean-Baptiste (Matthieu 11:9; Luc 1:76).

Le jour de la Pentecôte, Pierre a déclaré que contrairement à l'exercice limité de la prophétie à l'époque de l'ancienne alliance, Dieu «répandrait» désormais son Esprit «sur tout le monde» (Actes 2:17).

Pierre a dit que le résultat serait un accomplissement des paroles de Dieu: «Vos fils et vos filles prophétiseront, Vos jeunes gens auront des visions, Et vos vieillards auront des songes. Oui, sur mes serviteurs et sur mes servantes, Dans ces jours-là, je répandrai de mon Esprit; et ils prophétiseront.» (Actes 2:17–18 LSG).

Le ministère prophétique dans l'église primitive était répandu et diversifié. Un groupe de prophètes a voyagé de Jérusalem à Antioche, et l'un d'eux, Agabus, «se leva, et annonça par l'Esprit qu'il y aurait une grande famine sur toute la terre» (Actes 11:28 NIV).

Les prophètes étaient actifs dans l'église d'Antioche (Actes 13:1), de Tyr (Actes 21:4) et de Césarée, où les quatre filles de Philippe ont prophétisé (Actes 21:8–9).

La prophétie, l'un des dons de l'Esprit destiné à édifier le corps du Christ, a également été utilisée dans les églises de Rome (Romains 12:6), Corinthe (1 Corinthiens 12:7–11, 14:1–40), Éphèse (Éphèse 2:20, 4:11; Actes 19:1–7; 1 Timothée 1:18) et Thessalonique (1 Thessaloniciens 5:19–22).

Néanmoins, avec la restauration de l'Évangile, le don de prophétie était à nouveau disponible. De nombreuses personnes soutiennent que la prophétie dans la nouvelle alliance diffère de son exercice sous l'ancienne alliance. D'autres soutiennent qu'ils fonctionnent essentiellement de la même manière. Les prophètes du Nouveau Testament ont reçu des paroles inspirées de Dieu, et ce qu'Il a déclaré était aussi égal en autorité que les paroles. Les paroles de prophètes tels qu'Esaïe et Amos ont ainsi servi à établir l'établissement de l'Église en communiquant les vérités théologiques et les principes éthiques liés au corps universel du Christ (Éphésiens 2:20).

Sur la base de ce point de vue, embrasser la prophétie moderne peut affaiblir la finalité et l'adéquation de l'Écriture; ainsi, le don de prophétie a peut-être cessé avec la mort du tout dernier apôtre ou l'inspiration du dernier livre canonique.

D'autres personnes soutiennent que, alors que dans l'ancienne alliance, le fait de ne pas parler avec une exactitude totale a amené le prétendu prophète en jugement (Deutéronome 13:2, 18:20-22), avec la nouvelle alliance et la distribution de l'Esprit parmi tout le peuple de Dieu, certains changements sont entrés en vigueur.

Bien que Dieu soit Celui qui a inspiré toutes les révélations prophétiques, sa communication par les prophètes n'est pas toujours protégée de l'erreur. Par conséquent, il doit être jugé ou évalué pour conclure ce qui est «bien» et ce qui est «mal» (1 Thessaloniciens 5:21-22). Sur la base de ce point de vue, le don de prophétie est encore potentiellement accessible à l'Église jusqu'au retour du Christ et ne constitue pas une menace pour la finalité du canon Biblique.

Le Don de Prophétie

Sans l'ombre d'un doute, chacun de nous a reçu un don spirituel de Dieu Lui-même. Le prophète Passion Java affirme dans son enseignement que tous les enfants naissent la main fermée; ce qu'ils ont entre les mains, c'est le don que Dieu leur a donné pour développer pendant qu'ils grandissent. La Bible nous dit que Dieu distribue [des dons spirituels] à chacun en particulier comme il veut» (1 Corinthiens 12:11 LSG).

Dans les Écritures, Paul encourage chaque personne à poursuivre le don de la prophétie. Le but principal du ministère prophétique est de fortifier, soutenir et réconforter les croyants. En d'autres termes, celui qui prophétise édifie l'église. La prophétie peut également amener la conviction de péché aux incroyants qui se trouvent en visite au rassemblement du peuple de Dieu, car les secrets de leur cœur sont révélés 1 Corinthiens 14.

Paul voit des déclarations prophétiques enseigner aux autres (1 Corinthiens 14:31) et même aider certains dons spirituels à être identifiés et transmis (1 Timothée 4:14). Luc décrit des situations dans lesquelles la prophétie aide à fournir une direction divine pour le ministère (Actes 13:1–3) ainsi qu'à émettre des avertissements au peuple de Dieu (Actes 21:4, 10–14).

Dans toute réunion d'église, «deux ou trois prophètes devraient parler, et les autres devraient peser soigneusement ce qui est dit» (1 Corinthiens 14:29).

1 Corinthiens 14:33–35 dit que l'interprétation la plus vraisemblable du passage controversé concernant le silence des femmes est que les femmes peuvent prophétiser (Actes 2:17–18, 21:9; 1 Corinthiens 11–5) mais ne peuvent pas juger publiquement les paroles prophétiques des hommes de la congrégation.

Les prophètes devaient toujours contrôler leur discours en tant qu'expression du désir de paix de Dieu (1 Corinthiens 14:32–33). Et aussi impératif que ce ministère soit dans le corps du Christ, même ceux qui prétendent être des prophètes doivent dépendre de l'autorité finale des apôtres (1 Corinthiens 14:36-38).

Selon Jean, «le témoignage de Jésus est l'Esprit de prophétie» (Apocalypse 19:10).

Les dirigeants de l'Église sont généralement le prophète du Seigneur, le voyant et le révélateur du monde. Les personnes qui aident les dirigeants de l'église dans le ministère, les apôtres, sont aussi généralement des prophètes, des voyants et des révélateurs.

Cependant, nous apprenons de Moïse que le don de prophétie n'est pas limité aux seuls dirigeants de l'église. Dieu n'a pas limité ce don précieux à Ses apôtres et prophètes seulement; il l'étend à bien d'autres. Ce don peut être possédé par d'autres. (Nombres 11:29 NIV); et les femmes aussi, comme Deborah (Juges 4: 4); Miriam (Exode 15:20); Huldah (2 Rois 22:14); Noadiah (Néhémie 6:14); et la femme d'Ésaïe (Ésaïe 8: 3).

De même, le Nouveau Testament fait référence à Anna, une prophétesse (Luc 2:36). L'apôtre Pierre a parlé des derniers jours où «Vos fils et vos filles prophétiseront» (Actes 2:17; Joël 2:28 LSG).

La Prophétie et l'Église

Certaines personnes ont pris à tort la prophétie et la prédication du Nouveau Testament comme étant la même chose, mais Paul déclare que toute prophétie est basée sur une révélation (1 Corinthiens 14:30, 13:2). L'utilisation par le Nouveau Testament des mots révélation et révélation reflète un large éventail de sens et ne doit pas être considérée comme faisant référence à la révélation quelque peu faisant autorité qui contesterait la finalité du canon. Au lieu de cela, l'apôtre a probablement en vue le genre de révélation ou de dévoilement divin dans lequel l'Esprit fait connaître quelque chose auparavant caché (Matthieu 11:27, 16:17; 1 Corinthiens 2:10; Galates 1: 6; Éphésiens 1:17; Philippiens 3:15).

Par conséquent, la prophétie n'est pas basée sur une opinion, une supposition, une inférence, une intuition ou même une sagesse sanctifiée. La prophétie est la divulgation humaine, le rapport ou la communication d'une révélation divine. C'est ce qui différencie la prophétie de l'enseignement. L'enseignement est généralement enraciné dans un texte inspiré des Écritures. La prophétie, par contre, est généralement basée sur une révélation non planifiée ou spontanée. Donc, Paul fait clairement une distinction entre venir à la réunion collective de l'église avec une «parole d'instruction» et venir avec une «révélation» (1 Corinthiens 14:26).

Aussi utile que soit la prophétie pour l'église, les chrétiens ne doivent pas embrasser naïvement tous ceux qui prétendent parler au nom de Dieu. Au contraire, l'église doit «éprouvez les esprits, pour savoir s'ils sont de Dieu, car plusieurs faux prophètes sont venus dans le monde» (1 Jean 4:1 LSG).

Dans 1 Jean 4: 2–3 et 2 Jean 7–11, Jean se demande si le prophète établit l'incarnation de Dieu le Fils en la personne de Jésus-Christ. C'est au moins en partie ce que John a à l'esprit quand il écrit que «le témoignage de Jésus est l'esprit de la prophétie» (Apocalypse 19:10 LSG). En d'autres termes, les vraies prophéties témoignent de Jésus-Christ. La révélation prophétique n'est pas seulement fondée sur l'évangile de la vie, de la mort et de la résurrection de Jésus; son objectif principal est également de rendre témoignage à la personne du Christ incarné. La prophétie, par conséquent, est fondamentalement centrée sur le Christ.

CHAPITRE 19

Les Prophètes de la Bible

Un prophète reçoit des messages de Dieu, principalement concernant des événements qui auront lieu dans le futur, et les transmet à une personne ou à un groupe de personnes que Dieu a l'intention d'entendre le message délivré. À certains égards, un prophète est un avocat ou un médiateur entre Dieu et un individu ou un groupe de personnes.

Personne ne peut parcourir les Écritures sans rencontrer un prophète; ils se trouvent dans l'Ancien et le Nouveau Testament. D'Ézéchiel à Jean-Baptiste, ces messagers de Dieu apparaissent dans presque toutes les parties de la Bible.

Tout au long de la Bible et tout au long de l'histoire, Dieu a envoyé des prophètes pour diriger, guider et aussi avertir son peuple, qui a souvent tourné le dos et n'a pas suivi ses instructions ou ses avertissements. Dieu a même dit par la bouche de Jérémie le prophète, «Depuis le jour où vos pères sont sortis du pays d'Égypte, Jusqu'à ce jour, Je vous ai envoyé tous mes serviteurs, les prophètes, Je les ai envoyés chaque jour, dès le matin. Mais ils ne m'ont point écouté, ils n'ont point prêté l'oreille; Ils ont raidi leur cou, Ils ont fait le mal plus que leurs pères» (Jérémie 7:25–26 LSG).

Dr. Deborah Manoushka Paul Figaro

Les Prophètes de l'Ancien Testament

Les Prophètes Principaux
- Ésaïe
- Jérémie
- Ézéchiel
- Daniel

Les Prophètes Secondaires
- Osée
- Joël
- Amos
- Abdias
- Jonas
- Micah
- Nahum
- Habacuc
- Sophonie
- Aggée
- Zacharie
- Malachie

Les Autres Prophètes
- Élie
- Élisée
- Gad
- Michée
- Nathan
- Samuel

Les Prophètes du Nouveau Testament
- Jean le Baptiste
- Jean le Révélateur
- Agubus
- Anna
- Barnabas
- Paul l'apôtre

Les sept prophétesses
- Huldah
- Deborah
- Sarah
- Miriam
- Hannah
- Abigail
- Esther

Huldah était l'une des sept prophétesses, avec Deborah, Sarah, Miriam, Hannah, Abigail et Esther. Elle a été mentionnée dans 2 Rois 22:14–20 et 1 Chroniques 34:22–28. Après la découverte d'un livre de la loi lors de rénovations au temple de Salomon, Hilkiah, avec Ahikam, Acbor, Shaphan et Asaiah, se sont approchés de la prophétesse Huldah pour demander l'avis du Seigneur. Elle était l'épouse de Shallum, fils de Tokhath, fils de Harhas, gardien de la garde-robe. Elle vivait à Jérusalem, dans le Second District, le nouveau quartier.

Huldah signifie «belette» ou «môle». L'interprétation rabbinique affirme que bien que d'autres femmes soient appelées prophètes, Huldah et Deborah étaient les principales femmes prophètes professées dans la partie Nevi'im (prophètes) de la Bible hébraïque.

Deborah signifie «abeille». Le chapitre 4 des juges affirme que Débora était une prophétesse du Dieu des Israélites; elle était la quatrième juge de l'Israël pré-monarchique et la seule femme juge mentionnée dans la Bible. Deborah a prophétisé à Barak, lui disant que Dieu lui avait ordonné de mener une attaque contre les forces de Jabin, roi de Canaan, et son commandant militaire, Sisera (Juges 4:6-7).

Le chapitre 5 du livre des juges donne la même histoire sous une forme poétique. Ce passage, souvent appelé *The Song of Deborah*, peut dater du douzième siècle avant JC et est considéré comme le premier échantillon de poésie hébraïque.

Sarah est une matriarche et prophétesse Biblique. Elle est une figure majeure des religions abrahamiques. Le judaïsme, le christianisme et l'islam la dépeignent tous comme une femme pieuse, l'épouse d'Abraham et la mère d'Isaac, réputée pour son hospitalité et sa beauté.

Miriam était une prophétesse et apparaît pour la première fois dans le livre de l'Exode. Elle est décrite dans la Bible hébraïque comme la fille d'Amram et de Jokébed, et la sœur de Moïse et d'Aaron.

L'Écriture la décrit, avec Moïse et Aaron, comme délivrant les Juifs de l'exil en Égypte: «Car je t'ai fait monter du pays d'Égypte, Je t'ai délivré de la maison de servitude, Et j'ai envoyé devant toi Moïse, Aaron et Marie» (Michée 6:4 LSG). La Torah la considère comme une prophétesse et l'appelle «Miriam la prophétesse». Le Talmud la nomme l'une des sept femmes prophètes majeures d'Israël. Selon le Midrash, tout comme Moïse a conduit les hommes hors d'Égypte et leur a enseigné la Torah, de même Miriam a conduit et enseigné les femmes.

Hannah en hébreu signifie «faveur» ou «grâce». Elle est l'une des épouses d'Elkana, mentionnée dans 1 Samuel. Selon la Bible hébraïque, elle était la mère de Samuel.

Abigail a épousé Nabal. Après la mort de Nabal, elle est devenue l'épouse du futur roi David (1 Samuel 25). Elle était la troisième épouse de David, après la fille de Saül, Michal. Elle est devenue la mère d'un des fils de David. Son fils est répertorié dans le livre des Chroniques sous le nom de Daniel; il est répertorié dans le texte massorétique des livres de Samuel comme Chileab; et dans le texte de la Septante de 2 Samuel 3: 3 comme Dalouia. Dans 2 Samuel 17:25 dans la version américaine standard, son nom est orthographié «Abigal».

Esther est une reine juive du roi perse Assuérus, communément identifiée comme Xerxès I (486–465 avant notre ère). Le livre d'Esther dit qu'Assuérus a cherché une nouvelle épouse après que sa reine, Vasthi, ait refusé de lui obéir, et Esther a été choisie pour sa beauté. Le conseiller en chef du roi, Haman, offensé par le cousin et tuteur d'Esther, Mardochée, obtient la permission du roi de faire tuer tous les Juifs du royaume. Esther a renversé le plan et obtenu la permission du roi pour que les Juifs tuent leurs ennemis à la place, et ils l'ont fait.

Les Prophètes sont les Porte-paroles de Dieu sur Terre

> Car le Seigneur, l'Éternel, ne fait rien Sans avoir révélé son secret à ses serviteurs les prophètes. (Amos 3:7 LSG)

Le prophète est le porte-parole de Dieu, comme Dieu le communique à l'église par l'intermédiaire de son prophète; mais beaucoup de gens vivent dans les ténèbres; ils ne sont pas sûrs de la volonté de Dieu. Ils croient que les cieux sont fermés et que les gens doivent affronter seuls les périls du monde. Avec un cœur reconnaissant, nous remercions Dieu pour les prophètes: «Nous te remercions, ô Dieu, pour un prophète qui nous guide dans ces derniers jours» (Cantiques, n° 19).

Les prophètes sont appelés par Dieu à être son délégué sur terre. Ils ont des devoirs très spécifiques. Lorsque les prophètes parlent au nom de Dieu, c'est comme si le Seigneur parlait (D&A 1:38). Les prophètes témoignent de la divinité du Christ et enseignent son Évangile. Les prophètes enseignent la vérité et interprètent la Parole de Dieu et appellent les pécheurs à la repentance. Ils reçoivent des révélations et des instructions de Dieu pour les gens de la terre. Ils voient dans l'avenir et prédisent les événements à venir afin que le monde puisse être averti.

Les prophètes viennent de tous les horizons. Ils peuvent être jeunes ou vieux, très instruits ou non, agriculteurs, avocats ou enseignants. Les anciens prophètes portaient des tuniques et portaient des bâtons. Les prophètes modernes portent des costumes et portent des mallettes. Mais ce qui identifie les vrais prophètes, c'est qu'ils sont toujours choisis par Dieu et appelés par l'autorité appropriée de la prêtrise (Articles de foi 1:5).

Les Prophètes sont Appelés par Dieu à Diriger l'Humanité

Il y a eu des prophètes sur la terre depuis l'époque d'Adam. Comme Dieu a appelé et a parlé à Moïse, un prophète de l'Ancien Testament, il a conduit des milliers de son peuple hors d'Égypte et de l'esclavage vers la Terre Promise. Il a écrit les cinq premiers livres de l'Ancien Testament et a enregistré les dix commandements.

Les prophètes détiennent «les clés du royaume»; ils ont le pouvoir de diriger toute une nation et un royaume de Dieu sur terre, y compris l'administration des ordonnances de la prêtrise (Matthieu 16:19). Nul autre que le prophète choisi ne peut recevoir la volonté de Dieu pour l'ensemble des membres de l'Église. Le Seigneur a dit: «Il n'y en a jamais qu'un sur la terre à la fois à qui ce pouvoir et les clés de cette prêtrise sont conférés» (D&A 132:7).

Nous devons faire les choses que les prophètes nous disent de faire. L'apôtre Johnny L. Kemp de MEC Ministries, Inc., Miami, Floride, a déclaré qu'un prophète ne sera jamais autorisé à égarer l'Église: «Le Seigneur ne permettra jamais à moi ni à aucun autre homme qui est président de cette Église de diriger vous vous égarez. Ce n'est pas dans le programme. Ce n'est pas dans l'esprit de Dieu. Si j'essayais cela, le Seigneur me retirerait de ma place.»

Comment Nous Pouvons Suivre et Soutenir les Prophètes

Beaucoup de gens trouvent facile de croire aux prophètes du passé, mais ont du mal à croire et à suivre le prophète vivant.

Ils sont triés sur le volet et choisis par Dieu, mais nous devons prier pour les prophètes. Leurs fardeaux sont lourds et ils ont besoin de force pour nous guider, pour nous conduire et, surtout, pour être notre intercesseur.

Nous devons suivre au maximum les enseignements inspirés du prophète. Nous ne devons pas choisir de suivre une partie de ses conseils inspirés et de rejeter ce qui est désagréable ou difficile. Dieu nous a commandé de suivre les enseignements inspirés de son prophète: «Vous ferez attention à toutes ses paroles et commandements [du prophète] qu'il vous donnera comme il les recevra, marchant en toute sainteté devant moi... Car vous recevrez sa parole, comme si de ma propre bouche, en toute patience et la foi» (D&A 21:4–5). Le Seigneur ne permettra jamais au prophète ou au président de l'église de nous induire en erreur.

Et si nous obéissons, le Seigneur promet: «Les portes de l'enfer ne prévaudront pas contre vous; oui, et le Seigneur Dieu dispersera les puissances des ténèbres de devant vous, et fera trembler les cieux pour votre bien et la gloire de son nom» (D&A 21: 6). Lorsque nous faisons ce que notre prophète nous ordonne, les bénédictions tombent du ciel.

Pour se tenir debout, l'église doit être «[édifié] sur le fondement des apôtres et des prophètes, Jésus-Christ lui-même étant la pierre angulaire» (Ephésiens 2:20 LSG). Nous sommes bénis dans ce monde peu sûr d'avoir un prophète par lequel le Seigneur révèle sa volonté.

Les Prophètes d'Hier de Dieu

Pourquoi avons-nous besoin de prophètes? Pourquoi les gens auraient-ils besoin de ce messager en premier lieu? Il y a plusieurs raisons pour lesquelles il est nécessaire d'avoir un prophète.

Premièrement, les prophètes ont accru la crédibilité des Écritures. Un prophète peut donner la véracité et l'authenticité des Écritures. Par exemple, si quelqu'un prophétisait au sujet d'un Messie qui naîtrait à Bethléem (Michée 5:2) et des centaines d'années plus tard, cela renforcerait la vérité des Écritures. Les chances qu'une prophétie se réalise des centaines d'années après la prédiction seraient si faibles que son accomplissement augmenterait la croyance en Dieu plutôt que la croyance que cela s'est produit par hasard.

Deuxièmement, les prophètes représentaient le temps de la repentance. Un prophète donne à un groupe de personnes une chance de retourner à Dieu. Habituellement, le Seigneur place un bouclier temporel entre les actions immorales d'un groupe de personnes et les conséquences qui en découlent. Dans Jérémie, par exemple, Dieu a donné aux Israélites le temps de se détourner de leurs mauvaises voies via un message prophétique avant qu'il n'adopte une future punition encore sévère.

Troisièmement, les prophètes ont livré la parole de Dieu aux pécheurs. Avant la venue du Christ, un prophète a fourni un arbitrage entre Dieu et son peuple. Parce que le péché avait séparé Dieu des pécheurs, le Seigneur a créé cette façon de continuer à communiquer avec nous. Le prophète sert comme une sorte de pont pour transmettre la parole de Dieu à ceux qui ont besoin d'entendre ce message.

La communication entre le royaume humain et divin se produit de plusieurs manières. Un canal principal dans la tradition Biblique est à travers les prophètes, qui sont appelés par Dieu à parler à leur communauté, avec l'introduction tonitruante: «Ainsi dit le Seigneur!» Ces prophètes peuvent également intercéder auprès de Dieu au nom du peuple et peuvent également déclarer leurs propres paroles.

En temps de crise, les prophètes parlent de l'obéissance nécessaire à Dieu et de la confiance en Dieu. Ils parlent de désastre et de jugement mais aussi de survie et d'espoir, s'adressant à leur propre communauté et au monde au-delà. Ils sont chargés de témoigner de qui est Dieu et de ce qu'il fait (Amos 3:7).

En plus de leur analyse de leur temps présent, les prophètes envisagent des développements futurs, tels que la possibilité d'un royaume pacifique (Osée 2:20; Ésaïe 11:1–9), une vision captivant encore l'imagination des gens d'aujourd'hui.

Les prophètes parlent principalement pour Dieu, mais ils décrètent aussi leurs propres paroles. Amos 3:7 LSG explique, «l'Éternel, ne fait rien Sans avoir révélé son secret à ses serviteurs les prophètes.» Alors que Jérémie 20:7 LSG exprime l'angoisse devant le rejet par le peuple de la parole du prophète de Dieu: «Je suis chaque jour un objet de raillerie, Tout le monde se moque de moi.»

En tant que représentants d'une tradition charismatique, ayant un lien direct avec Dieu et ayant le privilège d'entendre les délibérations secrètes du Seigneur (1 Rois 22:17-23), les prophètes israélites représentent deux directions opposées. Ils sont fortement enracinés dans la tradition de «je suis l'Éternel, ton Dieu, dès le pays d'Égypte» (Osée 13:4 LSG), mettant en évidence la tradition de libération de l'Exode et l'alliance mosaïque de fidélité exclusive à Dieu. En même temps, ils sont nettement novateurs, soulignant que le Dieu qui a amené Israël du pays d'Égypte a également fait sortir les Philistins et les Araméens et avait un intérêt pour le peuple de Kush (Amos 9:7).

Les prophètes à l'époque de l'exil de Judée en Babylonie et pendant la période difficile du rétablissement ont annoncé que le Messie attendu, l'oint de Dieu, était le roi perse, Cyrus, qui encouragerait le retour des exilés et la reconstruction du temple (Ésaïe 45:1 et voir Ésaïe 44:28). Et dans le même esprit, c'est un prophète qui a affirmé que les étrangers qui suivaient le Seigneur et ceux qui étaient fidèles à l'alliance étaient les bienvenus dans la «maison de prière de Dieu pour tous les peuples» (Ésaïe 56:3-7), et il était un prophète qui prévoyait une lignée continue de prophètes (Joël 2:28-29).

Après tout, les prophètes de l'ancien Israël ont défié leur monde, et tous ceux qui honorent encore leurs paroles, «d'observer ce qui est juste et de faire ce qui est juste» (Ésaïe 56:1).

Les Prophètes d'Aujourd'hui de Dieu

Un prophète transmet les messages de Dieu aux autres. Dieu dit au prophète ce qu'il doit dire, et le prophète dit au peuple ce qu'il a dit. Dieu peut demander au prophète de dire quelque chose à quelqu'un. Les prophètes ne savent peut-être pas en quoi consiste la communication, mais ils ressentiront un fort désir de la délivrer. Parfois, seul Dieu sait ce qui se cache derrière le message.

Moïse, le premier grand prophète de la Bible, a été appelé un jour par Dieu. Dieu lui a parlé, essayant de le convaincre d'écouter. Mais Moïse n'était pas convaincu. Dieu a dit à Moïse de conduire les Israélites hors d'Égypte. Moïse ne pensait pas que c'était une très bonne idée. «

Qui suis-je, pour aller vers Pharaon, et pour faire sortir d'Égypte les enfants d'Israël?» il a demandé (Exode 3:11 LSG). Dieu a dit à Moïse qu'il l'aiderait. Et à cause de son obéissance, Moïse a changé l'histoire du monde.

Les prophètes d'aujourd'hui ressentent la même hésitation que Moïse, mais leur désir grandit souvent par l'insistance de la voix de Dieu. Bruce Yocum, dans son livre de 1976, *Prophecy*, décrit la première fois qu'il a livré un message de Dieu: «Le jour où j'ai donné ma première prophétie traumatisante, j'ai éprouvé à la fois une envie de prononcer le message que j'avais entendu et une conviction que le Saint-Esprit Lui-même me pressait.»

Jérémie était prêtre lorsque le Seigneur vint à lui avec exhortation à porter un message au peuple d'Israël: «La parole du Seigneur m'est venue, disant: 'Avant de vous former dans l'utérus, je vous connaissais, avant votre naissance. Je vous ai mis à part; Je t'ai nommé prophète pour les nations. ' 'Ah, Souverain Seigneur,' dis-je, 'Je ne sais pas parler; Je ne suis qu'un enfant'» (Jérémie 1:7). Jérémie, comme Moïse, a estimé que Dieu avait choisi la mauvaise personne pour être prophète.

Alors Dieu a insisté et a dit: «Ne dis pas: Je suis un enfant. Car tu iras vers tous ceux auprès de qui je t'enverrai, et tu diras tout ce que je t'ordonnerai. Ne les crains point, car je suis avec toi pour te délivrer, dit l'Éternel» (Jérémie 1:7–8 LSG).

Les gens me demandent souvent comment je sais que Dieu m'a choisi pour parler. Eh bien, Dieu vous le dira, et vous ressentirez un fort désir de faire ce qu'Il dit. Cela peut arriver à quiconque est en contact avec la voix de Dieu.

Et si vous ne le faites pas, Dieu insistera de différentes manières pour vous faire savoir que c'est Lui. Yocum décrit quatre objectifs distincts pour la prophétie dans l'église moderne; il dit que «Dieu

(1) veut que l'église soit encouragée;

(2) veut que les membres soient convaincus de leur péché;

(3) veut l'afflux d'inspiration divine; et

(4) veut guider directement l'église."

Yocum explique: «Souvent, lorsque nous recevons une prophétie, nous ne recevons pas de paroles spécifiques à parler. Au lieu de cela, nous aurons une idée très claire du message que Dieu veut dire. Les gens qui prophétisent ne recevront parfois ni les mots ni le sens du message. Au lieu de cela, ils recevront seulement un mot ou deux. S'ils sont convaincus que ces quelques mots commencent un message prophétique complet, ils peuvent simplement commencer à parler. Ce faisant, le reste du message leur sera transmis.»

Comment Reconnaître un Prophète

Les prophètes écoutent attentivement la Parole de Dieu. Ce sont des mystiques qui contemplent la Parole de Dieu. Ils entendent Dieu et le prennent au mot. Ils vont ensuite dans le monde pour dire le message de Dieu au monde. Les prophètes prononcent le message de Dieu avec audace. Ils le parlent sans crainte, publiquement, sans compromis, malgré les temps, qu'ils soient honnêtes ou fâcheux.

Que ce soit le matin, le midi et la nuit, les prophètes sont centrés sur Dieu. Ils font la volonté de Dieu et disent toujours le message de Dieu. Ils nous disent qui est Dieu et ce qu'il veut, et ainsi nous guider et nous rapprocher de Dieu.

Les prophètes interprètent les signes des temps. Ils sont concernés par le monde, ici et maintenant, dans les événements quotidiens de toute la race humaine, pas seulement autour d'eux. Les prophètes ont une vue d'ensemble. Ils sont préoccupés par la guerre, la famine, la pauvreté, la cupidité des entreprises, le nationalisme, la violence systémique, les armes nucléaires et la destruction de l'environnement. Ils interprètent ces réalités actuelles à travers les yeux de Dieu, et non à travers les yeux d'analystes ou d'experts ou de porte-parole des médias. Ils nous disent la vision de Dieu sur ce qui se passe.

Les prophètes prennent parti; ils sont solidaires des pauvres, des impuissants, des marginalisés, des défavorisés. Ils deviennent une voix pour les sans voix. En effet, ils sont la voix d'un Dieu sans voix.

Les prophètes sont pour la justice et la paix. Ils appellent les gens à agir avec justice et à créer un nouveau monde de justice sociale et économique, qui sera la base d'un nouveau monde de paix. Ils promeuvent la justice et la paix sur terre au cœur de Dieu.

En même temps, les prophètes proclament et condamnent. Ils proclament le règne de justice et de paix de Dieu et condamnent publiquement l'injustice et la guerre du monde. Les prophètes tiennent haut les alternatives de la non-violence et du désarmement et abaissent les voies obsolètes de la violence et des armes.

Les prophètes reçoivent des messages de Dieu, principalement concernant les événements qui auront lieu dans le futur, et les transmettent à une seule personne ou à un groupe de personnes, que le Seigneur a l'intention d'entendre le message délivré.

À certains égards, un prophète est un avocat et un médiateur entre Dieu et les gens.

Attitudes envers les Prophètes de Dieu

Le pasteur Alph Lukau donne quelques attitudes essentielles qu'une personne devrait avoir envers les prophètes de Dieu:

1. Croyez en votre prophète.

    - Les prophètes sont des personnes spéciales de Dieu. Ce sont des fontaines.

    - Chaque prophète de Dieu porte quelque chose.

    - Il y a des choses qui vous appartiennent que Dieu a implantées dans votre prophète.

    - Si les gens ne croient pas en leur prophète, ils manqueront ce qu'ils portent pour eux.

    - Les gens ne peuvent recevoir de leur prophète ce qu'ils portent à moins de les croire.

2. Écoutez votre prophète.

    - Lorsqu'un prophète de Dieu parle, Dieu parle.

- La voix de votre prophète est la voix de Dieu à travers un être humain.
- La parole prophétique ne doit pas être négligée.

3. Honorez votre prophète.
   - Dieu a établi un homme ou une femme de Dieu comme instrument pour vous.
   - Honorez votre homme de Dieu. Honorez votre femme de Dieu.
   - Vous n'avez pas accès à ce que vous n'honorez pas dans la vie.
   - Si vous voulez devenir grand, vous devez honorer la grandeur.

4. Ne faites pas de mal à votre prophète (1 Chroniques 16:22).
   - Les prophètes sont souvent en danger dans le royaume de Dieu.
   - Ne faites pas partie de ceux qui souhaitent les mettre en danger.
   - Ne blessez pas l'oint de Dieu.
   - Ne combattez pas le prophète de Dieu.
   - Lorsque vous le faites, vous ne vous battez pas contre une personne; vous combattez Dieu personnellement.

5. Ne jugez jamais votre prophète; cherchez plutôt le Seigneur à son sujet.

- Circoncisez votre langue.
- Choisissez de ne jamais critiquer votre prophète.
- Lorsque vous ne comprenez pas l'action de votre prophète, demandez conseil au Seigneur.
- Identifier la faiblesse de votre frère ne vous rend pas parfait.
- Souligner la faiblesse de votre frère vous met plutôt en difficulté avec Dieu. 6. Soutenez votre prophète.
- Soutenez votre prophète avec votre parole.
- Soutenez votre prophète dans vos actions.
- Soutenez votre prophète par d'autres moyens.

Votre attitude envers un prophète est une clé de votre vie. Lorsqu'un prophète prie, Dieu se souvient de son peuple. Chaque fois que vous voyez un prophète, sachez que Dieu prépare quelque chose.

Une prompte Référence sur les Prophètes

Quel est le rôle d'un prophète?

> Je leur susciterai du milieu de leurs frères un prophète comme toi, je mettrai mes paroles dans sa bouche, et il leur dira tout ce que je lui commanderai. Et si quelqu'un n'écoute pas mes paroles qu'il dira en mon nom, c'est moi qui lui en demanderai compte. (Deutéronome 18:18–19 LSG)

Pourquoi Dieu a-t-il envoyé des prophètes?

Pour guider son peuple de la bonne manière. «L'Eternel envoya parmi eux des prophètes pour les ramener à lui, mais ils n'écoutèrent point les avertissements qu'ils en reçurent» (2 Chroniques 24:19 LSG).

Pourquoi devrions-nous écouter les prophètes de Dieu?

> Zacharie, fils du sacrificateur Jehojada, fut revêtu de l'esprit de Dieu; il se présenta devant le peuple et lui dit: Ainsi parle Dieu: Pourquoi transgressez-vous les commandements de l'Eternel? Vous ne prospérerez point; car vous avez abandonné l'Eternel, et il vous abandonnera. (2 Chroniques 20:20 LSG)

Dieu nous parle-t-il à travers les prophètes?

> J'ai parlé aux prophètes, J'ai multiplié les visions, Et par les prophètes j'ai proposé des paraboles. (Osee 12:10 LSG)

Dieu révèle-t-il ses plans aux prophètes?

> Car le Seigneur, l'Éternel, ne fait rien Sans avoir révélé son secret à ses serviteurs les prophètes. (Amos 3:7 LSG)

Comment Dieu parle-t-il à ses prophètes?

> Ecoutez bien mes paroles! Lorsqu'il y aura parmi vous un prophète, c'est dans une vision que moi, l'Eternel, je me révélerai à lui, c'est

dans un songe que je lui parlerai. (Numbres 12:6 LSG)

Comment Dieu utilise-t-il les prophètes?

Par un prophète l'Eternel fit monter Israël hors d'Egypte, Et par un prophète Israël fut gardé. (Osee 12:13 LSG)

Quelles sont les récompenses des prophètes?

Heureux serez-vous, lorsqu'on vous outragera, qu'on vous persécutera et qu'on dira faussement de vous toute sorte de mal, à cause de moi. Réjouissez-vous et soyez dans l'allégresse, parce que votre récompense sera grande dans les cieux; car c'est ainsi qu'on a persécuté les prophètes qui ont été avant vous. (Matthieu 5:11–12 LSG)

Pourquoi les prophètes ne sont-ils pas populaires?

Qui disent aux voyants: Ne voyez pas! Et aux prophètes: Ne nous prophétisez pas des vérités, Dites-nous des choses flatteuses, Prophétisez des chimères! (Esaie 30:10 LSG)

Comment reconnaissons-nous un vrai prophète?

Leurs prédictions se produiront comme promis. «Mais si un prophète prophétise la paix, c'est par l'accomplissement de ce qu'il prophétise qu'il sera reconnu comme véritablement envoyé par l'Eternel» (Jeremiah 28:9 LSG).

La prophétie est-elle l'un des dons de l'Esprit à l'Église?

> Puisque nous avons des dons différents, selon la grâce qui nous a été accordée, que celui qui a le don de prophétie l'exerce selon l'analogie de la foi; que celui qui est appelé au ministère s'attache à son ministère; que celui qui enseigne s'attache à son enseignement. (Romains 12:6–7 LSG)

Quel est le but du don de prophétie?

> Et il a donné les uns comme apôtres, les autres comme prophètes, les autres comme évangélistes, les autres comme pasteurs et docteurs, pour le perfectionnement des saints en vue de l'œuvre du ministère et de l'édification du corps de Christ, jusqu'à ce que nous soyons tous parvenus à l'unité de la foi et de la connaissance du Fils de Dieu, à l'état d'homme fait, à la mesure de la stature parfaite de Christ. (Ephésiens 4:11–13 LSG)

Comment les prophètes accomplissent-ils l'œuvre de Dieu?

> Et les anciens des Juifs bâtirent avec succès, selon les prophéties d'Aggée, le prophète, et de Zacharie, fils d'Iddo; ils bâtirent et achevèrent, d'après l'ordre du Dieu d'Israël, et d'après l'ordre de Cyrus, de Darius, et d'Artaxerxès, roi de Perse. (Esdras 6:14 LSG)

À quoi pouvons-nous nous attendre en tant que prophètes dans les derniers jours sur terre?

> Après cela, je répandrai mon esprit sur toute chair; Vos fils et vos filles prophétiseront, Vos vieillards auront des songes, Et vos jeunes gens des visions. (Joel 2:28 LSG)

Que se passera-t-il le dernier jour de Dieu à l'Église?

> Et le dragon fut irrité contre la femme, et il s'en alla faire la guerre au restes de sa postérité, à ceux qui gardent les commandements de Dieu et qui ont le témoignage de Jésus. (Apocalypse 12:17 LSG)

Qu'est-ce que le témoignage de Jésus-Christ?

> Et je tombai à ses pieds pour l'adorer; mais il me dit: Garde-toi de le faire! Je suis ton compagnon de service, et celui de tes frères qui ont le témoignage de Jésus. Adore Dieu. -Car le témoignage de Jésus est l'esprit de la prophétie. (Apocalypse 19:10 LSG)

Pourquoi de faux prophètes apparaissent-ils?

> Car il s'élèvera de faux Christs et de faux prophètes; ils feront de grands prodiges et des miracles, au point de séduire, s'il était possible, même les élus. (Matthieu 24:24 LSG)

Devrions-nous tester ceux qui prétendent être des prophètes?

> Bien-aimés, n'ajoutez pas foi à tout esprit; mais éprouvez les esprits, pour savoir s'ils sont de Dieu, car plusieurs faux prophètes sont venus dans le monde. (1 John 4:1 NKJV)

Qu'arrivera-t-il à ces prophètes qui n'observent pas les lois de Dieu?

> Plusieurs me diront en ce jour-là: Seigneur, Seigneur, n'avons-nous pas prophétisé par ton nom? n'avons-nous pas chassé des démons par ton nom? et n'avons-nous pas fait beaucoup de miracles par ton nom? Alors je leur dirai ouvertement: Je ne vous ai jamais connus, retirez-vous de moi, vous qui commettez l'iniquité. (Matthieu 7:22–23 LSG)

Pourquoi ne devrions-nous pas écouter les prophètes qui parlent contre la Bible?

> A la loi et au témoignage! Si l'on ne parle pas ainsi, Il n'y aura point d'aurore pour le peuple. (Esaie 8:20 LSG)

Devrions-nous faire des prophéties lorsque nous avons peur des faux prophètes?

> N'éteignez pas l'Esprit. Ne méprisez pas les prophéties. Mais examinez toutes choses; retenez ce qui est bon. (1 Thessaloniciens 5:19-21)

Méfiez-vous des Faux Prophètes

Les chrétiens doivent tout examiner avant d'accepter ceux qui prétendent parler au nom de Dieu. En fait, ils doit «éprouvez les esprits, pour savoir s'ils sont de Dieu, car plusieurs faux prophètes sont venus dans le monde»(1 Jean 4:1 LSG).

Ici, Jean se demande si le «prophète» affirme l'incarnation de Dieu le Fils dans la personne de Jésus-Christ (1 Jean 4:2–3; 2 Jean 7–11). C'est en partie ce que John a à l'esprit quand il écrit que «C'est l'Esprit de prophétie qui rend témoignage à Jésus» (Apocalypse 19:10). En d'autres termes, toute vraie prophétie témoigne de Jésus-Christ. La révélation prophétique est enracinée dans l'évangile de la vie, de la mort et de la résurrection de Jésus.

Ceux qui prétendaient parler au nom de Dieu étaient tenus à une stricte norme de jugement. Si des prophètes présumés ont fait un signe ou une merveille ou ont prédit avec précision l'avenir, s'ils disaient: «Allons après d'autres dieux, -des dieux que tu ne connais point, -et servons-les» (Deutéronome 13:2 LSG), ils doivent être rejetés (Deutéronome 13:3).

De même, si la parole qu'ils prononcent «n'a pas lieu ou ne se réalise pas, c'est un message que l'Éternel n'a pas prononcé» (Deutéronome 18:22; Jérémie 14:14, 23:21, 32:28; Ézéchiel 13:6).

Au huitième siècle avant notre ère, le message du prophète s'est tourné davantage vers le peuple en général. Leur rôle principal était de faire connaître la sainteté de Dieu et les obligations de l'alliance; dénoncer l'injustice, l'idolâtrie et le ritualisme vide; et d'appeler le peuple de l'alliance de Dieu, Israël, à la repentance et à la fidélité.

L'histoire bien connue de Nathan raconte la réprimande du prophète à David pour avoir commis l'adultère avec Bathsheba alors qu'elle était mariée, et sa complicité dans la mort de son mari en est un bon exemple (2 Samuel 12).

> Voici, dit l'Eternel, j'en veux à ceux qui prophétisent des songes faux, Qui les racontent, et qui égarent mon peuple Par leurs mensonges et par leur témérité; Je ne les ai point envoyés, je ne leur ai point donné d'ordre, Et ils ne sont d'aucune utilité à ce peuple, dit l'Eternel. (Jérémie 23:32)

Deutéronome 13:1–5 met en garde contre les faux prophètes qui ont de faux rêves.

Vous devriez tester chaque prophétie comme toute communication spirituelle. Dans le livre de Matthieu, Jésus nous a dit comment juger les faux prophètes: «Attention aux faux prophètes. Ils viennent à vous vêtus de vêtements de mouton, mais intérieurement ce sont des loups féroces. A leur fruit, vous les reconnaîtrez» (Matthieu 7:15-16).

Les Écritures mettent en garde contre de nombreux faux prophètes dans le siècle à venir (Matthieu 7:15). Ces «loups déguisés en brebis» détourneront les fidèles de Dieu. Les chrétiens doivent faire preuve d'une extrême prudence lorsqu'ils traitent ce sujet.

La punition pour avoir parlé faussement au nom de Dieu était la mort (Deutéronome 18:20).

CHAPITRE 20

Interprétation Biblique et Prophétique des Symboles dans les Rêves et les Visions

Ce chapitre décrit de nombreux objets et symboles trouvés dans les Écritures qui font également partie des rêves spirituels. Je vais énumérer le premier endroit dans les Écritures où se trouve le mot et donner sa signification.

L'interprétation des symboles vous aidera à distinguer quand un rêve est symbolique et quand il est littéral. S'il y a quelque chose dans un rêve qui n'est pas littéral, alors le rêve entier doit être interprété comme si les objets et parfois même les personnes qu'il contient étaient des symboles.

Flèches
Nombres 24: 8. Moïse a dit que Dieu a vaincu ses ennemis en utilisant des flèches.

Significations possibles: les flèches étaient utilisées dans les batailles pour vaincre l'ennemi; les flèches tirées peuvent être une référence cryptique aux écritures citées et tirées vers l'ennemi. Si quelqu'un vous tire une flèche pour vous faire du mal, il se peut que des paroles destructrices soient dites contre vous (Psaume 64:3-4; Jérémie 9:8).

Si la flèche perce votre corps, en particulier votre cœur, elle peut représenter des mots prononcés pour faire souffrir votre cœur. Il se peut aussi que quelqu'un complote de loin la sorcellerie contre vous. Si vous avez un rêve de ce genre, lorsque vous vous réveillez, réprimandez-le, priez avec ferveur contre lui au nom de Jésus, et toute «arme formée contre vous» sera brisée ou renvoyée à l'expéditeur.

Oiseaux

Genèse 15:10. Abraham sacrifie les oiseaux sans les diviser sur l'autel.

Significations possibles: Dans la Bible, les oiseaux ne sont pas toujours perçus positivement. Quand les oiseaux ont mangé la nourriture du panier sur la tête du boulanger, Joseph a dit que l'homme serait exécuté et que les oiseaux mangeraient son corps; en fait, la tête de l'homme a effectivement été enlevée et les oiseaux ont mangé sa chair (Genèse 40:17-22). Dans la parabole du Nouveau Testament du semeur et de la graine, alors que le semeur dispersait la graine, certains sont tombés le long du chemin, et les oiseaux sont venus et ont mangé la graine. Le Christ a dit que ces oiseaux étaient Satan (Marc 4:1–20).

Les rêves d'oiseaux parlent de quelque chose de mal quand ils vous prennent quelque chose. Les oiseaux mangeant des graines représentent quelqu'un qui tente de voler quelque chose de vous ou de votre cœur. Les oiseaux sont utilisés comme métaphore des mauvais esprits (Apocalypse 18:2). Dans un rêve, si un oiseau cueille votre chair, cela peut signifier que vous rencontrerez des difficultés avec votre chair, soit par tentation, soit par une maladie physique. Si l'oiseau picore votre maison, cela peut faire référence à quelque chose qui pénètre dans votre maison et qui deviendra un problème pour vous plus tard.

Bateaux / Navires

Genèse 49:13. Jacob a prédit que Zabulun serait un refuge pour les navires.

Significations possibles: Nous pensons au voyage quand nous pensons à un bateau ou à un bateau. Dans le Nouveau Testament, de nombreux disciples étaient des pêcheurs qui possédaient leurs propres bateaux (Matthieu 4:21–22; Luc 5: 3–7). Les poissons sont capturés dans les filets et les bateaux transportent les prises; les bateaux peuvent suggérer le vaisseau du ministère utilisé pour amener les âmes. Le bateau est le véhicule utilisé pour servir. Un bateau évoque immédiatement un passage, vous transportant sur des profondeurs aquatiques.

Un rêve sur un bateau ou un navire signifie qu'il est en votre pouvoir de faire un long voyage ou un long voyage. Si le bateau ou le navire n'a pas de pilote, cela suggère que Dieu guide votre voyage. Les bateaux et les navires dans un rêve suggèrent généralement que vous êtes sur le point de résoudre un problème épineux.

Pain

Genèse 3:19. Dieu a dit que l'homme mangerait son pain à la sueur de son visage.

Significations possibles: Le pain est un aliment de base qui soutient la vie, en particulier parmi les empires de l'antiquité. Dans le Nouveau Testament, le Christ a enseigné que nous devons prier pour notre «pain quotidien» (Matthieu 6:11). Le pain peut faire allusion à la Parole de Dieu (Matthieu 4:4). Le Christ est appelé le «pain de vie» (Jean 6:35). Alors que le pain peut être un aliment littéral ou faire référence à l'approvisionnement alimentaire, dans un rêve spirituel, le pain est l'évangile qui nourrit les multitudes et satisfait notre âme.

Le pain symbolise la Parole de Dieu. Le pain est aussi un don de Dieu. Moïse a nourri le peuple du désert avec la manne qui est tombée du ciel. Pendant la dernière Cène, le pain est devenu le corps du Christ. Jésus a multiplié le pain pour nourrir la foule. Le pain est devenu un signe de partage; par conséquent, le pain dans un rêve est un bon présage. Si vous rêvez de manger du pain, c'est un signe de prospérité et de puissance. Le pain blanc dans votre rêve signifie que vous êtes sur le point de vous faire de nouveaux amis positifs. Cependant, si vous rêvez que quelqu'un donne quelque chose, quelque chose à manger, ce n'est généralement pas de bon augure; c'est un avertissement que vous avez un ennemi qui essaie de vous vaincre.

Taureau
Genèse 32:15. La liste des animaux de Jacob comprenait dix taureaux.

Significations possibles: Un taureau peut être une bête agressive. Les taureaux symbolisent la force et la fertilité. Psaume 22:12 (LSG) dit: «Des taureaux de Basan m'environnent.» Un taureau peut être un type d'esprit agressif ou une situation qui vous provoquera de l'agitation. Quelqu'un a autrefois rêvé que de nombreux taureaux couraient pendant une crise, et cela a été interprété comme la bourse, dont l'emblème à l'extérieur de Wall Street est un taureau en laiton.

Le taureau est un symbole d'endurance, de fertilité, de stabilité, de virilité, de force, de pondération, de détermination, de serviabilité et de confiance. La corne du taureau représente le pouvoir. Si vous voyez un taureau dans votre rêve, cela peut vous dire d'arrêter de douter et de vous affirmer davantage. Cela représente également l'entêtement.

Bétail
Genèse 1:24. Les bovins sont classés par nom au cinquième jour de la création.

Significations possibles: Dans la Bible, le bétail était associé à la prospérité personnelle, car il était la principale bête des champs souhaitée. Ils sont mentionnés 151 fois dans la version King James de l'Ancien Testament. Ils étaient utilisés pour le lait et la viande. Ils ont fourni de la nourriture. Joseph a vu sept bovins forts, puis sept faibles, indiquant une famine à venir (Genèse 41:21-26). Le bétail dans un rêve peut attirer votre attention sur votre prospérité personnelle ou professionnelle.

Chaînes
Genèse 41:42. Pharaon a mis une chaîne en or autour du cou de Joseph.

Significations possibles: Dans l'Ancien Testament, une chaîne a deux significations: la première est celle où une chaîne en or est placée autour du cou d'un chef (Daniel

5:7); Daniel a été honoré par le placement d'une chaîne en or autour de son cou. Il symbolisait l'élévation d'un individu, symbole de richesse et de statut. Dans un rêve, cela peut également représenter des émotions fortes. Le deuxième sens est celui où des chaînes sont placées sur quelqu'un pour le lier (Lamentations 3:7; Ézéchiel 16:11). L'homme de Gadara était lié par des chaînes (Marc 5:3). Pierre a été lié en prison par des chaînes (Actes 12:6-7), et les anges déchus sont liés par des chaînes (2 Pierre 2:4).

Dans un rêve, quelqu'un enchaîné peut faire référence à une sorte de servitude. Si vous êtes enchaîné, les gens peuvent essayer de vous placer dans une sorte de servitude spirituelle, vous captivant ou vous liant. Si les chaînes sont sur vos pieds, elles signifient un fardeau, une charge. Sur vos mains, ils arrêtent le travail que vous faites. S'ils sont au-dessus de votre bouche, ils essaient de vous faire taire. Dans un rêve, ils peuvent également symboliser une sorte de forte négativité ou des forces dans votre vie qui vous retiennent.

Blé / Maïs
Genèse 27:28. Isaac bénit Jacob avec une abondance de maïs et de vin.

Significations possibles: La version King James de la Bible utilise le mot maïs, qui apparaît plus de cent fois dans le livre saint. En vieil anglais, cela avait une signification différente. Au moment où la Bible King James a été traduite, «maïs» signifiait tout type de grain.

Le mot maïs vient du mot allemand korn, qui signifie «grain». La version King James traduit le mot hébreu dagan, qui signifie «grain», par «maïs» (Nombres 18:27; Lamentations 2:12; Genèse 27:28; et Deutéronome 28:51). Dagan représente tous les types de graines, grains, blé, orge, épeautre, pois, haricots, autres graines et céréales. Le mot victuailles indique généralement les provisions alimentaires, et le grain est un article principal de la nourriture (Genèse 42: 1–2, 19; Josué 9:14; Néhémie 10:31 LSG). Ainsi, «beaucoup de céréales» faisait partie de la bénédiction d'Isaac conférée à Jacob (Genèse 27:28).

En Occident, le maïs est une céréale principale qui est cultivée à l'échelle nationale pour la nourriture, le carburant et à d'autres fins. Rêver d'un champ de maïs peut impliquer l'impact économique d'un certain événement.

Aux États-Unis, les Amérindiens ont aidé les colons européens à planter du maïs, qu'ils ont appelé plus tard maïs en anglais. Wiktionary.org définit le maïs comme un type de grain; c'est une grande graminée annuelle à l'origine domestiquée au Mexique et largement cultivée pour ses grandes épis allongés de graines féculentes. Au fil des ans, le Nouveau Monde a utilisé le terme maïs pour désigner le maïs.

Dans la Bible, le mot maïs est utilisé pour le grain, qui est un symbole de fertilité et de naissance. Le maïs dans un rêve signifie croissance, fertilité, abondance et prospérité. Le maïs dans un rêve a généralement des significations positives. S'il s'agit de maïs cuit au four, cuit ou torréfié, cela signifie que vous devez être patient et persévérant dans ce que vous voulez réaliser; de toute façon, le résultat sera positif.

Le maïs dans un rêve est la bénédiction de Dieu, une faveur divine. La graine de maïs ou de céréales signifie croissance, fécondité et profit. Le maïs dans un rêve indique que vous vivrez longtemps. Le maïs est lié à la survie, car pendant les périodes économiques difficiles ou lors de catastrophes naturelles, les familles produisent généralement plus de maïs pour se nourrir.

Désert

Exode 3:1. Moïse est «au fond du désert» et regarde les moutons.

Significations possibles: Israël a erré dans le désert pendant quarante ans à cause de l'incrédulité (Deutéronome 2: 7), et Christ a été tenté par le diable dans le désert pendant quarante jours (Matthieu 4:1-2). On dit que les mauvais esprits marchent «dans des endroits secs» (Luc 11:24).

Le dictionnaire définit le désert comme un lieu apparemment dépourvu de vie; un lieu vide, inhabité, inoccupé, inhabité, abandonné; il définit la nature sauvage comme une étendue de terre non colonisée et non cultivée laissée dans son état naturel. La nature sauvage est également définie comme un désert, une région sauvage et inculte. Un désert sec dans un rêve peut faire référence à une période d'essai. Cela peut aussi signifier l'isolement et une période de solitude et de solitude. Il indique les obstacles et les difficultés pour les personnes dans le rêve, une métaphore de la lutte.

Dans Jérémie 17:5-6 (NIV), le «désert» est appelé «une terre salée où personne ne vit». Rêver d'un désert représente une situation complètement insensible, totalement indifférente à vos sentiments ou à votre bonheur. Cela dénote quelque chose dans votre vie qui est déplaisant, froid, insignifiant, manquant de respect. Cela indique un manque d'énergie, un symbole de solitude, de vide, de stérilité, quelque chose qui est insupportablement ennuyeux ou sans fin. Une amitié ou une relation peut s'effondrer. Cela reflète un sentiment de vide à l'intérieur, de s'ennuyer ou que personne ne se soucie de vous.

Chien
Philippiens 3:2. Paul a écrit: «Méfiez-vous des chiens».

Significations possibles: lorsque la Bible utilise le terme chien pour désigner les gens, elle ne parle pas d'un animal domestique mignon. Il dit que ce sont des gens impies, dangereux et sauvages. Quand Paul dit: «Méfiez-vous des chiens», il les appelle des méchants, des mutilateurs de la chair; il les appelle des gens mal intentionnés. Il dit que ce sont des gens qui font le mal; il dit qu'ils sont faux.

Le mot chien est mentionné neuf fois dans le Nouveau Testament et trente-deux fois dans l'Ancien Testament. Psaume 22:16-21 les qualifie de gang maléfique. Apocalypse 22:13-16 les définit comme des personnes qui pratiquent la sorcellerie, qui adorent de faux dieux et qui aiment les mensonges. Proverbes 26:11–12 les appelle des imbéciles. Dans les temps anciens, les chiens se promenaient généralement, sans maître, et étaient considérés comme impurs. Dans un rêve, un chien sale et sale est le symbole d'une personne impure, et un chien vicieux est une personne violente. Un chien noir dans un rêve avec de grands yeux brillants est généralement associé au diable ou à un fantôme. Son apparition dans un rêve est perçue comme un présage de mort.

Cependant, les chiens en Amérique sont appréciés comme animaux de compagnie. Les Américains les traitent comme des humains. Une nouvelle recherche a révélé que les couples mariés sans enfants dépensent une fortune pour leurs chiens. D'autres recherches ont montré que les chiens entretiennent une relation très spéciale avec leurs soignants. De nouvelles recherches suggèrent que les chiens réagissent aux larmes des gens. Ainsi, les chiens ont des sentiments.

Selon l'enquête nationale 2019-2020 sur les propriétaires d'animaux de compagnie menée par l'American Pet Products Association (APPA), 67% des ménages américains, soit environ 85 millions de familles, possèdent un animal de compagnie. Sur la base de tout ce qui a été dit sur les chiens, certains interprètes de rêve pensent que les chiens symbolisent l'amitié, la protection, les conseils, la fiabilité, l'obéissance et la tutelle. D'autres interprètent les chiens dans un rêve comme de l'amour, de la loyauté, de la fidélité et de la fidélité.

Porte
Jean 10:9. Dieu dit: «Je suis la porte.»

Significations possibles: Une porte symbolise une transition, ou un changement, ou un passage d'un endroit à un autre. Une porte ouverte est une opportunité ouverte ou l'ouverture que vous devriez voyager (Apocalypse 3:8, 4:1). Colossiens 4:2-4 dit que si nous prions, Dieu ouvrira la porte. Dieu lui-même dit qu'Il est la porte, ce qui signifie techniquement qu'Il est le gardien, la personne qui contrôle l'accès au passage (Jean 10: 9, 14: 6; Actes 4:12).

Dans un rêve, une porte représente une opportunité, un espoir, une transformation, un nouveau départ. Une porte fermée ou verrouillée indique une opportunité fermée ou un obstacle à votre progression. Cela dénote également la fin d'une liaison. Lorsque la porte est fermée, cela indique que quelqu'un parle de vous ou bavarde dans votre dos.

Tremblement de terre
1 Rois 19:11. Élie a connu un tremblement de terre qui a secoué la montagne.

Significations possibles: Un rêve de tremblement de terre peut être très littéral, comme première interprétation simple. Un tremblement de terre est une secousse soudaine et violente du sol qui provoque des perturbations, de grandes destructions et des dommages, en fonction de l'ampleur du séisme. La Bible le définit comme une terrible perturbation (Luc 21:11).

Dans un rêve, un tremblement de terre peut faire référence à un changement inattendu et désagréable dans la vie du rêveur qui peut se produire bientôt. Les tremblements de terre divisent parfois les terres; par conséquent, dans un rêve, cela pourrait signifier qu'une division quelconque est dans le futur. Si le tremblement de terre se produit à la maison, il est fort probable que quelque chose d'important dans la famille se produise bientôt; si au travail, quelque chose est sur le point de se produire sur le lieu de travail.

Champ

Genèse 2:5. Dieu parle des herbes et des plantes dans le champ.

Significations possibles: l'ancien Israël a été construit sur des cycles d'agriculture et de plantation. Les champs étaient utilisés pour l'orge et le blé (Deutéronome 8: 7-10). Contrairement au désert, un champ désigne une région cultivée (Genèse 33:19, 36:35). Une terre cultivée de quelque étendue que ce soit était appelée un champ (Genèse 23:13, 17; Genèse 41:8; Lévitique 27:16; Ruth 4: 5; Néhémie 12:29).

Jérémie 17:3 fait référence aux possessions et aux trésors en parlant d'un champ. Dans un rêve, un champ symbolise la prospérité, la croissance, la fertilité. Cela peut aussi représenter la liberté. Un champ vert dans un rêve représente une grande abondance, bonheur, richesse, fortune, progrès et honneur. Dans les paraboles du Nouveau Testament, le champ est le monde et la moisson (Matthieu 13:38).

Feu

Genèse 19:24. Dieu a fait pleuvoir du feu sur Sodome et Gomorrhe.

Significations possibles: Le Saint-Esprit est représenté par le feu, qui brûle et détruit nos ennemis. La Bible révèle que la Parole de Dieu est comme le feu (Jérémie 5:14). Au sens figuré, le feu éclaire, il se réchauffe et il consomme aussi. Le feu peut aussi détruire, faire souffrir et causer la mort.

Le feu est mentionné 549 fois dans la traduction de la Bible King James Version. Dans de nombreux cas, il est utilisé pour décrire un jugement (Genèse 19:24), le feu pour un sacrifice (Genèse 22:6), ou se réfère à Dieu comme quand Il s'est manifesté sous forme de feu (Exode 13: 21-22). Les lèvres d'Ésaïe ont été nettoyées par des charbons ardents provenant de l'autel (Ésaïe 6:5-7). Une conversation incontrôlée est comparée à un feu (Jacques 3:5-6). Certains types de tentations sont appelés «épreuves ardentes» (1 Pierre 4:12).

Le feu sera utilisé pour indiquer le retour du Christ (2 Thessaloniciens 1: 8), pour détruire le monde (2 Pierre 3:10–12) et pour punir les méchants (Matthieu 25:41; Apocalypse 21: 8). Le feu descend du ciel de Dieu et dévore le mal. Satan est alors jeté à jamais dans l'étang de feu (Apocalypse 20:7-10). Le feu dans un rêve représente la supériorité et le contrôle. Pour les chrétiens, le feu est un symbole d'empressement religieux et de martyre. Selon le contexte, le feu peut symboliser la destruction et une colère intense. Le feu peut désigner une épreuve, des paroles négatives prononcées, une purge de quelqu'un. Cela peut aussi signifier passion, désir fort, obsession incontrôlable.

Poisson
Genèse 1:26 dit que nous avons eu la domination sur les poissons de la mer.

Significations possibles: La mer est un symbole de puissance, de force, de vie, de prospérité, de pardon et parfois de danger. Si vous rêvez de poissons nageant à la surface de la mer, cela signifie richesse, prospérité, amour et satisfaction, mais si vous rêvez de poissons nageant au fond de la mer, cela signifie danger. Si vous vous voyez attraper du poisson à l'aide d'une canne ou d'un filet, cela indique le succès, la victoire, le triomphe de quelque chose que vous êtes sur le point de commencer. Si vous vous voyez attraper du poisson à mains nues, cela indique des rumeurs, des rumeurs, des accusations, des rumeurs, des rumeurs. Pour une femme enceinte, les rêves d'un poisson peuvent représenter le bébé.

La Pêche
Luc 5:1–7. Plusieurs des disciples du Christ étaient des pêcheurs.

Significations possibles: Les poissons sont mentionnés dans les deux testaments. Ezéchiel 47:10 parle d'étendre des filets pour attraper de nombreux poissons. Dans un rêve, la pêche est généralement une indication du ministère et d'atteindre les âmes. Si vous rêvez de pêcher dans un lac, si le lac est petit, c'est un plus petit ministère; s'il est grand, il indique une grande église ou un ministère. Ainsi, vous attraperez une grande quantité d'âmes pour Dieu, car attraper du poisson dans la Bible signifie gagner des âmes (Matthieu 28:19-20). La capture du poisson indique également l'abondance et la prospérité, car la pêche est une entreprise prospère.

Une canne à pêche symbolise un ministère de l'église locale, mais un filet indique un impact mondial. Si vous rêvez d'attraper un gros poisson, vous serez béni dans votre effort; cela dénote la joie et le triomphe. Si vous rêvez d'un poisson nageant à la surface de l'eau, cela signifie qu'un héritage se profile à vous, mais si vous rêvez d'un poisson au fond de l'eau, cela peut signifier un danger ou une richesse que vous devez creuser pour acquérir. Si vous vous voyez attraper le poisson à mains nues, vous pouvez être impliqué dans une sorte de commérage ou d'accusation, en particulier des accusations ou insultes injustes, ou votre réputation peut être en jeu.

Sur une note différente, comme les poissons dans l'océan sont généralement associés à la nage du sperme et à l'eau liée à la vie, le rêve d'un poisson nageur dénote la conception, la fertilité et la croissance. Cela signifie également que vous pourriez attendre un bébé. Cela peut également représenter l'abondance et la richesse. Si vous vous voyez attraper un poisson, le cuire ou le manger, cela dénote la domination et le contrôle.

Fleurs
Exode 25:31. Les fleurs sont citées lors de la description des offrandes pour le Tabernacle.

Significations possibles: les fleurs apparaissent une fois que l'hiver est passé et que le printemps arrive (Cantique de Salomon 2:11–12). Les fleurs dans la Bible sont décrites comme quelque chose de beau, d'agréable et même délicieux au goût et à l'odeur. Il dit que les croyants en Christ qui restent proches de Dieu seront comme ces fleurs. La Bible utilise les fleurs comme images de beauté, de croissance, de fertilité; une vallée représente la vie, les secrets, quelque chose de sûr, car les roses sont protégées par des épines (Cantique de Salomon 4:13–14; Ésaïe 28:1).

Les fleurs indiquent généralement un nouveau départ, un dépassement de l'ancien et l'initiation du nouveau après une saison de repos. Les fleurs indiquent le bonheur; un bouquet de fleurs est un symbole de spiritualité et de perfection. Recevoir un bouquet de fleurs dans un rêve représente la récompense, l'acceptation et le respect. Les fleurs dans un rêve symbolisent la résurrection, la naissance et la renaissance. Les fleurs qui n'ont pas fleuri indiquent les stades précoces ou infantiles d'un nouveau départ. Les fleurs en pleine floraison dénotent le bonheur, le confort et la richesse. Cueillir des fleurs dans un rêve suggère que vous serez récompensé; c'est un symbole du bonheur des affaires et de la famille en plein essor.

La couleur des fleurs peut également avoir une importance. Le bleu est la troisième couleur primaire. Le bleu signifie spirituellement le pouvoir de guérison de Dieu. La guérison est le sujet le plus inspirant, et la couleur bleue représente, Bibliquement, la Parole de Dieu (Nombres 15:38–41). On pense que la couleur bleue éloigne les mauvais esprits. Les fleurs rouges symbolisent généralement la romance, l'amour et la passion, mais le rêveur doit regarder le contexte et le sentiment du rêve, car ils indiquent parfois la colère ou la violence.

Recevoir un bouquet de fleurs colorées dans un rêve indique que vous êtes aimé par de nombreuses personnes. Un jardin de fleurs blanches dans un rêve indique un signe de chagrin. Les fleurs fanées indiquent la déception ou la dépression. Ils peuvent également représenter la mort. Un arrangement floral de roses rouges et blanches symbolise ensemble la crucifixion et la résurrection.

Renards

Juges 15:4. Samson a attrapé des renards, les utilisant pour incendier les champs des Philistins.

Significations possibles: Les renards sont de petits animaux connus pour être rusés et subtils. Ils se faufilent, font leurs dégâts, puis sortent avant d'être détectés. Dans la littérature, les renards sont dépeints comme mauvais et corrompus. Dans Luc 13:33, après qu'un groupe de pharisiens a averti Jésus qu'Antipas complotait sa mort, Jésus a dénoncé le gouverneur comme un renard et a déclaré que Lui, Jésus, ne serait pas victime d'un tel complot. Le Cantique de Salomon 2:15 parle des «petits renards qui pillent les vignes».

Un renard dans un rêve met généralement en garde contre les faux amis malhonnêtes. Les renards dénotent également la solitude. Un renard peut représenter quelqu'un qui travaille derrière votre dos, que vous ne remarquez pas, mais qui entrave lentement ce que vous faites. En «gâtant les vignes», la croissance spirituelle ou le flux du Saint-Esprit est perturbé et le fruit n'apparaît pas. Les renards dans un rêve peuvent également symboliser l'intelligence et la sagesse, mais cela peut également indiquer la tromperie et les mensonges. Voir un renard dans un rêve suggère un grand changement imprévisible, un sens élevé de conscience.

Chèvre

Genèse 15:9. Dieu a demandé à Abraham d'offrir une chèvre en sacrifice.

Significations possibles: les chèvres ont été utilisées deux fois pour tromper. Jacob plaça des poils de chèvre sur ses bras, se faisant passer pour Ésaü, pour tromper son père (Genèse 27:16), et les frères de Joseph trempèrent son manteau coloré dans du sang de chèvre et le présentèrent comme un signe qu'il avait été tué par un animal (Genèse 37:31). Une chèvre est une image négative dans le Nouveau Testament et peut représenter une tromperie. Dans la Bible, les chèvres représentent des hommes méchants, des oppresseurs, des forces démoniaques et des pécheurs impénitents. Le jour du jugement dernier, les brebis seront séparées des chèvres (Matthieu 25:33). Dans un rêve, les chèvres dénotent la tromperie, bien qu'elles puissent également prédire la richesse; cela peut impliquer d'être prudent ou d'économiser de l'argent.

Bijoux (or et argent) ou pierres précieuses
Deutéronome 8:11-14. L'or et l'argent sont des produits de Dieu; ils lui appartiennent.

Significations possibles: Rebecca a reçu des bijoux du serviteur d'Abraham (Genèse 24:53). Des bijoux ou des pierres précieuses ont été remis des Égyptiens aux Hébreux partants, qui ont utilisé l'or, l'argent et les bijoux pour construire le tabernacle dans le désert (Exode 11: 2, 12:35, 35:22). Au jugement dernier, les bonnes œuvres seront récompensées par «de l'or, de l'argent et des pierres précieuses» (1 Corinthiens 3:12).

Rêver de pierres précieuses ou de métaux précieux est un signe qu'un grand cadeau arrive, comme des bénédictions financières ou d'autres récompenses.

L'or et l'argent symbolisent la valeur. Proverbes 3: 4 les utilise comme des mesures significatives de la valeur encore plus grande de la sagesse. L'or signifie la pureté. L'or et l'argent représentent la richesse et la richesse. L'or dans un rêve symbolise la richesse, la guérison, le bonheur, la réussite et le bien-être financier. L'or est associé à la grandeur, à la prospérité et au glamour, ainsi qu'à l'amour, à la compassion, au courage et à la passion.

L'argent dans un rêve symbolise la perspicacité, la maîtrise de soi, la responsabilité, l'intuition, la justice et la pureté. Voir de l'argent foncé dans un rêve est un signe de chagrin, de destruction et de honte. Acheter de l'or dans un rêve signifie une faveur; cela signifie aussi privilège, comme le dit le dicton commun, «né avec une cuillère en argent dans la bouche». Bien que l'or dans un rêve suggère la richesse, cela peut aussi signifier commencer à économiser de l'argent et ne pas le dépenser inutilement.

Agneau
Genèse 22:7–8. Abraham a prédit que Dieu fournirait un agneau pour l'offrande.

Significations possibles: L'agneau est mentionné plus de cinq cents fois dans la Bible, plus que tout autre animal. L'agneau représente la souffrance du Christ et son triomphe. Dans toute la Bible, un agneau symbolise le sacrifice ultime: «Voici l'Agneau de Dieu qui enlève le péché du monde» (Jean 1:29). Jésus, le Grand Berger, a dit à Pierre de «paître mes agneaux» (Jean 21:15). Ainsi, les agneaux dans un rêve spirituel indiquent un troupeau de croyants ou l'église.

Un agneau est tout le contraire d'un lion. Dans un rêve, un agneau symbolise la douceur, la douceur, la paix, la pureté, l'innocence, le pardon et l'humilité. Un mouton noir a toujours été utilisé pour décrire un individu étrange, peu recommandable, malhonnête, scandaleux ou honteux au sein d'une famille ou d'un groupe. L'apparition d'un agneau dans un rêve représente le pardon de quelqu'un qui vous a fait du mal; il symbolise également l'amour et la chaleur. Voir un agneau dans un rêve peut aussi signifier que vous vous dirigez vers une situation d'innocence et de naïveté, mais que vous êtes sur le point de faire face au danger.

Lampe
Genèse 15:17. Dieu est passé entre le sacrifice d'Abraham avec une lampe allumée.

Significations possibles: Une lampe fournit de la lumière dans l'obscurité. Les commandements et la Parole de Dieu sont comparés à une lampe (Psaume 119: 105; Proverbes 6:23). Dans la parabole des dix vierges, toutes avaient des lampes, mais cinq vierges manquaient d'huile supplémentaire et n'avaient pas de lumière lorsque l'appel est venu (Matthieu 25:1-8). Une lampe allumée est un signe que la lumière de la Parole est présente.

Une lampe éteinte peut faire allusion à l'absence de lumière ou de vérité. Dans un rêve, une lampe représente l'illumination et l'espoir. Il symbolise la lumière, la divinité, la sagesse et l'intellect. Comme la lumière apporte de la luminosité, une lampe représente également une porte d'entrée, la prospérité et l'abondance. Dans un rêve, cela représente également des conseils, une perspicacité, un réconfort, de nouvelles idées et des visions. Une lampe éteinte indique un manque de perspicacité ou de perspective.

Main gauche
Genèse 13:9. Abraham dit à Lot de choisir la terre à leur gauche ou à leur droite.

Significations possibles: nous vivons dans un monde droitier, où l'histoire a ridiculisé ceux qui sont gauchers. L'histoire a considéré la gaucherie comme étrange, indésirable et même antisociale. Les gauchers ont été persécutés et étiquetés comme méchants et même appelés sorcières. En plus de tout cela, en latin, le mot pour gauche est sinistra, qui signifie aussi «mal». De même, nous disons qu'une personne maladroite a «deux pieds gauches».

Même la tradition rabbinique établit l'enfer à gauche de Dieu et le ciel à Sa droite (Midrash sur Psaume 90:12). Mais une telle attitude hostile à la gaucherie ne peut être trouvée dans l'Écriture. La Bible ne traite pas les gauchers comme des mauvais. Au lieu de cela, il dit que c'est un avantage d'être gaucher au combat (Juges 3:15-30, 20:16; 1 Chroniques 12:2). Et en fait, il raconte des histoires héroïques de gauchers, comme Ehud; dans Juges 3:15-30, Ehoud a été envoyé par Dieu pour délivrer les Israélites des Moabites. Il est décrit comme l'un des soldats gauchers de la tribu de Benjamin dans Juges 20:16 et dans 1 Chroniques 12:2 (de manière fascinante, Benjamin en hébreu signifie «fils de ma main droite»).

En hébreu et dans d'autres anciennes langues sémitiques et mésopotamiennes, le terme «gauche» était un symbole de pouvoir ou de garde.

Et rappelez-vous, l'Archange Gabriel est assis à la gauche de Dieu. La fonction principale de Gabriel dans Daniel est celle d'un révélateur, un rôle qu'il continue. Daniel est le premier personnage Biblique à se référer à des anges individuels par leur nom, mentionnant Gabriel comme le principal messager de Dieu (Daniel 9:2). Dans le livre d'Ézéchiel, Gabriel est l'ange qui a été envoyé pour détruire Jérusalem. Gabriel prend la forme d'un homme et se tient à la gauche de Dieu (Luc 1:1 et Jewish Encyclopedia 1906).

De plus, dans Job 23:9, Job rappelle la bénédiction de Dieu et ses épreuves actuelles; il implique que bien qu'il ne puisse pas voir Dieu, quand il est à sa gauche, le Seigneur est à l'œuvre de sa main gauche. Certains rabbins enseignent que Dieu a créé la lumière avec sa main gauche et les ténèbres avec sa droite. La main gauche fait référence à une période d'épreuve ou à une saison où il peut sembler que Dieu ne travaille pas pour nous.

Aujourd'hui, une nouvelle étude suggère que les gauchers sont rares en raison de l'équilibre entre coopération et compétition dans l'évolution humaine. Ils ne représentent que 10 pour cent de la population humaine générale. La recherche confirme que les gauchers ont été considérés avec suspicion et ont été persécutés à travers l'histoire.

De nos jours, puisque nous vivons dans un monde conçu pour les droitiers, les gauchers sont obligés de trouver des solutions créatives. Les gauchers pensent différemment. Leur cerveau droit est généralement dominant, et c'est là que la créativité et l'intuition sont centrées. Leur cerveau est structuré différemment de celui des droitiers de manière à leur permettre de traiter le langage, les relations spatiales et les émotions de manière plus diversifiée et potentiellement créative.

De plus, un nombre légèrement plus élevé de gauchers que de droitiers sont particulièrement doués en musique et en mathématiques. Il leur est donc souvent plus facile d'être créatif que logique. Les gauchers ont tendance à avoir un cerveau moins latéralisé, ce qui signifie que les deux moitiés du cerveau sont moins distinctes que chez les droitiers. Une autre étude suggère qu'ils sont très adaptables.

Les gauchers sont plus susceptibles d'être des génies. Il existe une croyance populaire persistante selon laquelle Albert Einstein était gaucher, mais il n'y a aucune preuve qu'il l'était, et cette affirmation a été qualifiée de mythe. Mark Zuckerberg, qui a créé Facebook, est peut-être gaucher.

Huit présidents américains étaient gauchers.

En 1992, les trois candidats à la présidence, George H. W. Bush, Bill Clinton et Ross Perot, étaient gauchers. Clinton a été le troisième président consécutif à être gaucher.

James Garfield, le vingtième président des États-Unis, était le seul président gaucher connu avant le tournant du vingtième siècle. Herbert Hoover, le trente et unième président des États-Unis, était également gaucher.

Harry S. Truman, trente-troisième président des États-Unis, a écrit pour gaucher dans son enfance, mais a été forcé par ses parents d'apprendre à écrire pour les droitiers.

Gerald Ford, le trente-huitième président des États-Unis, était gaucher mais changeait d'avant en arrière.

Ronald Reagan, le quarantième président des États-Unis, était gaucher, mais a été contraint par des enseignants d'écrire à droite.

Barack Obama, le quarante-quatrième président des États-Unis, avait des blagues pour tous ceux qui avaient remarqué qu'il était gaucher lors de son entrée en fonction.

Par conséquent, voir une personne gauchère dans un rêve est un symbole positif. Selon Aristote, «la main est l'outil des outils». Dans un rêve, les mains symbolisent généralement la sociabilité humaine, les relations, le contrôle, la gestion, la force, l'hospitalité, la stabilité, le pouvoir et la protection. Voir la paume de votre main indique le destin. Tenir quelque chose entre vos mains est un symbole de votre destin. Se laver les mains dans un rêve signifie mettre fin à quelque chose de mal. Dans un rêve, la main gauche représente la douceur, la générosité et la justice. Il symbolise également la royauté.

Foudre / Tonneau
2 Samuel 22:15 parle de la puissance de Dieu dispersant ses ennemis par la foudre.

Significations possibles: La foudre décharge naturellement de l'électricité causée par des déséquilibres entre les nuages d'orage et l'atmosphère et le sol. Quand il frappe dans le naturel, il libère de l'énergie qui peut provoquer un incendie, une destruction, etc. La foudre est un phénomène naturel magnifique mais mortel. La Bible mentionne assez souvent ce phénomène. Le nom hébreu Barak, également orthographié «Baraq», signifie «éclair». La signification de la foudre dans un rêve dépend du cadre et des circonstances.

Dans un rêve, si la foudre frappe par temps clair, cela peut indiquer une tempête à venir que vous ne voyez pas. S'il frappe pendant une tempête, cela indique que des événements violents ou troublants se dérouleront. La foudre dans un rêve est un symbole d'énergie et de puissance. Il peut générer de l'énergie, mais il peut aussi détruire, selon la situation. La foudre dans un rêve peut indiquer une inspiration ou une intuition; cela peut aussi représenter une punition. «Ton tonnerre éclata dans le tourbillon, Les éclairs illuminèrent le monde; La terre s'émut et trembla» (Psaume 77:18 LSG). Une tempête avec de fortes pluies et des éclairs est un symbole de colère et de conflits sur le point d'éclater.

Boiterie / Blessure
Genèse 32: 1–31. Jacob a lutté avec un homme (ou un ange, ou Dieu) qui a touché sa hanche, le rendant mou.

Significations possibles: L'histoire de Jacob boitant est un récit fascinant et l'une des histoires les plus largement interprétées du livre de la Genèse. Jacob était en fuite loin de son frère, qui le pourchassait avec quatre cents hommes. Jacob paniqua, supposant qu'Ésaü venait l'attaquer. Jacob a prié Dieu pour la délivrance, et tandis qu'il était seul dans la nuit, il se bat avec quelqu'un pendant toute la nuit jusqu'à l'aube. Lorsque Jacob ne voulait pas lâcher prise, le lutteur a touché la cuisse de Jacob et l'a disloquée. Jacob s'éloigna en boitant.

La Bible dit que cette rencontre a radicalement changé la vie de Jacob. Son nom a été changé en Israël, car il a gagné et reçu la sagesse. Boiter dans un rêve signifie être incapable d'atteindre un objectif, devenir incapable ou être incapable de conclure un projet. Sur une autre note, boiter dans un rêve signifie également acquérir la sagesse, la connaissance et la croissance. Si vous voyez quelqu'un d'autre boiter dans votre rêve, cela peut signifier que cette personne a besoin de votre aide.

Criquets
Exode 10:14. Dieu a envoyé une plaie de sauterelles sur l'Égypte.

Significations possibles: les criquets font partie des ravageurs les plus dangereux car ils ont la capacité d'essaimer et de voler sur de grandes distances. Ils dévorent tout ce qui est vert et en croissance. Ils peuvent anéantir les plantes et les feuilles des arbres (Exode 10). Si ces insectes ne sont pas détruits, ils peuvent lentement détruire une récolte entière (Joël 1:4). Les criquets sont petits, mais lorsqu'ils sont réunis en essaim, ils sont une grande agitation.

Dans un rêve, un criquet est une petite créature et peut symboliser de petites choses qui se combinent pour agiter et créer des problèmes que vous devez combattre. Les criquets dans un rêve symbolisent quelque chose qui nécessite une attention urgente. Cela pourrait être émotionnel dans une relation, ou cela pourrait être vos finances ou votre carrière.

Viande

Genèse 9:3-4. Vous ne devez jamais manger de viande qui contient encore du sang.

Significations possibles: C'était un ordre adressé à Noé et à ses fils, mais cette instruction était également destinée aux générations qui les suivaient. Dans le verset précédent, «toute chose en mouvement qui vit sera pour vous de la nourriture», Dieu a clairement indiqué que l'humanité est libre de manger toute sorte de créature qui bouge. Cela inclut les oiseaux, les poissons, les bêtes et les choses rampantes. New Living Translation (NLT), New International Version (NIV) et Christian Standard Bible (CSB) disent «viande»; la version anglaise standard (ESV), la version King James (KJV) et la New American Standard Bible (NASB) l'appellent «chair».

Cependant, alors que Dieu nous permet de manger de la chair animale, Il inclut une restriction: les humains ne doivent pas manger le sang de ces animaux. Le verset décrit le sang comme la vie de l'animal. Puis plus tard, sous la loi de Moïse, les Israélites sont tenus de drainer le sang des animaux avant de les consommer. Par conséquent, rêver de viande crue ou crue est un mauvais présage.

De plus, Romains 14:21 dit qu'il est bon de ne pas manger de viande. 1 Corinthiens 8:13 NIV dit: «Je ne mangerai pas de« chair »tant que le monde sera debout.» Le mot chair, cependant, est dérivé du mot grec kreas, qui signifie la chair d'un animal sacrifié. Ainsi, rêver de manger de la viande, cuite ou non, n'est pas un bon signe; en fait, c'est un rêve démoniaque.

Si vous rêvez que vous mangiez ou que quelqu'un vous serve ou vous offre de la viande cuite ou crue (ou tout autre type de nourriture), cela pourrait être quelqu'un qui fait de la sorcellerie contre vous, sacrifiant une sorte d'animal et vous le nourrissant spirituellement. Dieu vous a donné la capacité de le voir. Au réveil, ne paniquez pas; réprimandez-le, priez abondamment contre cela au nom de Jésus et dites: «Aucune arme formée contre moi ne prospérera.» La viande non cuite indique également des affaires inachevées et des moments difficiles. Il peut également s'agir de problèmes de santé ou d'argent. Manger de la viande crue dans un rêve dénote des plans ratés ou des objectifs non réalisés.

Mais si vous rêvez de cuire de la viande, c'est bon signe; il symbolise la richesse matérielle, la joie ou une annonce que vous pourriez bientôt vivre. Il symbolise la créativité, le confort, le bien-être. Acheter de la viande dans un rêve signifie que vous êtes sur le point de recevoir bientôt un cadeau.

Montagne
Genèse 7:20. Le déluge a prévalu au-dessus des montagnes à l'époque de Noé.

Significations possibles: Les montagnes ont de nombreuses applications. S'asseoir ou vivre sur une montagne peut faire allusion à une grande victoire ou réalisation, alors que l'arche de Noé a atterri et s'est reposée sur le mont Ararat, où Noé a vu l'arc-en-ciel de la promesse de Dieu (Genèse 8:4).

On pense qu'une montagne dans un rêve contient une inspiration divine. Il symbolise l'élévation, l'augmentation, la promotion, la constance, la force, la puissance, le guidage et l'élévation au-dessus. Jésus est allé sur la montagne pour prier, recevoir de la force et être guidé (Marc 6:46).

Les montagnes ne bougent pas; ils sont le symbole ultime de stabilité. Si vous vous voyez dans un rêve sur un sommet de montagne, cela dénote la stabilité. Cela indique également que vous êtes sur le point de recevoir une énorme faveur ou un cadeau, ou d'atteindre un objectif; cela signifie une victoire absolue (Exode 24:12). Si vous vous voyez escalader une montagne, cela symbolise que vous êtes sur le point de surmonter une grande lutte ou que vous êtes sur le point d'atteindre enfin votre objectif.

Bien que les montagnes ne bougent pas, si vous vous voyez devant ou au pied d'une montagne, que vous soyez debout ou que vous tentiez de l'escalader, votre rêve peut faire allusion à une situation qui demande des efforts à gérer. Cela symbolise le travail acharné pour surmonter un obstacle. Les montagnes dans un rêve peuvent être des difficultés qui doivent être éliminées par la foi.

Lorsque Jésus parle de montagnes déplacées, ou encore plus dramatiquement «jetées à la mer», à la suite d'une prière fidèle, Il vous fait savoir délibérément que tant que vous priez fidèlement, vous pourrez enlever cette montagne (Matthieu 17:20). Lorsque vous invoquez Dieu dans vos prières, vous pouvez déplacer ou même briser cette montagne, car avec la présence de Dieu, aucune montagne ne peut tenir. «Les montagnes tremblaient en présence du Seigneur, ce Sinaï, en présence du Seigneur, Dieu d'Israël» (Juges 5: 5). Si vous rêvez de vous-même en train de descendre une montagne, cela peut symboliser qu'il est temps de prendre du recul par rapport à quelque chose ou à quelqu'un, ou à une perte de pouvoir ou de force; c'est donc un avertissement pour commencer à prier (ou prier plus fort).

L'huile

Genèse 28:18. Jacob versa de l'huile sur un rocher pour marquer le lieu de visite.

Significations possibles: L'huile est une métaphore de la présence du Saint-Esprit. Il y a 191 références aux huiles dans la Bible. Dans toute la Bible, l'huile est utilisée pour marquer un lieu sacré ou pour oindre des objets ou des personnes sacrés, y compris les rois, les prophètes et les prêtres (Exode 28:41; 1 Samuel 16:12; Zacharie 4:14). Jacques a demandé aux anciens de prier sur les malades, «en l'oignant d'huile au nom du Seigneur», pour leur guérison (Jacques 5:14). L'huile a également été utilisée lorsque Samuel a oint David pour être le premier roi d'Israël (1 Samuel 16:13).

L'huile est un symbole très positif dans un rêve. Il est souvent lié au ministère, à l'onction du Saint-Esprit ou à l'appel de Dieu pour son œuvre et son service. L'huile dans un rêve symbolise la puissance du Saint-Esprit. L'huile dans un rêve représente que les choses se passeront bien; cela indique une croissance positive des finances. Des changements positifs sont à venir, avec le succès et la prospérité. Cela signifie également la paix et la victoire. Cela signifie simplement que le Saint-Esprit a pris le dessus et est en charge.

Prostituée
Genèse 34:31. Siméon et Levi étaient en colère que leur sœur soit traitée comme une prostituée.

Significations possibles: l'Ancien Testament définit la prostituée comme une femme infidèle, promiscuité ou immorale. Dans Apocalypse 17, une prostituée chevauche la bête représentant le royaume final. Rêver d'une prostituée indique la séduction de la mauvaise personne. Une prostituée dans votre rêve est un avertissement pour faire attention à une personne malveillante ou à une personne sournoise et malhonnête, ou à quelqu'un qui prétend être votre ami. Notez que la séduction peut venir d'une personne ou d'un esprit qui va à l'encontre de votre esprit et de vos croyances.

Pluie
Genèse 2:5. Dans le jardin d'Eden, Dieu ne l'avait pas encore fait pleuvoir sur la terre.

Significations possibles: À l'exception du déluge de Noé (Genèse 7–8), la pluie en elle-même (sans inondation ni éclair) est un bon signe de la bénédiction du Seigneur. Il est très important pour la survie des plantes et des animaux, car il fournit à la terre de l'eau douce. Il apporte croissance et fruits aux plantes et aux arbres. «Alors je vous donnerai vos pluies… et la terre produira son produit, et les arbres des champs donneront leurs fruits» (Lévitique 26:4).

Dans un rêve, la pluie indique la fertilité, un nouveau départ, un renouveau, une saison florissante pour vous, une augmentation des finances et de la prospérité. Si la pluie tombe sur vous, cela signifie que vous serez bientôt lavé de vos difficultés et de vos ennuis. Si vous rêvez que la pluie n'est pas tombée sur vous ou ne vous a pas touché, cela peut indiquer que vous n'avez pas reçu de bénédiction, car vous avez un péché qui n'a pas été emporté. Si vous regardez la pluie tomber, ou si vous l'entendez tomber, cela symbolise la grâce, le pardon, la miséricorde et le pardon. Cependant, de fortes pluies accompagnées d'inondations et d'éclairs symbolisent la tristesse, le désespoir, le rejet, la solitude et la dépression.

Main droite

Genèse 13:9. Abraham a dit à Lot de choisir entre le côté droit et gauche.

Significations possibles: Dans la Bible, être du bon côté est identifié comme étant dans une place d'honneur particulière (Luc 14: 8). La culture ancienne considère la main droite comme une autorité ou un pouvoir. La mère de Jacques et de Jean voulait que Christ place ses fils à sa droite (Matthieu 20:21). Le Christ est assis au ciel à la «droite de Dieu» (Actes 7:55-56). Christ a sept étoiles dans sa main droite (Apocalypse 1:20) et le livre aux sept scellés est dans la main droite de Dieu (Apocalypse 5:1, 7).

Le nom Benjamin signifie «fils de ma main droite», comme la main droite symbolise le fait d'avoir la faveur et de recevoir l'autorité et la position (voir «Main gauche» ci-dessus). Alors que l'Écriture contient très peu de choses sur la main gauche de Dieu, on en dit plus sur sa main droite. La main droite est souvent mentionnée comme un symbole de force, pour les êtres humains et pour Dieu (Job 40:14; Isaïe 48:13). Dans un rêve, la main droite représente la force, les bénédictions et la miséricorde. La main droite est associée à la droiture, l'intégrité et la rectitude. Il symbolise la force, les bénédictions et la miséricorde.

Rivière
Genèse 2:10. Une rivière coulait du jardin d'Eden, divisée en quatre rivières.

Significations possibles: L'un des fleuves Bibliques les plus célèbres est le Jourdain en Israël, mentionné 182 fois dans la version King James de l'Ancien Testament. Le Jourdain est considéré comme la troisième attraction la plus sacrée de la Terre Sainte, car c'est le site de l'événement le plus important de la vie de Jésus, son baptême, qui a commencé son ministère. Il sert de frontière entre deux nations: Israël à l'ouest et la Jordanie à l'est. Lorsque le Jourdain a été traversé, il a représenté un nouveau départ, lorsque Josué a traversé avec Israël (Josué 3-5). Élie a traversé le Jourdain et est monté (2 Rois 2:6-13), et Christ a été baptisé dans le Jourdain (Matthieu 3:13). La traversée du Jourdain faisait également allusion à une image de mort et de résurrection.

Les fleuves dans les rêves symbolisent le flux de la vie du rêveur. Si vous vous voyez traverser une rivière dans un rêve, vous traversez peut-être des obstacles, des situations indésirables que vous surmonterez à travers des difficultés, passant d'une phase à une autre avec des problèmes.

Si la rivière est inondée de manière destructrice ou déborde lors d'une tempête, cela peut indiquer une inondation littérale, ou une inondation de difficultés, ou vous traverserez une étape chaotique et tumultueuse de votre vie. Une rivière sale ou une rivière aux eaux sombres est une épreuve; cela symbolise un malentendu ou une situation désagréable avec quelqu'un dans un proche avenir.

Le psaume 46 dit que les ruisseaux du fleuve réjouissent la cité de Dieu. L'eau claire qui coule ou une rivière avec une journée calme et ensoleillée représente la paix, les plaisirs joyeux et la prospérité; cela indique une transition à venir qui sera douce. Une rivière claire est également un symbole de fertilité.

Rochers
Exode 17:6. Moïse s'est tenu près du rocher à Horeb, l'a frappé, et de l'eau est sortie.

Significations possibles: Le mot rocher est mentionné 128 fois dans la Bible King James et pierre 367 fois. Les Écritures enseignent que Dieu est notre rocher (Deutéronome 32:4) et que le rocher qui a produit de l'eau dans le désert était Christ (1 Corinthiens 10:4). Les significations spécifiques du rock dans la Bible varient. Dans certains cas, il symbolise la force, la stabilité et l'endurance; dans d'autres, il représente la permanence, la longévité, la résilience et le succès. Ainsi, un rocher dans un rêve est de bon augure.

Cependant, si une grosse pierre se trouve devant vous dans un rêve, bloquant votre chemin, elle est alors considérée comme une barrière. Vous avez juste besoin de traiter ce gros rocher comme une montagne dans vos prières; vous le détruisez ou le supprimez. Trébucher sur un rocher, ou sur un rocher, ou contre un rocher, peut représenter un châtiment spirituel causé par votre désobéissance en Christ (1 Pierre 2:8).

Le sable
Genèse 22:17. Dieu a promis à Abraham que sa postérité serait comme du sable sur le rivage.

Significations possibles: Le sable est un matériau granulaire composé de roches finement divisées, qui peuvent être secouées par le vent et déplacées par l'eau. Le Christ a enseigné que toute fondation construite sur le sable finira par s'effondrer (Matthieu 7:26-27). Rêver de sable présente plusieurs significations possibles. Marcher dans le sable représente une situation éventuellement instable.

Rêver de sable traversant un sablier suggère que vous prendrez une décision rapide. Être enterré dans le sable est terrestre, indiquant un environnement charnel qui tente de vous étouffer spirituellement. Rêver de marcher sur le sable indique que vous êtes sur le point de tomber sur un vieil ami. Marcher seul sur le sable n'est pas de bon augure; il peut prédire que votre relation est sur le point de se terminer (si vous ne faites rien). Voir le sable de loin représente aussi la solitude. Voir des tempêtes de sable dans un rêve dénote des disputes, des querelles et des conflits. Faites attention à la couleur du sable.

Construire quelque chose sur le sable, comme un château, indique une instabilité, une incertitude ou un avertissement concernant un projet ou une relation que vous démarrez, car cela peut laisser présager de ne pas avoir de base stable. Rêver de marcher pieds nus sur du sable chaud indique une perte et un malheur, que ce soit dans les relations ou les finances. Jésus nous avertit de ne pas être «Mais quiconque entend ces paroles que je dis, et ne les met pas en pratique, sera semblable à un homme insensé qui a bâti sa maison sur le sable.» (Matthieu 7:26 LSG).

Fumée

Genèse 19:28. La fumée monta de Sodome et de Gomorrhe comme la «fumée d'un four».

Significations possibles: La fumée est le résultat d'un incendie. La fumée n'est jamais une image positive car elle représente les restes de quelque chose qui a brûlé. David a parlé d'être «comme une bouteille de vin en fumée» (Psaume 119:83), se référant à une bouteille de vin suspendue dans une tente près d'un feu que la fumée sèche, ce qui illustre une figure de misère sans espoir, effet de trouble. La fumée peut créer de l'inconfort et bloquer ce que vous essayez de voir. Là où il y a de la fumée, il y a un feu; cela peut faire référence à une situation à venir qui crée de la confusion.

La fumée dans un rêve indique une difficulté, une situation troublante à venir, un problème mystérieux, une situation qui deviendra un problème, un scandale possible, une déception, une situation qui échappe à tout contrôle.

Un mince filet de fumée se mêlant à un rêve prédit qu'une histoire d'amour secrète est sur le point de sortir.

Étoiles

Genèse 1:16. Dieu a créé les étoiles pour régner la nuit.

Significations possibles: les étoiles sont des corps célestes; ils jouent un rôle de guide divin. Ce sont des images de lumières qui brillent dans l'obscurité. Ils symbolisent les promesses éternelles, comme lorsque Dieu a dit que la semence d'Abraham serait innombrable, comme les étoiles dans les cieux (Genèse 15: 5). Voir les étoiles représente souvent le succès; les objectifs seront atteints, en particulier pendant les périodes sombres ou difficiles. Les étoiles représentent la célébrité, un souhait devenu réalité, de bonnes nouvelles arrivent.

Épée

Genèse 3:24. L'ange avait une épée flamboyante pour garder l'arbre de vie en Eden.

Significations possibles: Cette épée flamboyante était une image de la puissance future de la Parole de Dieu. Éphésiens 6:17 enseigne que «l'épée de l'Esprit» est la Parole de Dieu. Hébreux 4:12 (LSG) dit que «Car la parole de Dieu est vivante et efficace, plus tranchante qu'une épée quelconque à deux tranchants.»

Dans les rêves, les épées représentent la force, la maîtrise de soi, la volonté, l'autorité et l'autonomisation. Elles symbolisent la capacité de se protéger contre un adversaire. Si vous servez Dieu et avez des adversaires, ou si vous rencontrez des difficultés, et que vous rêvez d'une épée dans votre main, sachez que votre problème sera surmonté, comme Dieu vous a donné l'épée. Il vous a donné le pouvoir.

Le pasteur Gregory Toussaint du Tabernacle de la Gloire, par exemple, apporte parfois une véritable épée sur la chaire pour illustrer comment le pouvoir de l'épée fonctionne dans le monde spirituel contre l'adversaire. Il tient l'épée en prêchant, ou en dansant et en chantant la chanson créole haïtienne appelée «épé», qui signifie «épée». Un geste symbolique qui démontre sa puissante capacité à vaincre l'ennemi, «Car les armes avec lesquelles nous combattons ne sont pas charnelles; mais elles sont puissantes, par la vertu de Dieu, pour renverser des forteresses» (2 Corinthiens 10:4 LSG).

Des arbres
Psaume 1:3. Un arbre fermement planté par un ruisseau d'eau prospère.

Significations possibles: Les arbres ont plusieurs significations. Les arbres fruitiers littéraux peuvent faire allusion au succès (Psaume 1: 3) ou aux difficultés économiques (s'ils sont flétris) (Joël 1:12). Les arbres font parfois référence à des personnes, comme lorsque le roi Nebucadnetsar a vu un très grand arbre fruitier dans son rêve, dépouillé et coupé au sol; Daniel a dit que l'arbre représentait le roi, et qu'il serait abattu pendant sept ans (Daniel 4).

Dans les rêves, les arbres pleins de feuilles vertes représentent la croissance, la prospérité, le progrès, l'abondance, la fertilité et l'expansion; c'est aussi un bon signe d'annonce d'une grossesse. Le type d'arbre est également significatif. Un palmier représente les justes (Psaume 92:12). Un cèdre symbolise la force (Psaume 92:12). Un saule pleureur représente la tristesse (Psaume 137:1–4). Un arbre à moutarde symbolise la foi (Luc 17:6).

Les vignobles et les raisins représentent Israël en tant que nation. Un figuier symbolise les ancêtres et les personnes âgées (Osée 9:10); il représente également la stérilité (Matthieu 21:18–22). Les arbres tombés, secs, malades et morts sont de mauvais présages. Ils indiquent la mort, la perte, la déception, la confusion et la stérilité. Voir un arbre sans feuilles laisse présager une dépression ou un épuisement.

Marcher pieds nus
Ésaïe 20:4. Le roi d'Assyrie a fait marcher les Égyptiens pieds nus pour leur faire honte.

Significations possibles: Il y a plusieurs passages dans la Bible qui indiquent l'humiliation inhérente à forcer les captifs à marcher pieds nus. Marcher pieds nus est généralement quelque chose que les gens ne font qu'à la maison. Dans les rêves, être pieds nus signifie ne pas être préparé à une situation. David a dû quitter Jérusalem pieds nus, fuyant une conspiration, pour empêcher un assassinat possible (2 Samuel 15:30).

Rêver de marcher pieds nus dans un lieu public, comme au travail, annonce un préjudice à votre destin. Si vous rêvez de marcher pieds nus dans la rue, vous êtes sur le point d'être fauché. De tels rêves dénotent l'humilité, la disgrâce, la honte, l'embarras, la pauvreté, la perte, la séparation, le divorce et l'itinérance.

Vent

Genèse 8:1. Dieu a envoyé un vent sur la terre et les eaux ont asséché le déluge.

Significations possibles: Il existe deux types de vent: le vent qui vient du ciel comme manifestation de la puissance du Saint-Esprit, comme le «vent puissant» le jour de la Pentecôte (Actes 2:1–4), et le vent cela apporte la destruction et la mort, comme lorsque Satan a produit les tempêtes de vent qui ont détruit la maison de la famille de Job, entraînant la mort de ses dix enfants (Job 1).

Le vent dans un rêve indique que des changements sont en cours. Dans un rêve, si le vent déchire la zone environnante, cela indique qu'un moment de graves ennuis arrive. Un vent fort indique que les changements vous prendront par surprise. Si vous voyez le vent vous pousser dans une direction, cela signifie que quelqu'un essaie de vous influencer dans une décision que vous ne voulez pas prendre. Si le vent est doux comme une brise légère, il fait allusion à un mouvement du Saint-Esprit sur une situation (Esaïe 40:31).

Le symbolisme des animaux dans les rêves

Rêver d'être avec un animal en général est satanique, surtout lorsque les animaux jouent des rôles négatifs dans votre rêve (vous attaquer, vous poursuivre, vous tourmenter ou vous opprimer).

Serpent: toute la puissance des ténèbres

Dragon: Satan

Crocodile: esprit de l'eau

Fourmi: sorcellerie organisée

Araignée: blocage spirituel

Scorpion: oppression

Vers: esprit de destruction

Chien: démons sexuels

Hibou / Chouette: esprit de mort

Vautour: esprit de suicide

Poulet: esprit de la queue, esprit de bâtard, filou

Cochon: esprit de folie

Rat: esprit de pauvreté

Escargot et/ou tortue: esprit muet

Lézard: esprit de peur

Mouches ou chèvre: Lucifer

Chat: sorcellerie

Crabes: vie arriérée

Chauve-souris: cécité spirituelle

Autres Symboles dans les Rêves
Rêver de parents morts

Cela signifie que les esprits ancestraux, les esprits que vos ancêtres adoraient il y a de nombreuses années, vous contactent.

Rêver d'un certain membre de la famille
Cela peut signifier que vous êtes attaqué par la sorcellerie domestique ou la méchanceté domestique. Quelqu'un dans votre propre famille utilise le pouvoir du mal contre vous pour vous causer du tort ou une perte.

Rêver d'être abattu
Vous avez une bataille sérieuse devant vous à combattre.

Rêver de ne voir que les ténèbres
Rêver de voir l'obscurité tout autour de vous signifie que vous entrerez dans une période de cécité spirituelle.

Rêver de votre ville natale d'enfance
Ceci est un mauvais rêve et signifie que vous êtes victime de l'esprit de régression ou d'arriération dans votre vie. Au lieu d'avancer, vous vous déplacez en sens inverse.

Rêver d'une expérience hors du corps (sans le Saint-Esprit)
C'est l'esprit de la sorcellerie ou du satanisme.

Être poursuivi dans un rêve

Ce sont des esprits ancestraux et sorciers qui vous poursuivent. Ce sont des poursuivants implacables; ils n'abandonneront pas à moins que vous ne les arrêtiez.

Se battre constamment dans un rêve
C'est la malédiction de l'échec dans la vie dans sa manifestation, ne pouvant équivaloir à rien dans la vie. C'est aussi l'esprit d'opposition.

Rêver de noyade
L'ennemi planifie des tribulations dans votre vie.

Rêver d'allaiter un bébé étrange
Vous avez des enfants spirituels avec un conjoint spirituel.

Rêver d'être obstrué
L'ennemi vous place sous un embargo spirituel ou un retard satanique.

Rêver de porter une lourde charge ou de travailler dur comme un esclave
Cela introduit des problèmes difficiles à résoudre dans votre vie.

Rêver que le feu détruit vos biens
L'ennemi introduit des calamités dans votre vie.

Rêver avec des squelettes, des cimetières et des cadavres
L'esprit de mort est en action.

Rêver de marcher ou de voyager dans des endroits étranges
L'ennemi introduit une onction vagabonde dans votre vie. Vous parcourrez la terre toute votre vie et n'obtiendrez rien, à moins que vous ne priez pour l'arrêter.

Rêver d'être nu
C'est l'esprit de la honte. Un secret profond sera révélé, apportant peut-être la honte.

Rêver d'avoir la tête rasée
La folie ou la folie se présentent à vous, si vous ne faites rien pour y remédier.

Une malédiction est prononcée contre vous dans un rêve
Les esprits d'affliction et d'oppression sont après vous.

Boire constamment dans un rêve
Esprit de confusion.

Rêver de toiles d'araignée
Esprit de défaveur et de rejet.

Pleurer dans son rêve
Un grave chagrin vient à vous, planté par l'ennemi; l'esprit de lourdeur.

Être toujours conduit dans son rêve par une personne inconnue
C'est l'œuvre d'esprits familiers.

Rêver de saignement
L'ennemi essaie de vous voler quelque chose de bien.

Rêver avec un arbre étrange
Vous êtes contacté par l'esprit d'idolâtrie de vos ancêtres ou par un esprit ancestral.

Notez s'il vous plaît

Vous n'avez pas besoin d'interpréter symboliquement chaque rêve. Parfois, ce que vous voyez dans le rêve est littéralement ce que c'est. Par exemple, si vous voyez dans un rêve que vous priez, c'est clairement ce que c'est; réveillez-vous et priez. Si vous n'avez rien ou personne pour qui prier, priez simplement pour tout ce qui vous vient à l'esprit. Une fois que vous avez commencé, le Saint-Esprit vous guidera. Pendant que vous priez, les mots viendront. Vous serez surpris de découvrir plus tard la raison pour laquelle le Saint-Esprit vous disait dans le rêve que vous aviez besoin de prier.

Rêves et visions les plus Courants et leur Signification

Rêves d'animaux

Les rêves sur les animaux ont plusieurs significations, selon le type d'animal. Un cheval, par exemple, signifie force, puissance, endurance, virilité et liberté. Si vous rêvez de monter à cheval, cela pourrait signifier que vous êtes sur le point d'être promu ou élu à un poste de pouvoir. Cela pourrait aussi signifier que vous êtes sur le point d'être favorisé par la loi; s'il y a une action intentée contre vous, vous y réussirez. Sinon, si vous rêvez d'être poursuivi par un cheval, cela signifie que la police vous recherchera bientôt.

Cela peut également signifier que votre entreprise cherche des moyens de résilier votre contrat ou que vous serez refusé pour une promotion. Un cheval blanc dans un rêve symbolise la fertilité, la prospérité, la pureté et la sagesse. Le livre de l'Apocalypse symbolise un cheval blanc en tant que conquérant; un cheval rouge comme guerre; un cheval noir comme la famine; un cheval pâle comme la peste, la peste et la mort. Un théologien chrétien influent du deuxième siècle a interprété le cavalier sur le cheval blanc comme le Christ lui-même.

Les serpents dans les rêves signifient généralement la division ou la séparation. Si vous avez un rêve dans lequel des serpents vous poursuivent ou essaient d'entrer dans votre maison, cela signifie que vous pourriez avoir un malentendu avec votre conjoint. Cela pourrait également signifier que quelqu'un diffuse des informations trompeuses sur vous. Faites attention à ce qui arrive au serpent.

Si votre rêve se terminait par le fait que vous tuiez le serpent ou que vous le chassiez, cela pourrait signifier qu'il y aura une exposition rapide des malfaiteurs dans votre vie. Un prophète qui a le don d'interpréter les rêves a le pouvoir d'annuler les mauvais rêves. Dans la Bible, le serpent était un symbole de puissance maléfique et de chaos. C'est un animal maudit. Rappelez-vous que Dieu a dit: «Parce que vous avez fait cela,» tu seras maudit entre tout le bétail et entre tous les animaux des champs, tu marcheras sur ton ventre, et tu mangeras de la poussière tous les jours de ta vie.»» (Genèse 3:14 LSG).

Rêves de mort

La mort dans les rêves ne signifie pas toujours la mort dans la vraie vie. Votre âme peut vous montrer la mort dans les rêves pour deux raisons: pour vous avertir d'être spirituellement alerte et d'annuler l'ange de la mort qui vous poursuit, ou pour révéler que vous avez été béni avec une longue vie.

Il y a deux distinctions à propos de la mort. Si vous rêvez de la mort d'une personne méchante, comme un dirigeant méchant ou un roi maléfique, il y a de fortes chances que le chef soit sur le point de mourir. Cette information est révélée lorsque votre âme voyage dans le royaume des anges et obtient cette information de l'ange de la mort. Votre âme pourrait entendre leur conversation et vous révéler ces détails dans la nuit.

Dans un cas où cette mort implique un croyant en Christ, un être cher ou vous-même, cela signifie que vous êtes averti et que vous devriez commencer à chasser l'ange de la mort loin de vos proches. Les anges de la mort, qui sont un démon spécial, se promènent pour créer des morts prématurées. Ils créent des séparations forcées des âmes des corps, ce qui entraîne la mort. Ils privent les âmes humaines de retrouver leur corps, ce qui empêche le corps de se réveiller le matin. C'est pourquoi David a remercié Dieu d'avoir restauré son âme.

«L'Eternel est mon berger: je ne manquerai de rien. Il me fait reposer dans de verts pâturages, Il me dirige près des eaux paisibles» (Psaume 23:1–2 LSG).

David s'est rendu compte que Dieu avait été bon avec lui et avait restauré son âme chaque nuit alors que son âme sortait de son corps. Les rêves de mort peuvent aussi signifier une longue vie; c'est généralement le cas lorsque vous rêvez d'avoir assisté à vos propres funérailles. J'ai entendu de nombreux croyants qui rêvaient de participer à leurs funérailles ou de porter leur propre cercueil. Ce sont généralement des rêves d'une longue vie. Cela signifie que votre vie a été prolongée; c'est pourquoi vous vous retrouvez mort et vivant dans le même rêve.

Les mots sont puissants. N'oubliez pas que l'effet d'un rêve réside dans la bouche de l'interprète. Cela signifie que vous devez soigneusement réfléchir à qui interprète vos rêves pour vous. Un rêve de mort mal interprété peut entraîner la mort d'une personne. Les rêves suivent parfois la bouche d'un interprète. Il est essentiel que vous interprétiez vos rêves de la bonne manière.

Gardez également à l'esprit que tous les rêves n'ont pas besoin d'être interprétés. Parfois, ce que vous voyez dans le rêve est ce qu'il est littéralement. Par exemple, quelques jours seulement avant son assassinat, le président Lincoln rêvait d'un cercueil. Mais peu importe le sujet du rêve, rappelez-vous que Dieu a créé des rêves pour vous informer ou pour vous avertir de ce qui se passe autour de vous. Rappelez-vous, la bonne nouvelle est qu'Il vous a également donné le pouvoir d'annuler ou d'empêcher le rêve de devenir réalité grâce à vos prières fidèles.

Rêve d'être poursuivi
Lorsque vous rêvez d'être poursuivi, cela ne signifie pas toujours que quelque chose de mauvais va se passer dans votre vie. Il existe une règle simple qui guide ces types de rêves.

En tant que croyants en Christ, vos rêves sont différents de ceux qui ne croient pas en Jésus. C'est parce que votre âme est juste et que l'ennemi essaie de détruire ce que Dieu a construit. La plupart des chrétiens sont inquiets lorsqu'ils sont pourchassés dans leurs rêves; c'est normal. Quand une âme juste entre dans le royaume des anges, les démons occupent également ce royaume.

Ces forces démoniaques ou perverses effraient les âmes justes à travers des rêves effrayants. Si vous acceptez ces rêves comme réels dans votre vie, les démons créent un esprit de peur qui peut détruire votre foi.

Les rêves d'être pourchassés révèlent souvent des ennemis qui sont au travail, qui vont à l'encontre de votre vie et de votre but. De l'autre côté, ils peuvent indiquer la poursuite passionnée de Dieu dans votre vie. Après le rêve, posez-vous les questions suivantes: Êtes-vous poursuivi? Par qui? Quelles émotions ressentez-vous? Avez-vous peur d'être pris? Ou peut-être que c'est vous qui poursuivez. Qui poursuivez-vous? Pourquoi? Encore une fois, quelles émotions ressentez-vous pendant la poursuite? Les réponses à ces questions, et en particulier les émotions dominantes dans le rêve, aideront souvent à déterminer son interprétation. Utilisez les étapes d'interprétation des rêves présentées dans le chapitre précédent.

Rêves sur l'eau (rivière, lac, océan, ruisseau)

L'eau signifie beaucoup de choses dans les rêves, mais la signification la plus courante de l'eau dans les rêves est les gens. Les rêves sur l'eau signifient généralement que vous avez été appelé à diriger les gens. Genèse 1: 2 dit: «Et l'Esprit de Dieu se déplaça sur la surface des eaux.» Dans de nombreux cas, cela signifie que vous êtes appelé dans le ministère. De nombreuses personnes qui rêvent de nager dans l'eau ont été appelées à diriger un ministère et à prêcher.

Quelqu'un est venu me voir pour une interprétation de rêve; il rêvait qu'il nageait dans un vaste océan. Dans la vraie vie, il est incapable de nager, mais dans le rêve, il savait très bien nager, et il a même sauvé ceux qui descendaient. Ce rêve concernait le ministère. Ce rêve lui montra que bien qu'il ne sache pas nager, Dieu voulait l'utiliser pour prêcher à d'autres personnes et les sauver. C'est pourquoi il a pu sauver ceux qui se noyaient dans l'eau. L'eau est un ingrédient nécessaire à la vie; alors que nous pouvons vivre sans manger, nous ne pouvons pas vivre sans eau. L'eau est un symbole de la bénédiction de Dieu et du rafraîchissement spirituel (Ézéchiel 47: 1–12).

Cependant, rêver de noyade peut signifier quelque chose de complètement différent. Les rêves de noyade peuvent signifier que vous vous engagez dans une activité injuste que Dieu vous avertit d'arrêter. L'eau dans un rêve peut également signifier la destruction (comme une inondation). Une inondation est une eau au-delà de sa limite; dans un rêve, cela signifie des turbulences ou une sorte de crise émotionnelle dans votre vie. C'est une attaque spirituelle; cela dénote un danger, la rage de l'ennemi ou une invasion satanique.

Les chrétiens sont baptisés avec ou dans l'eau, ce qui symbolise la purification de l'âme et l'admission dans la foi. L'eau dans un rêve peut indiquer la purification, la protection, la guérison, la délivrance, la vie, le changement, la renaissance, le renouvellement, la fertilité et le rafraîchissement.

D'un autre côté, rêver de l'océan peut également indiquer des puissances marines. Rêver de nager dans la mer ou dans une rivière signifie que vous avez un accord spirituel ou une alliance maléfique avec les esprits de l'eau. C'est un rêve démoniaque. Les esprits de l'eau sont les plus mystérieux et les plus dangereux de tous les mauvais esprits dans le royaume des ténèbres. Nager dans l'eau indique également des restrictions, des menaces et même des emprisonnements. Les rêves fréquents de l'eau ne sont certainement pas bons; cela signifie que votre âme est probablement là. Mais il n'y a aucune raison de paniquer; dans de nombreux endroits de ce livre, j'explique comment en sortir.

Si vous vous voyez sous l'eau, cela peut symboliser que votre âme a été prise ou vendue aux esprits de l'eau ou aux démons. Cela indique des problèmes et de la servitude. Les plus remarquables sont la sirène et le léviathan. Si vous rêvez de nager dans l'eau, cela peut également signifier un accord spirituel avec un esprit aquatique. Avoir de l'eau aspergée sur vous est un avertissement que des problèmes sont sur votre chemin; il représente l'envoûtement. Dans le monde spirituel, l'envoûtement jette un sort sur quelqu'un avec de la sorcellerie pour l'attaquer. Rêver de voler au-dessus de l'eau est très démoniaque. Vous devez gérer le rêve, le réprimander et le vider. Rêver de voler avec quelqu'un indique que quelqu'un essaie de vous éloigner de votre moitié.

Si vous rêvez d'une plante qui sèche, cela signifie que vous êtes sur le point de faire faillite. Si vous rêvez d'une voiture qui vous éclabousse, cela indique des ragots. Si vous voyez de l'eau dans votre nourriture, cela indique que vous prenez une mauvaise décision. Si vous rêvez de nettoyer votre maison avec de l'eau, cela indique la restauration de la paix et de la joie. Si vous voyez vos biens flotter sur l'eau, cela indique que l'ennemi vous a volé quelque chose: votre relation, votre mariage, votre prospérité.

Si vous vous voyez boire de l'eau, cela indique un nettoyage ou une guérison. Rêver de marcher sur l'eau est un bon rêve. Cela signifie que vous surmonterez tous les obstacles majeurs que vous rencontrerez dans un proche avenir; peu importe à quel point vous pensez que le problème est impossible, il peut être résolu. Lorsque Pierre a commencé à marcher sur l'eau vers Jésus, il a eu peur et s'est mis à couler; «Aussitôt Jésus étendit la main, le saisit, et lui dit: Homme de peu de foi, pourquoi as-tu douté?» (Matthieu 14:31 LSG).

Rêves de mariages

Les rêves de mariage signifient généralement que votre relation est sur le point de se rompre. Contrairement à ce que beaucoup croient, les rêves de mariage sont des rêves d'avertissement. C'est un avertissement que votre relation est sur le point d'être détruite.

Si vous rêvez de mariages et que vous êtes déjà marié, cela peut indiquer qu'une séparation ou un divorce est en cours.

Bien que je ne me souvienne pas où je l'ai entendu, mais je trouve essentiel de mentionner que, pour ceux qui sont fiancés, un rêve de mariage est un signe que vous ne pouvez pas vous marier avec la personne à qui vous êtes fiancé ou que votre mariage sera appelé de.

Dans le domaine spirituel, les démons peuvent parfois entrer dans votre rêve en tant qu'esprit; ils peuvent vous épouser et devenir votre partenaire de rêve ou votre conjoint spirituel. Cet esprit démoniaque devient en opposition avec votre conjoint terrestre, car l'esprit démoniaque domine maintenant votre relation et possède votre âme. Vous et votre conjoint commencez à avoir des difficultés conjugales qui peuvent mener à une séparation ou même un divorce; tout cela a été causé par un esprit qui est entré dans votre rêve, et personne n'est conscient de ce qui se passe.

Ceux qui rêvent souvent de se marier se retrouvent célibataires depuis très longtemps dans la vraie vie, car ils sont déjà mariés à l'esprit. Heureusement, certaines personnes ont la capacité de le voir dans leurs rêves; c'est un don de Dieu. Si vous avez un rêve d'avertissement, comme vous vous mariez mais que vous êtes déjà marié, cela peut être un esprit invisible au travail. Dieu vous a donné ce cadeau inhabituel, alors utilisez-le. Priez, priez et priez, et annulez cet épisode fatidique avant qu'il n'aille plus loin. Ou demandez à quelqu'un comme votre pasteur ou quelqu'un qui a le don de renverser ou d'annuler les rêves d'annuler cet événement malheureux et de vous délivrer de cet esclavage.

Rêves de maisons

Les rêves concernant votre maison d'enfance pourraient avoir quelque chose à voir avec un problème de votre passé qui doit être résolu. Si votre rêve se déroule dans votre maison actuelle, il peut être lié à la vie actuelle.

Les rêves de votre maison font partie des rêves les plus courants. La maison représente normalement votre vie et les circonstances qui se déroulent dans la maison reflètent les activités spécifiques de votre vie. Ces rêves peuvent également refléter votre église.

Les pièces individuelles de la maison peuvent représenter des choses spécifiques. Par exemple, si la chambre apparaît, le rêve peut avoir quelque chose à voir avec des problèmes d'intimité. La salle de bain peut représenter un besoin de nettoyage. Le garage peut représenter un besoin de réparer votre relation ou un besoin de patience. La salle familiale peut être un indice que Dieu veut que vous travailliez sur les relations familiales, etc. Une maison vide n'est pas de bon augure; cela peut signifier une occasion manquée. Une vieille maison dénote une activité qui vous ramène à l'esclavage démoniaque ou une activité de la vie passée qui peut revenir vous hanter. Un rêve de nettoyer votre propre maison peut indiquer la nécessité de dire votre vérité dans certaines situations avant que quelqu'un d'autre ne le fasse.

Rêves de la plage
La plage dans un rêve dénote la paix et l'harmonie; cela peut signifier que votre problème est sur le point d'être résolu. Cela indique également la stabilité, l'équilibre émotionnel ou la maîtrise d'une situation difficile. Tout ça, si la mer est calme. Sinon, si vous voyez de grosses vagues, c'est le contraire, comme un manque de contrôle. Cela peut également désigner l'instabilité, le malheur, les difficultés et la maladie.

Jésus a accompli de nombreux miracles sur et autour de la mer. Il a marché sur la mer de Galilée, il a calmé la tempête alors qu'il était dans le bateau, et il s'est séparé de la mer Rouge. La plage dans un rêve peut représenter un endroit entre le ciel et la terre, où Dieu a produit de nombreux miracles.

Rêves d'école

Les rêves d'école représentent les connaissances acquises ou l'intellect. Beaucoup de gens rêvent de passer un test à l'école. Selon *The Top 20 Dreams* de John Paul Jackson, un test peut signaler que «le rêveur est testé à des fins de promotion». Cependant, si le test a lieu dans une école que vous avez fréquentée, «il se peut que le rêveur apprenne à nouveau quelque chose». La note dans laquelle vous êtes, dans le rêve, peut représenter votre maturité en ce qui concerne le sujet en question. Si vous rêvez d'obtenir votre diplôme, cela peut signifier que vous êtes sur le point de passer à un niveau supérieur, comme une promotion. Rêver de quitter l'école indique que votre maison ou votre vie personnelle s'améliorera bientôt.

Si vous répétez un cours que vous avez suivi auparavant, cela peut signifier que vous avez la possibilité d'apprendre des échecs passés. Les rêves de lycée peuvent être un signe que vous êtes inscrit à l'École du Saint-Esprit (H.S. = Lycée = Saint-Esprit). Le Saint-Esprit enseigne, teste et communique en vous. Il est intéressant de noter que l'enseignant est toujours silencieux lorsqu'il donne un test, car il vaut mieux avoir de la sagesse et de la compréhension que d'avoir de l'argent ou de l'or (Proverbes 16:16). Et 2 Timothée 2:15 nous dit que nous devons étudier et montrer à Dieu que nous comprenons la vérité.

Rêves de voitures

Dieu avait-il une voiture? Eh bien, ironiquement, Genèse 3: 22–24 dit qu'après que Dieu eut réalisé qu'Adam et Eve avaient mangé de l'arbre de la connaissance du bien et du mal, Il était furieux et les «chassa» du jardin d'Éden, et plaça un chérubin au côté est et une épée flamboyante clignotant d'avant en arrière qui tournait dans tous les sens, dans toutes les directions, (pourrait être une autre voiture) pour garder le chemin. Ces versets suggèrent que non seulement il avait une voiture, mais aussi que son ange faisait des allers-retours gardant l'arbre de vie devant le jardin d'Eden.

Certaines personnes croient que cela a dû être une Plymouth Fury, car pour exprimer à quel point Dieu était en colère et furieux pour la désobéissance d'Adam et Eve, certaines traductions du verset disent: «Dieu a chassé Adam et Eve du jardin d'Eden dans une fureur. « Jérémie 4: 4 (NKJV) dit: «De peur que ma fureur ne sorte comme un feu et ne brûle de sorte que personne ne puisse l'éteindre.» Ésaïe 63: 3 (NKJV) dit: «Je les ai foulés aux pieds dans ma colère, et je les ai piétinés dans ma fureur.» Jérémie 32:37 dit: «Je les rassemblerai de tous les pays où je les ai chassés dans ma colère et dans ma fureur.»

Mais le psaume 83:15 (NIV) montre que Dieu possède clairement un Pontiac et un Geo, comme le passage le presse de «Poursuivre vos ennemis avec votre tempête et de les glorifier avec votre tempête» (Pontiac Tempest est fait par Pontiac, et le Geo Storm est fabriqué par General Motors).

J'ai pensé que c'était hilarant quand j'ai lu une remarque publiée par Aaron Miller dans Thrillist, commentant que Dieu avait même promis des voitures Pontiac Tempest à de mauvaises personnes, vraisemblablement pour les forcer à payer des prix incroyablement élevés pour les voitures à faible kilométrage, comme Psaume 11: 5-6 (NIV) dit: «Sur les méchants, il pleuvra des pièges, du feu et du soufre, et une horrible tempête.» Et Miller a ajouté qu'il pensait qu'il n'y avait pas de pire vengeance qu'un dieu automobile en colère. Très comique.

D'autres personnes croient que lorsque Dieu a donné des instructions pour écraser le mur de Jéricho, conseillant spécifiquement aux gens de Josué 6: 5 de ne pas commencer à crier jusqu'à ce qu'ils entendent une longue explosion provenant d'une corne de bélier («Seulement lorsque la corne du bélier sonne longtemps explosion », Exode 19:13 NIV), il faisait en fait référence au camion Dodge Ram.

Certains érudits croient que Jésus et son Père conduisaient des Hondas, et que Jésus n'aimait pas parler de sa propre voiture, comme le dit Jean 12:49 (NIV): «Je n'ai jamais parlé de mon propre accord.» Et que le jour de la Pentecôte, le cinquantième jour après la Pâque, les apôtres «étaient tous d'un même accord dans la [Porsche] de Salomon» (Actes 2:1, 5:12 LSG).

Non seulement Dieu avait des voitures, mais d'autres personnes dans la Bible conduisaient des voitures; plusieurs voitures différentes ont été mentionnées dans la Bible. Il dit que la tête de Jean-Baptiste a été apportée au roi Hérode dans un chargeur (Marc 6:25 KJV) (Chrysler a conçu la première Dodge Charger).

1 Corinthiens 8: 9 (NASB) dit: «Veillez à ce que votre liberté ne devienne pas en quelque sorte une pierre d'achoppement pour les faibles.» Miller déclare que Dieu disait clairement que la Jeep Liberty est une belle voiture.

Deutéronome 16:10 dit: «Et tu célébreras la fête des semaines au seigneur ton Dieu avec un tribut.» Le mot dit de célébrer la fête avec un Mazda Tribute, mais le Mazda Tribute a été abandonné à la fin de 2011.

Maintenant, soyons sérieux:

Une voiture dans un rêve symbolise généralement le luxe, la puissance, l'énergie et le contrôle. Rêver d'acheter une voiture peut représenter un engagement envers une décision importante, une nouvelle relation, un nouveau départ, un nouveau projet ou un nouvel emploi. Rêver de conduire une voiture peut signifier prendre le contrôle. Rêver que vous êtes impliqué dans un accident de voiture peut signifier que vous rencontrerez un conflit avec une autre personne.

Notez la couleur, la marque et le modèle du véhicule. Observez qui le conduit. Conduisez-vous ou est-ce que quelqu'un d'autre conduit? Si quelqu'un d'autre conduit, qui est-ce? Connaissez-vous la personne? Est-ce une personne de votre passé? Si le conducteur est sans visage, cela peut signifier que le Saint-Esprit lui-même est votre guide de conduite.

Notez si vous êtes le conducteur ou le siège du passager. Si vous êtes le conducteur de la voiture, vous êtes sur le point d'être en charge ou de diriger. Si vous êtes le passager, cela pourrait signifier que vous travaillerez aux côtés d'autres sur une tâche ou que Dieu vous guide dans une tâche.

Rêves de personnes

Selon le contexte, les rêves sur des personnes que vous connaissez peuvent n'avoir rien à voir avec elles mais tout à voir avec leur nom. Dans Dream Language, James W. Goll suggère de rechercher la signification du nom de la personne pour mieux comprendre sa présence dans votre rêve. D'un autre côté, si vous rêvez de personnes que vous ne reconnaissez pas, elles pourraient être des anges.

Il y a un vieux dicton selon lequel les gens rêvent de quelqu'un parce que cette personne pense à eux. Mais beaucoup de gens pensent que parce que cette personne interagit aussi beaucoup avec vous, ils sont plus susceptibles de rêver de vous. Par conséquent, il est tout à fait logique que vous fassiez un rêve lorsque cette personne pense à vous. Une nouvelle étude montre que lorsqu'une personne apparaît dans votre rêve, cela ne signifie généralement pas que votre esprit se réfère à cette personne en particulier; votre esprit essaie peut-être de faire référence à une autre personne qui a quelque chose en commun avec la personne de votre rêve.

Rêves de salles de bain

Une salle de bain dans un rêve est de bon augure. C'est un symbole de nettoyage et de purification; il indique la fin d'un combat, la fin d'une lutte et la fin des fardeaux négatifs; il représente également la joie et le bonheur.

Dans la langue de Dieu, une salle de bain dans un rêve pourrait signifier que vous devez subir un nettoyage spirituel. Certaines choses peuvent avoir besoin d'être «vidées» de votre vie avant de pouvoir grandir spirituellement ou avant de pouvoir recevoir de Dieu ce que vous avez demandé.

Rêves de temps

Différentes conditions météorologiques peuvent signifier différentes choses. Le beau temps implique des circonstances favorables. Un arc-en-ciel symbolise l'harmonie et l'accomplissement. Mais le temps orageux ou orageux représente une agression, des conflits, des bouleversements. Regarder la pluie représente la tristesse, la dépression ou la déception.

Cependant, si vous rencontrez des difficultés dans la vie et que la solution semble impossible, la pluie peut signifier que vous êtes sur le point de recevoir une effusion du ciel. En général, des nuages blancs brillants, des éclairs, une eau claire et le sentiment de calme au milieu d'une tempête montrent que Dieu est venu pour vous sauver, comme lorsque Dieu délivre Son peuple, Il se présente toujours au milieu des tempêtes avec le tonnerre. et la foudre (Psaume 18:12; Exode 19:16). Les rêves concernant les tempêtes ont tendance à être des rêves d'intercession, de type guerre spirituelle.

Rêves de voler ou de monter en flèche

Les rêves volants représentent la capacité de contrôler et d'exercer un pouvoir personnel. Lorsque vous volez, vous avez la capacité de regarder en bas et d'avoir une large perspective des choses; cela signifie que vous avez le contrôle ultime. Esaïe 40:31 parle de renouveler votre force et de monter en flèche si vous avez des ailes comme des aigles. Voler dans un rêve prédit une délivrance. Ésaïe 31:5 dit que le Seigneur volera comme des oiseaux pour défendre, délivrer et préserver. Ainsi, voler dans un rêve signifie également succès, victoire sur les ennemis et délivrance.

Voler dans un rêve laisse également présager de la sorcellerie, car l'ennemi utilise ce genre de rêves pour envoyer à quelqu'un une mission de sorcellerie. Et une fois que l'ennemi vous emportera en volant, il pourra peut-être changer votre destin.

Ces types de rêves peuvent être déclenchés par quelqu'un qui prend votre nom sur un autel maléfique, ou lorsqu'il y a de la sorcellerie dans la famille, ou si une personne est dédiée aux mauvais esprits. Quelqu'un proche de vous qui est doué peut avoir le rêve, car Dieu peut utiliser cette personne pour vous apporter le message. Cependant, si vous avez la capacité de le voir dans votre rêve, cela signifie que vous avez également le don de détecter l'ennemi. Par conséquent, alors que Dieu ne nous a pas créés pour voler, il nous a ordonné d'avoir la domination sur toutes les choses de la terre.

Voler dans un rêve peut indiquer les plans de l'ennemi et montrer que vous rencontrerez des difficultés, mais puisque vous avez la domination sur l'ennemi, prenez votre épée de prières et brisez-le avec vos armes.

Si vous vous voyez voler loin de quelqu'un, cela dénote la délivrance de vos ennemis; des fardeaux vous ont été cassés.

Les rêves volants concernent votre capacité spirituelle à surmonter les problèmes et les difficultés et à monter en flèche dans les cieux.

Rêves d'être nu ou exposé

Selon votre situation particulière, cela peut être exaltant ou effrayant ou honteux. Ces rêves indiquent que vous devenez transparent et vulnérable. Ils indiquent qu'un secret sur vous est sur le point d'être révélé et vous fait honte. Un rêve d'être torse nu indique que le rêveur gagnera un concours ou saisira une bonne opportunité.

Notez que ces rêves ne sont pas destinés à vous embarrasser ou à vous humilier mais plutôt à vous attirer dans une plus grande intimité et une plus grande proximité avec Dieu; ils signalent les endroits où une plus grande transparence est requise. Ces types de rêves apparaissent souvent pendant les périodes de transition, où vous êtes démantelé pour être reconditionné.

Rêve de vos dents

Les dents représentent généralement le pouvoir et la sagesse. Mais lorsque vous rêvez que vos dents sont desserrées, douloureuses, cassées ou ébréchées, cela indique généralement un sentiment d'impuissance et de perte de contrôle. Dans Psaume 58:6, le roi David prie le Seigneur de l'aider à détruire ses ennemis en lui cassant et en lui arrachant les dents afin que les ennemis puissent perdre de la force. En ce sens, les dents représentent le pouvoir. Ainsi, la perte de vos dents dans les rêves peut être associée à une perte de pouvoir dans la vie éveillée, ou à la perte de quelque chose ou d'une personne de grande importance pour vous. Si vous rêvez de grincer, de grincer ou de serrer les dents, cela représente le désespoir (Matthieu 8:12).

Ezéchiel 30:24 parle de briser les bras de Pharaon alors il gémit; briser les os de quelqu'un dans un rêve signifie également affaiblir le pouvoir (les dents sont aussi des os). Souvent, ces rêves révèlent non seulement la perte mais aussi le besoin de sagesse. C'est simplement que le rêveur est averti ou rappelé.

Rêves de relations passées

Rêver d'une relation passée signifie un problème non résolu lié à cette relation particulière. Ce type de rêve peut signifier que vous êtes tenté de retomber dans de vieux schémas ou de suggérer un sentiment insatisfait. Selon qui est la personne dans le rêve et ce que cette personne représente pour vous, ces rêves pourraient également être une indication de votre besoin de renouveler vos anciens désirs et passions divines pour de bonnes ou meilleures choses dans la vie.

Voir une personne de votre passé ne signifie généralement pas que vous renouvellerez littéralement votre ancienne relation avec cette personne. Cherchez davantage ce que cette personne représente dans votre vie, en bien ou en mal. Une personne qui vous a fait du tort dans votre passé peut représenter l'avertissement de Dieu de ne pas revenir à votre ancien style de vie. D'un autre côté, une personne qui était bonne dans votre passé peut symboliser l'intention de Dieu de restaurer les bons moments que vous pensiez partis.

Rêves de naissance

Normalement, ces rêves ne concernent pas un véritable accouchement, mais plutôt de nouvelles saisons de but et de destin qui se produisent dans votre vie. Les rêves d'accoucher symbolisent le début d'une nouvelle relation, d'une nouvelle situation, d'un nouveau projet ou d'une nouvelle phase de votre vie. Cela peut refléter un changement de carrière ou la fin d'une relation; il peut aussi bien s'agir d'une grossesse réelle ou d'un accouchement dans un proche avenir. Si un nom est donné à l'enfant, faites très attention car cela indique généralement le véritable but du rêve. Ces types de rêves symbolisent généralement une transition majeure dans la vie du rêveur. Rêver d'avoir des jumeaux symbolise la richesse et l'abondance. Donner naissance sans être marié indique de la tristesse.

Rêves de prendre une douche

Ces rêves de type nettoyage (toilettes, douches, baignoires) révèlent des choses qui sont en train d'être vidées de votre vie, nettoyées et rincées. Ce sont de bons rêves.

Rêves de chute

Ces rêves indiquent une perte de contrôle, une insécurité, une instabilité et un échec. Les émotions primaires exceptionnelles dans ces rêves indiqueront la manière de les interpréter. Tomber peut être effrayant.

Parfois, vous avez ce genre de rêves lorsque vous êtes dépassé ou hors de contrôle dans certaines situations. Tout ce que vous avez à faire est d'augmenter votre vie de prière et vous surmonterez ces situations.

La chute des rêves peut être causée par une «secousse hypnique» (également appelée «secousse hypnagogique»). Le dictionnaire le définit comme une contraction involontaire brève et soudaine de vos muscles qui se produit lorsque vous commencez à vous endormir, ce qui vous fait souvent vous réveiller soudainement pendant un moment. Certains scientifiques pensent que le stress, l'anxiété, la fatigue et trop de caféine peuvent en être la cause. Ces facteurs, qui n'ont rien à voir avec les avertissements ou la sorcellerie, peuvent provoquer la chute des rêves.

Rêves de parents (morts ou vivants)

Rêver de différents types de parents peut signifier différentes choses. Rêver que tous vos proches sont réunis n'est pas de bon augure. Si quelqu'un n'est pas présent dans le rêve, c'est généralement la personne qui a le problème. Lorsque vous rêvez de tous vos proches assemblés, il est important que vous notiez les couleurs du rêve. Si le rêve est coloré, c'est bon signe. Cela indique qu'une bonne annonce est en cours; il dénote le bonheur, la longévité, la santé, l'harmonie et le succès en affaires.

Rêver de se quereller avec vos proches indique qu'un membre de votre famille tombera malade. Rêver de parents décédés, en particulier de grands-parents, indique généralement des problèmes de génération. Vos prières peuvent couper les ténèbres.

Rêves de serpents

> L'Éternel Dieu dit au serpent: Puisque tu as fait cela, tu seras maudit entre tout le bétail et entre tous les animaux des champs. (Genèse 3:14 LSG)

Le serpent est l'un des animaux les plus courants à rêver. À travers ces rêves, le diable et ses hôtes démoniaques sont à l'œuvre par l'accusation, le mensonge, la trahison, l'agression, la colère, l'attaque, l'oppression, l'amertume, la gêne, les afflictions terribles et même la mort, ou quoi que ce soit du royaume des ténèbres. Les serpents sont associés à la tragédie, présagent un désastre et symbolisent la tentation de tomber dans le péché.

Les serpents ont tendance à représenter des personnes dans votre vie. Le serpent, sans aucun doute, est votre ennemi. La Bible l'a dit tant de fois. Il utilise la tromperie, il mord et il tue. Un serpent dans votre rêve indique qu'il y a une personne toxique dans votre vie qui constitue une menace immédiate. Le serpent est peut-être l'un des symboles les plus fascinants de la Sainte Bible, mais la Bible montre que chaque fois qu'il apparaît dans un rêve, même vivant parfois, il est lié à une personne à qui on ne peut pas faire confiance; il est toujours associé à une menace de trahison ou en relation avec un personnage pervers ou venimeux.

Ce n'est jamais bon d'expérimenter le mouvement d'un serpent dans un rêve.

Si vous **combattez un serpent** dans votre rêve, cela indique une guerre spirituelle, une attaque spirituelle. «Et le dragon fut irrité contre la femme, et il s'en alla faire la guerre au restes de sa postérité» (Apocalypse 12:17 LSG).

La présence d'un serpent dans un environnement menace généralement la vie des gens autour. Si vous rêvez d'avoir été mordu par un serpent, cela indique une menace immédiate; votre réputation est attaquée ou vos secrets les plus sombres vont sortir. Une morsure de serpent dénote également une attaque spirituelle contre votre âme. Les serpents mordent souvent les pieds, ce qui fournit une passerelle vers l'âme. N'oubliez pas que chaque secret connu par quelqu'un d'autre que vous-même est révélé à temps. Si vous ne voulez pas qu'un secret soit révélé, gardez-le pour vous. Une morsure de serpent dénote également une compétition avec un vieil ennemi.

Si vous remarquez **un gros serpent** dans votre rêve, cela symbolise une menace potentielle ou un danger qui se rapproche.

Si le **serpent vous tue** dans le rêve, quelqu'un est sur le point de vous enlever votre fortune (ou même pire).

Si vous **tuez un serpent** dans votre rêve, vous allez enfin défendre ce que vous croyez et gagner la bataille contre vos ennemis, ou vous pouvez enfin résoudre un problème sur lequel vous travaillez.

Si vous rêvez de **chasser un serpent** de votre maison, cela signifie que vous êtes en train d'être délivré, mais cela peut trouver un autre moyen de revenir si vous ne sécurisez pas votre maison par la prière. Et si vous ne le faites pas, son retour sera plus brutal que le précédent.

Si vous rêvez que le **serpent s'est échappé** alors que vous essayiez de le tuer, ce n'est pas de bon augure. Une femme m'a appelé pour me dire qu'elle rêvait d'un serpent dans sa maison; elle est allée dans sa chambre pour trouver quelque chose pour tuer le serpent, mais quand elle est revenue, le serpent s'était échappé. Je lui ai dit de réprimander le rêve et de prier avec ferveur contre lui; elle a ri et a dit: «Peu importe.» Une semaine plus tard, elle a fait une fausse couche. Moins d'un an après, le Seigneur l'a bénie avec des jumeaux. Après cela, elle a dit qu'elle comprenait le pouvoir du rêve prophétique et de la prière.

Rêver d'un **serpent caché dans votre maison**, ou voir une **boule de serpents**, indique qu'il y a des gens envieux autour de vous; cela suggère également que vos activités sont secrètement surveillées et est un symbole de manipulation. Soyez donc prudent lorsque vous communiquez, car tout ce que vous dites peut être utilisé contre vous; les mots prononcés à la hâte peuvent être nuisibles.

Si vous rêvez d'un **serpent sous votre oreiller ou dans votre lit**, cela montre que l'ennemi s'est attaché avec succès à vous et est maintenant très proche de vous. Si tel est le cas, vous trouverez dans votre vie éveillée régulière de la honte, de la déception, de la dépression, de la haine inexpliquée, un travail acharné sans profit, des blocages, des échecs, des querelles constantes, des attaques et des péchés.

Une fois que le serpent entre spirituellement dans votre maison, il attaque votre relation. Selon Sigmund Freud, les serpents sont phalliques. Ils sont un symbole de tentation. Si vous êtes marié, cela se présente comme un étranger des ténèbres dans votre maison et met des querelles, des bagarres, des disputes inexpliquées et pousse même votre mari ou votre femme à sortir secrètement avec une autre personne en dehors de votre connaissance préalable. Et ce que l'autre partie, avec qui la tricherie est commise, ne sait pas, c'est qu'une fois que la triche a commencé, le serpent s'est multiplié et a transféré ses hôtes dans leur maison également. Mais si votre maison est marquée du Feu du Saint-Esprit, rien de tout cela ne se produira.

Voir **beaucoup de serpents partout** dans un rêve est un avertissement de problèmes, de potins et de complot de la part de vos ennemis. Voir beaucoup de serpents dans votre maison dénote un grand scandale familial.

Serpents dans un rêve signifie également que votre maison n'est pas spirituellement propre; il représente également des malédictions liées à certaines activités familiales. L'Écriture déclare: «Car nous n'avons pas à lutter contre la chair et le sang, mais contre les dominations, contre les autorités, contre les princes de ce monde de ténèbres, » (Éphésiens 6:12 LSG). Ce genre de rêve vous donne un message que vous combattez les forces obscures.

Voir **un grand nombre de serpents dans l'eau** attire votre attention sur votre naïveté, votre crédulité excessive envers un danger ou quelque chose qui nécessite toute votre attention.

Rêver de serpents rampants indique des ennemis parmi les femmes, parmi les collègues de travail ou parmi les connaissances.

Voir **un serpent noir** dans votre rêve suggère que quelque chose de désagréable est sur le point de vous arriver ou à la personne dans le rêve. Il prédit également des conséquences désagréables dans une amitié. Les serpents noirs désignent également une malédiction ou une sorcellerie au travail.

Un rêve de **serpents tombant du ciel** indique un avertissement que quelqu'un au pouvoir est sur le point de vous faire du mal.

Si vous voyez **un serpent mort** dans votre rêve mais que vous ne l'avez pas tué, cela indique que vous êtes béni; quelqu'un l'a fait pour vous. Ils ont peut-être prié pour vous.

Si vous voyez **un serpent coloré** dans votre rêve, cela suggère que vous avez une mauvaise perception de quelqu'un qui vous entoure; quelqu'un que vous traitez comme votre ami est en fait un ennemi.

Un **boa constricteur** est connu pour presser ses victimes à mort; par conséquent, un boa dans un rêve indique que vous êtes connecté à quelqu'un dans votre vie qui vous contraint à vous resserrer, quelqu'un qui peut vous serrer financièrement ou travailler contre vous spirituellement.

Le diable a une manière de capturer le destin des gens dans leurs rêves. De nombreuses personnes ont été mises en esclavage par un simple rêve de serpent. Ceux qui comprennent les effets de l'apparition d'un serpent dans les rêves sont capables de relever les défis de leur esprit et de les affronter par la prière, l'onction et le jeûne. La Parole de Dieu et les prières sont les seuls instruments de guerre pour combattre l'ennemi.

Les scientistes proposent une interprétation psychologique des serpents, qui, selon eux, représentent un mystère dans les rêves. Nous devons accorder une attention particulière aux personnes ou aux situations qui semblent inconnues et mystérieuses.

L'essentiel est que voir un serpent dans votre rêve signifie que vous devez faire attention aux personnes dans votre vie.

Il peut être horrible de voir un serpent dans votre rêve et de ne pas pouvoir le tuer; il peut être terrible pour un serpent de vous mordre dans votre rêve et de s'échapper indemne. Il peut être horrible de voir un serpent vous poursuivre dans votre rêve et vous êtes impuissant à faire quoi que ce soit; cela peut être encore plus scandaleux lorsque vous rêvez qu'un serpent vit avec vous dans votre maison. Souvenez-vous simplement de ce que Dieu a dit: Voici, je vous ai donné le pouvoir de marcher sur les serpents et les scorpions, et sur toute la puissance de l'ennemi; et rien ne pourra vous nuire» (Luc 10:19 LSG).

Rêves d'horloges et de montres
Les horloges ou les montres dans un rêve révèlent l'heure qu'il est dans votre vie; ces rêves vous font prendre conscience d'un problème et comprennent la nécessité d'un appel au réveil. Il est temps d'être alerte et vigilant. Cela signifie généralement l'importance du temps dans une situation; c'est un rappel de quelque chose.

Rêves avec versets Bibliques
Si vous avez un rêve dans lequel apparaissent des versets Bibliques, c'est un message de Dieu. Beaucoup de gens ont ces types de rêves, car Dieu nous parle constamment de cette façon. Ce phénomène peut se produire de plusieurs manières: des citations verbales où vous pouvez réellement entendre une voix citant le passage, ou observer une dramatisation d'une scène Biblique, ou voir une représentation d'un verset de la Bible. Rêver d'une

Écriture particulière dans la Bible est l'une des choses les plus excitantes qui se produisent. C'est comme si Dieu vous avait parlé directement. Ces rêves d'enseignement sont généralement remplis de sagesse. Vous devez prendre à cœur tout ce que le verset dit, qu'il vous dise de pardonner à votre pire ennemi, de changer votre mode de vie ou de vous souvenir de quelque chose d'important. Tout ce qui a à voir avec Dieu compte. Le prophète T. B. Joshua a fait un rêve où il a vu Dieu mettre une Bible dans son cœur, depuis ce jour, il est devenu plus compétent et puissant dans la Parole et les dons que Dieu lui a donnés.

Rêves de manger

Manger dans votre rêve est une contribution de dépôt maléfique en vous, qui avec le temps se manifestera par des problèmes dans votre corps, comme des problèmes de santé mystérieux. Manger dans le rêve prédit également l'initiation à la sorcellerie, Manger dans le rêve laisse présager un dîner à la table du diable (voir «Viande» dans «Interprétation Biblique et prophétique des symboles dans les rêves et les visions»).

Rêves d'avoir des relations sexuelles

Rêver d'avoir des relations sexuelles est très dangereux. Cela signifie que vous êtes dans une relation spirituelle avec un conjoint spirituel. Les démons féminins et les mauvais esprits interagissent avec certains hommes et ont des rapports sexuels avec eux pendant leur sommeil. Les démons mâles s'allongent sur des femmes endormies afin de s'engager dans une activité sexuelle avec elles.

Si les personnes qui ont ce genre de rêves sont mariées, elles ont de graves problèmes conjugaux. Ceux qui sont célibataires ne peuvent généralement pas trouver de partenaire de vie. Les femmes avec ces types de rêves sont généralement stériles ou ont des fausses couches à répétition. Les personnes qui ont ce type de rêves peuvent avoir l'impression d'être maudites, comme si rien ne fonctionne dans leur vie, ou si quelque chose fonctionne, ce n'est que pour une courte période de temps. Ils perdent constamment leur emploi et passent de relation en relation. Tout dans leur vie est un redémarrage perpétuel. A chaque fois qu'ils ont des relations sexuelles dans un rêve, ils concluent une mauvaise alliance avec leur conjoint spirituel pour influencer leur vie de manière négative. Le sexe en rêvant les rend spirituellement faibles, car le conjoint spirituel épuise leurs forces et ils se réveillent généralement épuisés (voir «Rêves notés R»).

CHAPITRE 21

Signification Biblique des Chiffres

Dieu parle beaucoup à travers les chiffres. La Bible regorge de preuves de l'arithmétique de Dieu. Les chiffres sont une forme de symbolisme de haut niveau. La signification spirituelle des nombres donnés est basée sur la Parole de Dieu.

Les chiffres montrent que tout ce que Dieu fait est parfait.

> Levez vos yeux en haut, et regardez! Qui a créé ces choses? Qui fait marcher en ordre leur armée? Il les appelle toutes par leur nom; Par son grand pouvoir et par sa force puissante, Il n'en est pas une qui fasse défaut. (Esaie 40:26 LSG)

> Car il voit jusqu'aux extrémités de la terre, Il aperçoit tout sous les cieux. Quand il régla le poids du vent, Et qu'il fixa la mesure des eaux. (Job 28:24–25 LSG)

> Il compte le nombre des étoiles, Il leur donne à toutes des noms. (Psaume 147:4 LSG)

> Et même les cheveux de votre tête sont tous comptés. Ne craignez donc point: vous valez plus que beaucoup de passereaux. (Luc 12:7 LSG)
>
> Enseigne-nous à bien compter nos jours, Afin que nous appliquions notre cœur à la sagesse. (Psaume 90:12 LSG)

L'Écriture utilise le terme «nombre» pour souligner la perfection des actes de Dieu. La Bible utilise des nombres spécifiques de diverses manières: littéralement, pour un effet littéraire et symboliquement.

Numéro 1: Dieu, commencement, source, unité

Genèse 1:1; Éphésiens 4:4-6; Jean 10:30, 17:21-22

Numéro 2: Multiplication, division, union, confirmation, témoignage, témoin

Genèse 1:7–8, 2:23–24; Matthieu 18:16; 1 Rois 3:24-25

Numéro 3: Divinité (Dieu trinitaire), complétude divine, perfection, résurrection, restauration

Matthieu 12:40, 28:19; Ézéchiel 14:14-18 Genèse 40 (trois branches = trois jours; trois paniers = trois jours)

Numéro 4: les œuvres créatives de Dieu, pour gouverner ou pour régner

Genèse 1:14-19

Zacharie 6:1–5 fait référence à quatre chars, qui sont le symbole des «quatre esprits du ciel». Cela symbolise également la toute-puissance de Dieu, qui couvre la terre. («Et l'ange répondit et me dit:« Ce sont quatre esprits du ciel, qui sortent de leur poste devant le Seigneur de toute la terre.»)

Considérez également l'utilisation du chiffre quatre dans Matthieu 24:31: «Et il enverra ses anges avec un grand son de trompette, et ils rassembleront ses élus des quatre vents, d'un bout à l'autre du ciel.»

Numéro 5: Grâce, rédemption, ministère quintuple Éphésiens 4:11; Genèse 1: 20-23

Numéro 6: Homme, bête, Satan

Genèse 1: 26-27, Révélation 13:15

Un exemple clair se trouve dans Apocalypse 13:15: «Voici la sagesse. Que celui qui a de l'intelligence calcule le nombre de la bête, car c'est le nombre d'un homme: son nombre est 666. » Le verset 17 dit «le nom de la bête ou le numéro de son nom»; ainsi, le nombre fait référence à une personne spécifique. De toute évidence, les lecteurs de l'époque de Jean connaissaient cette pratique.

Numéro 7: Perfection, achèvement, repos, bénédiction

Genèse 2:1–3; Apocalypse 10: 7, 16:17; Deutéronome 15:1–2

Considérez le nombre «sept». Il est utilisé de la Genèse à l'Apocalypse, souvent avec une signification symbolique. Sept est le nombre de perfection ou d'achèvement.

a) Dans les chapitres 1 et 2 de Genèse, les sept jours de la création établissent la semaine de sept jours. Le symbolisme de l'exhaustivité se produit dans une grande variété d'utilisations du nombre sept. Par exemple, le sang d'un animal sacrifié est saupoudré sept fois.

Lévitique 16:14, 19 indique une purification complète: les sept «yeux du Seigneur, qui parcourent toute la terre».

Zacharie 4:10 indique la complétude de la vue de Dieu de tout dans sa création.

Dans Matthieu 18:21-22, Jésus répond à la question de savoir combien de fois le pardon doit-il être accordé («Jusqu'à sept fois?»). Sa réponse est «soixante-dix fois sept». En d'autres termes, pleinement et complètement.

b) Sept est le plus souvent utilisé dans le livre de l'Apocalypse. Le livre est organisé en sept.

Les lettres écrites à sept églises dans les chapitres 2 et 3 représentent toutes les églises. Il y a sept «esprits de Dieu» (Apocalypse 1:4, 3:1, 4:5, 5:6); sept sceaux (Apocalypse 5:1, 6:7–8); et sept anges avec sept trompettes (Apocalypse 8:1–2).

Genèse 41: sept vaches = sept ans.

Daniel 4: sept fois = complétude.

Numéro 8: Nouveaux départs, professeur

Genèse 17:12; Luc 2:21-23; 1 Pierre 3:20

Numéro 9: Jugement, évangélisation, finalité, plénitude, moisson

Galates 5:22–23; 1 Corinthien 12:8–10; Matthieu 27:45

Numéro 10: Voyage, désert, loi, gouvernement, responsabilité, pasteur

Exode 34:28

Numéro 11: Transition, prophète

Daniel 7:24; Genèse 32:22

Numéro 12: Gouvernement, plénitude apostolique, apôtre

Luc 6:12-13; Matthieu 19:28

Numéro 13: Rébellion, récidive, apostasie

Genèse 14:4; 1 Rois 11: 6

Numéro 14: Double onction

Matthieu 1:17

Numéro 15: Sursis, miséricorde

Lévitique 23:34–35; Esther 9:20-22

Numéro 16: débuts établis, amour

1 Corinthien 13:4–8

Numéro 17: Élection, immaturité, transition, victoire

Genèse 47:28

Numéro 20: Rédemption

Numéro 25: grâce multipliée (5 x 5) = grâce sur grâce

Numéro 30: Commencez le ministère (Jésus a commencé son ministère à l'âge de 30 ans; Joseph avait 30 ans lorsqu'il est entré au service du pharaon roi d'Egypte; David avait 30 ans lorsqu'il est devenu roi)

Nombres 4:3-4; Genèse 41:46; Deuxième livre de Samuel 5:4

Numéro 37: Premier-né / premier # (3x37 = 111)

Numéro 40: Génération et règle terminée

Numéro 111: Mon Fils bien-aimé (Marc 1:11); lié à la trinité, Père / Fils / Esprit.

Numéro 120: Fin de chair

Numéro 153: Multiplication du royaume

Numéro 666: Anarchie totale

1 Rois 10:14; 2 Chroniques 9:13; Esdras 2:13

Numéro 888: Résurrection. La valeur numérique des mots est déterminée en ajoutant les nombres représentés par les lettres. Par exemple, le nom grec de Jésus totalise 888.

Numéro 1500: Lumière, puissance, autorité

Numéro 10000: Maturité

Signification Symbolique et référence Biblique des couleurs

Bien que la plupart de nos rêves soient en noir et blanc, certains objets colorés y apparaissent parfois. Les couleurs sont symboliques et fournissent des informations supplémentaires sur les objets colorés. Chaque couleur est comme une pièce de monnaie; il a deux côtés.

Cette section vous aidera à comprendre le symbolisme des couleurs. Par exemple, si vous possédiez auparavant une voiture bleue et que vous rêvez de conduire cette même voiture, Dieu parle probablement de votre passé. La voiture bleue représente une période antérieure de votre vie.

> Venez et plaidons! dit l'Eternel. Si vos péchés sont comme le cramoisi, ils deviendront blancs comme la neige; S'ils sont rouges comme la pourpre, ils deviendront comme la laine. (Esaie 1:18 LSG)

Jaune:
Positif: cadeau; un don de ou de Dieu; espérer; mariage; famille; honneur; esprit racheté; guérison

Négatif: cadeau trompeur; timidité; peur; fierté; maladie; lâcheté

Versets Bibliques: Psaume 68:13; Proverbes 19:14; 2 Timothée 1: 7

Rouge:
Positif: passion; sagesse; émotion; onction; la grâce; rachat

Négatif: colère; haine; luxure; péché; enthousiasme; zèle; danger; guerre

Versets Bibliques: Jacques 4:1; Apocalypse 6:4; Ésaïe 1:18

Bleu:
Positif: don spirituel; révélation divine; visite céleste; communion; connaissance; un enfant de sexe masculin; espérer; guérison

Négatif: dépression (comme pour chanter le blues); isolement; chagrin; anxiété

Versets Bibliques: Nombres 15:38-41

Bleu foncé:
Positif: Esprit ou Parole de Dieu; bénédiction; guérison; Bonne volonté; fidélité; sagesse; confiance; expertise, stabilité

Bleu clair:
Positif: esprit de l'homme

Négatif: mauvais esprit; corrompu

Versets Bibliques: Nombres 4:7, 9; Ézéchiel 23:6; Proverbes 20:30; Luc 2:13-14

Noir:
Positif: sera de retour dans le futur

Négatif: manque; péché; ignorance; douleur; deuil; sombre; mal; de mauvais augure; famine; brûlé; obscurité; mort

Versets Bibliques: Proverbes 7:6–9; Jérémie 8:21-22; Lamentations 5:10; Cantique de Salomon 1:5, 5:11

Gris:
Positif: maturité, honneur, sagesse

Neutre: non défini; pas clair (comme dans la zone grise entre le bien et le mal); vague, pas spécifique

Négatif: faiblesse; terne; tromperie; caché; brumeux; tromperie; rusé; fausse doctrine

Blanc:
Positif: pur; Dieu; sans mélange; sans tache; impeccable; droiture; irréprochable; vérité; innocence; droiture; sainteté; paix

Versets Bibliques: Apocalypse 19:8; 2 Rois 5:27

Rose:
Positif: enfantin; l'amour; naïf; prophétique; chaste; une petite fille

Négatif: incontrôlé; manipulateur; la chair; sensuel; sensuel (rose vif); immoral; mortel (cœur de chair)

Versets Bibliques: Ézéchiel 36:26

Violet:
Positif: royauté; autorité; direction; règle (bonne ou mauvaise); majestueux; noble

Négatif: fausse autorité, dictature

Versets Bibliques: Juges 8:26; Marc 15:17

Marron:
Positif: compassion; humilité; fiabilité; stabilité; paix; la convivialité

Négatif: mort (couleur terre); repenti; né de nouveau; sans esprit ni compassion; faire des compromis

Versets Bibliques: 1 Pierre 1: 23-25

Or:
Positif: prospérité; percée financière; sagesse; vérité; quelque chose de précieux; droiture; la gloire de Dieu

Négatif: idolâtrie; souillure; licence; auto-glorification

Versets Bibliques: 2 Chroniques 16:2; Colossiens 2:3; Josué 2:2-4

Or / Ambre:
Positif: pureté; sainteté; La gloire de Dieu;

Négatif: idolâtrie; hédonisme; adoration de soi

Orange:
Positif: persévérance; force; miracle;

Négatif: obstination; manipulation; contrôle; danger; grand danger; nuire

Vert:
Positif: prospérité; croissance; intercession; la vie; renouvellement

Négatif: mortalité; la chair; charnel; envie; inexpérimenté; immature; fierté; jalousie

Versets Bibliques: Psaume 23: 1-3

Argent:
Positif: rédemption; la grâce; Connaissance; rachat;

Négatif: légalisme; corruption; idolâtrie

Versets Bibliques: Proverbes 2: 3-4; Jean 17: 3; Actes 19:24

Marron: alliance

Métaux Laiton:
Positif: Parole de Dieu; Neutre: parole d'homme; tradition de l'homme

Négatif: jugement; hypocrisie; auto-justification; faux

Versets Bibliques: Apocalypse 1: 5; 1 Corinthiens 13: 1; 2 Chroniques 12:10; Éphésiens 6:16

Vert fonce (bleu-vert; chartreuse):
Positif: la vie éternelle; immortel

Versets Bibliques: Genèse 9: 3; 1 Pierre 1:24; Psaume 37:35; Luc 23:31

Orange et noir:
Négatif: ensemble signifie généralement un grand mal ou un danger.

Orange vif ou feu:
Positif: puissance; Obliger; énergie; énergique

Négatif: danger

Versets Bibliques: Matthieu 5:22; Proverbes 6:27

Une Note Finale

Dieu a révélé ses plans dans des rêves et des visions à certaines personnes. Il a également donné de forts avertissements contre ceux qui prétendaient à tort avoir des rêves prophétiques. Dans la loi mosaïque, si un prophète prétendait avoir un message de Dieu à travers un rêve, mais que cette prophétie ne se réalisait pas, il devait être mis à mort (Deutéronome 13:1–5). L'apôtre Pierre, en indiquant à ses lecteurs la suffisance des Écritures, dit que nous avons reçu «tout ce dont nous avons besoin pour une vie pieuse» (2 Pierre 1:3).

Un Mot de Sagesse

«Car dans beaucoup de rêves et en beaucoup de mots, il y a du vide» (Ecclésiaste 5:7 NASB). Bien que Dieu nous donne des rêves pour des buts et des raisons spécifiques, Il nous a également donné une parole de prophétie sûre dans la Bible (2 Pierre 1:10). La vie est bien plus que des rêves. Dieu nous avertit de ne pas fonder nos vies ou nos décisions uniquement sur les rêves.

Le point principal est que les rêves et les visions sont merveilleux, mais nos vies sont plus que de simples rêves et visions. Nos vies sont dans notre Maître, Jésus-Christ.

Nous ne pouvons pas vivre dans des rêves, aussi merveilleux qu'ils puissent paraître. Si tout ce que vous faites est d'étudier vos rêves et d'en chercher davantage, vous manquez la volonté parfaite de Dieu pour votre vie. Cherchez d'abord le Donneur des rêves, et tout le reste de votre vie, y compris vos rêves spirituels, tombera à sa place et à son ordre. Le fait est de ne pas en être dépendant comme seul moyen d'approvisionnement, d'encouragement et de vie.

Remerciez le Seigneur de nous avoir donné sa Parole de prophétie certaine, la Bible, sur laquelle vous pouvez vous fier chaque jour. Oui, soyez si reconnaissant pour les rêves, mais ne les cherchez pas seulement; cherchez plutôt le Donateur et le Créateur. Quand vous L'avez, vous obtenez tout. Passez quelques instants à réfléchir sur la signification des rêves, puis élevez cette prière au Seigneur:

Prière pour la Sagesse

Père, j'ai besoin et je désire ces voies révélatrices dans ma vie. Je désire à la fois l'esprit de sagesse et la révélation de Toi, Seigneur Jésus. Conseillez-moi la nuit avec des rêves prophétiques. Répands ta présence prophétique sur moi et accomplis les promesses de Joël pour l'honneur de ton grand nom. Amen.

Prière de Salut

Peut-être êtes-vous tombé sur ce livre et n'avez-vous pas eu l'occasion de recevoir personnellement Jésus-Christ comme votre Seigneur et Sauveur. Je voudrais vous inviter à lui ouvrir votre cœur maintenant. Veuillez lire à haute voix les versets suivants de la Bible. Lorsque vous lisez à haute voix des versets Bibliques, cela permet à une foi audacieuse d'entrer dans votre cœur.

Quiconque invoquera le nom du Seigneur sera sauvé. (Actes 2:21 LSG)

> Si tu confesses de ta bouche le Seigneur Jésus, et si tu crois dans ton cœur que Dieu l'a ressuscité des morts, tu seras sauvé. (Romans 10:9 LSG)

> Ne vous enivrez pas de vin: c'est de la débauche. Soyez, au contraire, remplis de l'Esprit. (Ephésiens 5:18 LSG)

> Et ils furent tous remplis du Saint Esprit, et se mirent à parler en d'autres langues, selon que l'Esprit leur donnait de s'exprimer. (Actes 2:4 ESV)

> Cherchez l'Eternel pendant qu'il se trouve; Invoquez-le, tandis qu'il est près. Que le méchant abandonne sa voie, Et l'homme d'iniquité ses pensées; Qu'il retourne à l'Eternel, qui aura pitié de lui, A notre Dieu, qui ne se lasse pas de pardonner. (Esaie 55:6–7 LSG)

> Nous sommes tous comme des impurs, Et toute notre justice est comme un vêtement souillé; Nous sommes tous flétris comme une feuille, Et nos crimes nous emportent comme le vent. (Esaie 64:6 LSG)
>
> Car Dieu a tant aimé le monde qu'il a donné son Fils unique, afin que quiconque croit en lui ne périsse point, mais qu'il ait la vie éternelle. (Jean 3:16 LSG)
>
> Il n'y a de salut en aucun autre; car il n'y a sous le ciel aucun autre nom qui ait été donné parmi les hommes, par lequel nous devions être sauvés. (Actes 4:12 LSG)
>
> Car tous ont péché et sont privés de la gloire de Dieu. (Romains 3:23 LSG)

Maintenant que vous avez lu comment vous pouvez être sauvé, vous pouvez obéir à la Parole de Dieu et rétablir votre vie avec le Seigneur. Faites simplement la prière suivante de votre cœur avec sincérité, et Jésus vous donnera sa vie éternelle:

> Cher Seigneur Jésus, je choisis aujourd'hui de faire de toi mon Seigneur et Sauveur. J'avoue que tu es le Fils de Dieu. Je crois que tu as été ressuscité des morts et que tu es vivant pour toujours.
>
> S'il vous plaît, entrez dans mon cœur et pardonnez-moi tous mes péchés. Je me

détourne de tout péché et je te donne entièrement ma vie. S'il vous plaît, remplissez-moi de votre précieux Saint-Esprit afin que je puisse parler en langues et vous adorer tous les jours de ma vie. Je reçois votre salut maintenant, et je vous en loue. Merci, Jésus, de m'avoir sauvé et de m'avoir rempli de ton Saint-Esprit.

A cause de mon péché, j'ai été séparé de Dieu, mais tu es mort sur la croix et tu es ressuscité pour me permettre d'être pardonné. Sur la croix, tu as payé le prix de mon péché. Vous m'avez permis d'être pardonné pour mes péchés. Aujourd'hui, je choisis de recevoir votre pardon et votre grâce. S'il vous plaît, entrez dans mon cœur et pardonnez-moi tous mes péchés. A partir de ce moment, j'abandonne ma vie pour te suivre. Je confesse de ma bouche que tu es le Seigneur, le Fils de Dieu, et je te reçois comme mon Seigneur et Sauveur.

Prière pour être Rempli du Saint-Esprit

Maintenant, levez la main et commencez à louer Dieu pour vous avoir sauvé. Du fond de votre cœur, remerciez-le de vous avoir sauvé. Maintenant que vous appartenez à Jésus, permettez-lui de vous remplir de son Saint-Esprit. Les écritures suivantes concernent le fait d'être rempli du Saint-Esprit et de parler dans d'autres langues:

> Et ils furent tous remplis du Saint Esprit, et se mirent à parler en d'autres langues, selon que l'Esprit leur donnait de s'exprimer. (Actes 2:4 LSG)
>
> Lorsque Paul leur eut imposé les mains, le Saint Esprit vint sur eux, et ils parlaient en langues et prophétisaient. (Actes 19:6 LSG)

Maintenant, demandez-lui de vous remplir de Son Saint-Esprit en priant la prière suivante:

> Père céleste, remplis-moi de ton précieux Saint- Esprit afin que je puisse parler en langues et vous adorer tous les jours de ma vie. Permettez-moi de recevoir la plénitude de votre Esprit maintenant.

Prière pour Parler en Langues

Maintenant, ouvrez la bouche et commencez à parler dans la nouvelle langue céleste que le Saint-Esprit vous a donnée. Que le nouvel énoncé vienne. Le langage que le Saint-Esprit vous donne peut ne pas avoir de sens pour votre esprit, mais c'est votre esprit qui communique avec Dieu, et Il comprend tout ce que vous dites. Chaque fois que vous parlez en langues, vous constaterez que Dieu vous fortifiera et vous rafraîchira.

Maintenant, louez le Seigneur. Vous êtes un chrétien rempli de l'Esprit. Chaque jour, vous devriez pratiquer le parler en langues afin de devenir de plus en plus fort dans votre marche avec Dieu.

Maintenant que vous appartenez au Père céleste, demandez au Saint-Esprit, au nom de Jésus, de vous conduire et de vous guider à chaque étape de votre vie. Chaque jour, continuez à lire des versets de votre Bible et continuez à parler en langues, et je vous garantis qu'un jour, vous témoignerez.

Et souvenez-vous toujours que Dieu vous aime.

Votre Prière Quotidienne
(Recommandée)

Parfois, vous voulez prier, mais vous ne savez pas quoi dire à Dieu. C'est une prière quotidienne que j'ai créée avec des paroles reçues du Saint-Esprit, de la Sainte Bible, et de l'apôtre Prophète Alph Lukau d'Alleluia Ministries International:

> Je tiens à consacrer à nouveau ma vie, mon corps, mon âme et mon esprit au Seigneur Jésus.
>
> J'appartiens au Seigneur Jésus, Lui seul.
>
> Je décrète et je déclare que le Seigneur Jésus est le seul dirigeant de ma vie.
>
> Je donne et confie ma vie, mon avenir et ma destinée au Seigneur Jésus.
>
> Je décrète et je déclare que je ne suis pas ce que les gens disent que je suis; Je suis celui que Dieu dit que je suis.
>
> Je décrète et je déclare que j'ai tout ce que Dieu dit que j'ai.

Je décrète et je déclare que je suis prophétique et apostolique.

Je crois que je peux prophétiser au nom de Jésus.

Je crois que je peux guérir les malades au nom de Jésus.

Je crois que je peux faire des miracles au nom de Jésus.

Je crois que je peux tout faire au nom de Jésus, parce que Dieu le dit dans Genèse 1.

Je crois que j'ai la domination et l'autorité sur Satan, parce que Dieu le dit dans Luc 10.

Je crois que je peux chasser les démons au nom de Jésus, parce que Dieu m'a donné le pouvoir de le faire dans Matthieu 28.

Je crois que j'ai le pouvoir de marcher sur le serpent et le lion, et rien ne m'arrivera.

Un millier peut tomber à ma gauche et dix mille à ma droite, mais aucun ne s'approchera de moi; avec mes yeux, je verrai le châtiment des méchants.

Aucune arme formée contre moi ne prospérera, et toute langue élevée contre moi sera condamnée, au nom de Jésus. Amen.

Je veux que vous sachiez que Jésus reviendra. Maintenant que nous avons l'Ancien Testament et le Nouveau Testament, je suppose que quand il reviendra, nous aurons très probablement le Testament moderne, où Jésus communiquera personnellement avec nous via des textes, Facebook, Instagram et Twitter.

REFERENCES

Browning, Candace. *Provocative Insights*. https://quotes.yourdictionary.com/articles/who-said-i-think-therefore-i-am.html.

Carr, Michelle. "Dream Factory." *Psychology Today*, February 20, 2015.

Commoners Communion - Wellbeing - *Are Dreams From God?* Vo. 02. September 20, 2017

Condé, Prophet Ezéchiel. ACCR - *An ex-Muslim preaches Jesus-Christ*. January 10, 2017. YouTube video, 4:44. https://www.youtube.com/watch?v=OohLbB3gi7Q&t=1s

Exclusive Interview with Evangelist J. P. Makanzu, at Suisse Hotel Ramada Encore, Geneva, June 11, 2019. YouTube video, 6:15. https://www.youtube.com/watch?v=s3hzZmjalLw

Film Club. https://filmclub.com.au/post/69032960030/i-once-had-a-dream-or-a-vision-and-i-imagined.

Hinn, Pastor Benny. How God Speaks Through Visions and Dreams - A special sermon from Benny Hinn. April 16, 2020. YouTube video, 15:14. https://www.youtube.com/watch?v=vP4ciazc7U4

Holland, Bernard. "Classical Music: What Piano Did Beethoven Hear in His Dreams?" *New York Times*, August 28, 1994.

Ibojie, Joe. *Illustrated Dictionary of Dream Symbols: A Biblical Guide to Your Dreams and Visions*. Italy. Destiny Image Europe. 2005

Java, Prophet Passion. *Prophetic Secrets*. Harare, Zimbabwe. Passion Java Publications, 2014

Joshua, T. B. *This Is My Story*. Emmanuel TV video. http://emmanuel.i.emmanuel.tv/video/t-b-joshua-documentary-this-is-my-story/.

Kotelnikov, Vadim. Discover and Invent while you're Sleeping: *Dmitri Mendeleev discovered the Periodical Table of Chemical Elements while he was asleep*. http://www.innovarsity.com/coach/bp_invention_mendeleev_pt.html

Linden, Sander van der. The Science Behind Dreaming: *New research sheds light on how and why we remember dreams - and what purpose they are likely to serve*, July 26, 2011. https://www.scientificamerican.com/article/the-science-behind-dreaming/.

Makandiwa, Prophet Emmanuel. "Coronavirus Prophecy." January 11, 2015 Facebook.

Makandiwa, Prophet Emmanuel. "International Online Service." May 4, 2020. YouTube video.

Marzano, Cristina and colleagues. Recalling and Forgetting Dreams: *Theta and Alpha Oscillations during Sleep Predict Subsequent Dream Recall*. Journal of Neuroscience, May 4, 2011.

McCartney, Paul. Tour Blog: *Paul McCartney*. https://www.paulmccartney.com/.

Oke, Babatunmishe. *The Sweet Wine and the Spoilt Bread*.

Russell, Bertrand. *A History of Western Philosophy: Catholic Philosophy - Saint Thomas Aquinas*: Summary Book 2, Part 2, Chapters 13

Saunders, Recie. A Parents' Guide to Understanding Children's Dreams and Nightmares: *Discerning Dreams*, 2017.

Schechter, Solomon, Ludwig Blau, and Emil G. Hirsch. "Gabriel." In *Jewish Encyclopedia*. 1906.

Schlesinger, Arthur M. Jr. *The Age of Jackson*. Washington, DC. by Konecky and Konecky, September 15, 2005.

Slosson, Edwin E. *A Number of Things*. New York. Harcourt, Brace & Co. 1930

Steinbeck, John. *Sweet Thursday*. USA, The Viking Press, 1954

Strathern, Paul. *Mendeleyev's Dream: The Quest for the Elements*. New York. St. Martin's Press, 2000.

"The William Branham Home Page." http://www.williambranhamhomepage.org/.

Wikipedia. *Federico Fellini*. https://en.wikipedia.org/wiki/Federico_Fellini

Wikipedia. *Namagiri Thayar*. https://en.wikipedia.org/wiki/Namagiri_Thayar

Yocum, Bruce. *Prophecy*. Ann Arbor, Michigan, USA.: Servant Pubns, May 1976.

JOURNAL DE RÊVE

Ce livre n'est pas une Bible; par conséquent, je vous ai laissé des pages blanches pour que vous puissiez ajouter vos propres notes ou commencer à écrire vos rêves jusqu'à ce que vous obteniez un journal pour vos rêves.

Bientôt Disponible

Dictionnaire des Rêves et des Visions Prophétiques
Complet et détaillé
Un Guide Biblique pour vos Rêves et Visions

Si vous êtes chrétien, il est d'une importance cruciale de ne pas utiliser n'importe quel dictionnaire de rêves, car certains dictionnaires de rêves sont écrits par des non-chrétiens; par conséquent, ils ne sont probablement pas inspirés par le Saint-Esprit.